Die organisierte Kirche der Zukunft

Martin Grahl

FEHMARN WEST 2023

© 2023 Dr. Martin Grahl

ISBN Softcover: 978-3-347-92858-9

ISBN E-Book: 978-3-347-92859-6

Druck und Distribution im Auftrag :

tredition GmbH, An der Strusbek 10, 22926 Ahrensburg, Germany

Vorweg

Unsere Kirche ist in den Bann der Planerfüllung geraten. Zutiefst verunsichert durch äußerliches Schrumpfen in den Turbulenzen der Gegenwart versucht sie, sich selbst aus dem Sumpf zu ziehen. Sie hat Angst vor zunehmender Bedeutungslosigkeit und sucht nach Erfolgsrezepten.

Ich möchte mit meinem Buch keines hinzufügen. Aber ich möchte aufmerksam machen auf Gefahren solcher Vorhaben.

Man könnte meinen, solange der Inhalt kirchlichen Handelns stimmt, sei die Form relativ unerheblich. Aber es gibt keinen Inhalt ohne Form. Sagen wir das Evangelium auf andere Art, als es geschrieben steht, beginnen wir, es zu verändern. Darum feiern wir immer noch Gottesdienste und lesen auch Abschnitte daraus, ohne sie alle und Wort für Wort durch Predigt zu kommentieren. Das Evangelium sieht anders aus, stehen seine Verse in einer Dogmatik, erzählt es ein Roman oder Film, oder wird es als Information bei Wikipedia erklärt.

Man könnte den Gottesdienst für eine Art religiöses Theater halten, für inszenierten Glauben. Aber dann ist er letztlich auch nur Theater. Die Digitale Welt verändert unser Denken in rasanter Weise. Sie saugt alles in sich auf, auch unseren Glauben, so dass wir ihn kaum noch wiedererkennen. Das geschieht weithin unmerklich und scheint nicht schlimm zu sein, dasselbe nur halt in zeitgemäßer Form. Doch unser Verstehen wird ein anderes und es ist immer die Frage, wie weit dabei Missverstehen überhand nimmt. Die Kirchengeschichte ist voll von entsprechenden Beispielen.

Wie soll sich Kirche verhalten? Erfolg verspricht, sich auf all dies Neue einzulassen. Wer nicht im Netz präsent ist, ist schon fast tot. Doch das Netz hat seine Gesetze. Medien sind keine neutralen Instrumente. Sie ordnen, bewerten und mischen unsere Realitäten neu. Es ist eine Kritik der medialen, digitalen Vernunft vonnöten, das sehen Kulturkritiker bereits seit Jahren. Nur in der Kirche ist das kaum ein Thema. Wir sind von öffentlicher Zustimmung abhängig. Mitschwimmen ist angesagt.

Hinter den aktuellen „Reformen" der Kirche verbirgt sich auch ein rechtliches Grundproblem. Papst und Kaiser waren im Mittelalter getrennt und auch wieder nicht getrennt. Sie waren Spannungspole. Man sprach von zweierlei Recht, dem Kanonischen (kirchlichen, göttlichen) und dem der Obrigkeit und Gesellschaft. Die Reformation wagte einen gewaltigen historischen

Schnitt: Über Nacht legte sie das Kirchenrecht beiseite, weil sie es als weltlich erkannten. Der Vermischung von Menschenrecht und göttlichem Wort wollte sie ein Ende machen. Luther verbrannte ein entsprechendes Kirchenrechtsbuch nicht nur, weil er selbst unter Bann stand. Die Evangelische Kirche vertraute ihr Ordnungsrecht hinfort Herzögen und Magistraten an. Weltliche Herrschaften in Bistümern gab sie auf. Die neuen Kirchenordnungen, wenn auch von Theologen verfasst, wurden von weltlichen Regierungen erlassen.

So ergab sich eine Allianz, die eine neue Verquickung von Kirche und Welt ergab. Sie wurde durch die Trennung von Kirche und Staat beendet, mit dem Preis, dass sich Kirche als Institution Öffentlichen Rechts nun seit etwa einhundert Jahren neu organisierte. Jetzt verläuft die Trennungslinie von Geistlichem und Weltlichem mitten durch unsere verfasste Kirche. Diese Linie verschwimmt mehr und mehr. Synoden und Kirchenleitungen regieren in der Kirche. Sie beherrschen zwar niemanden, aber sie lenken, leiten und kanalisieren. Sie nutzen nicht nur Gesetzgebungsverfahren, sondern auch alle möglichen Ordnungen des öffentlichen Lebens wie das Internet mit all ihren Implikationen. Und sie stehen in der erneuten Versuchung, sich als Institution für die Kirche Christi zu halten.

Und so kommen die Probleme zueinander: Mit digitalen und medialen Mitteln, die alles auf die ihr eigene Weise „professionell" neu ordnen, sucht die Kirche Erfolg oder zumindest eine Art Grundsicherung für die nächsten Jahrzehnte. Sie übernimmt Methoden der Wirtschaft, lässt sich von Ratschlägen der Soziologie und anderer Wissenschaften leiten. Sie legt wert auf Demokratie in ihren Strukturen, obgleich auch dies eine Form von Herrschaft ist.

Oft sind Sprachregelungen symptomatisch. So spricht man in der Katholischen Kirche von Neuevangelisierung, Pastoralkonzepten und nun auch im Evangelischen von Pastoralem Raum. In diesem Rahmen erst ist die Rede von (bis zu gewissem Grad noch) „eigenständigen" Kirchengemeinden, die man aber besser „regionalisiert", d.h. zentralisiert. Gedacht, geordnet und geplant wird von oben her in Mustern moderner Verwaltung.

Die Institution Kirche möchte noch irgendetwas gelten in einer Gesellschaft, die sehr gut ohne sie auszukommen scheint. Der Gottesdienst schließlich verkommt mehr und mehr zu einer möglichst perfekt inszenierten Veranstaltung, wird zum Theater. Der „Inhalt", die Botschaft der Kirche, das Evangelium, erscheint als etwas, was man aktualisieren möchte, den Menschen nahe bringen will und politisch korrekt verkündet werden soll.

Doch das Evangelium erweist sich als schlecht verdaulich. Worte wie Sünde, Gnade, Segen, Geist und Seele, Heil, Seligkeit oder auch Gott werden zunehmend als exotisch und erklärungsbedürftig angesehen. Der Wunsch nach Erklärung und Verstehen aber zielt darauf ab, sich gebräuchlichen Denkmustern anzuschließen, und so verändern diese Begriffe auch leicht einmal ihren Sinn. Passen sie sich zu sehr ein, werden sie allerdings erst recht bedeutungslos. Sie sagen nur noch aus, was man ohnehin auch anders sagt.

Es geht mir nicht um ein neuerliches Erfolgsrezept. Es geht mir überhaupt nicht um Zahlen und Erfolg. Ich bin ordinierter Pastor und Teil einer Kirchengemeinde. Mir geht es darum, dem Geheimnis des Gottesdienstes nachzuspüren, das sich besser nicht in modernen Denk- und Handlungsmuster auflöse und so verdürbe. Ich vertraue auf Gottes Geist und nicht auf professionelle Ratschläge von Experten der Zukunftsplanung. Darum bewerte man mich vielleicht als konservativ, aber das bin ich ebenso wenig, wie ich in Sachen Kirche mich für progressiv einschätze. Das Geschichtsmuster vom Fortschritt passt nicht zur Heilsgeschichte.

Unmodern lasse ich mich gern nennen. Das sind auch Künstler und Denker, die sich kritisch gegenüber dem Jetzigen verhalten. Kirche sollte in diesem Sinn grundsätzlich unmodern sein, was nicht bedeutet, sich allem Neuen gegenüber zu sträuben hätte.

Ich traure nicht der Kirche von 1980 nach. Aber es schmerzt mich, wenn Gottesdienste zur Parodie verkommen.

Dies alles muss ich wohl breiter ausführen und begründen. Dies ist Sinn und Zweck meines Buches.

Kirche 20.3

In seltener Einigkeit machen sich evangelische und katholische Kirchen in Deutschland um ihre Zukunft Sorgen. Kirche 2030, wie sollte, muss sie aussehen? Es riecht nach Überlebenskampf. Wozu sind wir noch gut, und wie bekommen wir das große Abbröckeln gestoppt? Wie können wir uns noch eine Weile behaupten? Christus mag ja eigentlich als unser Haupt gelten, aber eben nicht in dieser Welt? Es ist ein gewaltiges Projekt, die Kirche in Deutschland im 21. Jahrhundert zukunftsfähig zu machen. Doch ist das nicht das Amt des Heiligen Geistes? Und passen diese Begriffe Satz überhaupt zu dem, was Kirche ist: Projekt, Zukunftsfähigkeit?

Es geht bei entsprechenden Plänen und Ideen um die weltliche Seite der Kirche, um ihre Organisation, Struktur. Man muss sich schließlich anpassen, sonst ginge die Zeit über uns hinweg. Die Kirche sei von vorgestern, konservativ und unbeweglich, da müsse sich vieles schnell tun, denn die uns alle und überall betreffenden Veränderungen überschlagen sich. Wer da nicht mithält, verliert.

Oder schüttet man damit das Kind mit dem Bade aus? Oder plant man eine Art Räumungsverkauf, um im zeitgemäßen Design neu zu erscheinen? In dieser Welt erfinde man sich am besten hin und wieder neu.

Vieles wirkt, als trüge man den Leuten das Evangelium hinterdrein mit der Bitte, doch noch im altehrwürdigen Verein der noch Glaubenden wenigstens als passives, aber zahlendes Mitglied zu verbleiben. Die Völker lehren? Soweit will man sich denn doch nicht mehr vorwagen, schon um Blamagen zu vermeiden. Eher hütet man historisches Erbe und gestaltet das Kirchenmuseum als Erfahrungsraum mit vielleicht doch noch am Rande den Menschen von heute Interesse weckenden Impulsen. Die Völker lehren ganz andere Kulturmächte. Da wollen wir als Kirche wenigstens gute Schüler sein.

Als Zukunft der Kirche galt einst die Eschatologie, die Besinnung auf das Ende aller Zeiten. Auch dieses Thema erfahren wir nun weitgehend säkularisiert. Wir fürchten Weltkrieg, Klimakatastrophen, Vergiftung der Meere, Trinkwassermangel oder Überbevölkerung. Oder kommen am Ende doch noch eine weltweite Demokratie und kulturelle Fortschritte zustande, auch wenn wir zunehmend unsicherer werden, worin diese bestehen und wie Demokratie angesichts der Globalisierung überhaupt aussehen könnte.

In den Augen Vieler hat Kirche ausgedient. Sie stellt sich ihnen als eine religiös-kulturelle Stufe der Gesellschaftsentwicklung dar, auf die man eher zurückblickt. Warum gibt es uns noch als Kirche und auf welcher Reise wohin befinden wir uns? Weiß der Fuchs, wir haben zu tun. Zum Beispiel muss man die Kirche retten. Das muss man wohl, wären die Sache mit Gott und die Ideen von Mose, Jesus und Paulus nur Einbildung, wenn auch auf ziemlich hohem Niveau. Und wer im Grunde nichts Neues mehr zu sagen hat, schweige besser.

Als Paulus in Athen den Menschen begegnete, die stets auf Neues aus waren, bot er ihnen nichts dergleichen. Er verwies auf den Unbekannten Gott, und der ist weder neu noch alt. Er ist lebendiges Gegenüber aller Generationen.

Ich mache mir weniger Sorgen um die Zukunft der Kirche, als dass es mich schmerzt, wie sie in unseren Tagen wieder einmal sich aus Angst anpassend in die Irre stolpert und dabei denkt, endlich alles richtig zu machen. Sie holt sich Rat bei allen möglichen klugen Instanzen, aber zu wenig in dem, was uns als Grund gelegt ist, das Evangelium Jesu Christi. Luther hätte so etwas Vertrauen auf Menschenwitz genannt. Zwar wird die Bibel ständig nicht nur von der Kanzel her zitiert, aber das kann man auch, ohne sich ihr zu stellen. Sich der Gemeinde zuzuwenden, kann auch so zu deuten sein, dass man dem Altar und dem lieben Gott den Rücken zuwendet und die Sache lieber selbst in die Hand nimmt. Das war der große Vorwurf, den Luther der Kirche seiner Zeit machte. So ließ Dostojewskij den Großinquisitor sprechen: Gott, du störst unsere Kreise. Lass uns mal machen. Was weiß Jesus schon von unseren Zeiten!

Sicher übertreibe ich im Folgenden wieder und wieder, doch mit Absicht. Eine Hyperbel ist ein rhetorisches Stilmittel, das der Verdeutlichung dient. So schlimm steht es nicht um die Kirche, wie ich befürchte, oder vielleicht doch?

Es kommt darauf an, woraufhin man schaut. Die kritische und gut meinende Homepage www.unsere-kirche-2030.de möchte eine „moderne Kirche" haben. Wikipedia definiert den Begriff folgendermaßen: „(Die) Moderne bezeichnet historisch einen Umbruch in zahlreichen Lebensbereichen gegenüber der Tradition, bedingt durch Industrielle Revolution, Aufklärung und Säkularisierung. In der Philosophiegeschichte fällt der Beginn der Moderne mit dem Skeptizismus der Vordenker der Aufklärung (Montaigne, Descartes, Spinoza) zusammen. Die Moderne folgt als Teil der Neuzeit auf die Frühe Neuzeit und dauert je nach

Definition bis in die Gegenwart an oder endete im zwanzigsten Jahrhundert." Wie sähe demnach „moderne Kirche" aus? Um es entsprechend einem literarischen Bild zu sagen, frei nach „Siebenkäs" von Jean Paul: Nicht Christus verkündet den Tod Gottes, sondern eine Wissenschaft, die das Wort Gottes begriffen und einsortiert hat in ihre sich verändernden Gedankenwelten: Christentum, Version 2023. Wie die Rede von der Trinität gefälligst logisch zu sein hat, um von uns akzeptiert zu werden, soll Kirche sich nach den neuesten Erkenntnissen der Sozialwissenschaft richten und auf Wirtschaftsweise hören. Sonst ist sie der Welt am Ende noch eine Torheit! Meine folgende Kritik nimmt die aktuelle Kirche beim Wort und beobachtet Tendenzen. Das führt bisweilen zu seltsamen Ahnungen und offenbart auch die eine oder andere Verwirrung.

Kirche in den Fängen der Kybernetik

Wer oder was Kirche ist, dafür gibt es eine jahrtausendelange Geschichte, die sich in der Verfassung der deutschen evangelischen Kirchen in einer Spannung ausdrückt: Einerseits ist die Kirche Versammlung der Glaubenden, also Gottesdienst, zum anderen Organisation ihrer Mitglieder. Taufe wird neben der Zugehörigkeit zu einer Institution zur juristischen Bedingung der „Mitgliedschaft". Das biblische Bild des corpus Christi, des Leibes mit dem Haupt Christus rückt in den Bereich des Unsichtbaren. Die Trennung von weltlich und geistlich zieht sich quer durch die Kirche. Aus geistlicher Sicht ist Kirchenmitgliedschaft nur äußerlich. Wer sich da allerdings verweigert, dem steht auch kein Recht zu, zum Beispiel vor dem Altar zu heiraten oder „kirchlich" beerdigt zu werden. Für die weltliche Seite der Kirche mit ihren Gesetzen sind Taufe und die Bereitschaft Kirchensteuer zu entrichten äußere Bedingungen zur juristischen Teilhabe. Wer unter welchen Bedingungen „in der Kirche" ist, haben wir festgelegt, wird jeweils demokratisch beschlossen und lässt sich algorithmisch auflisten. Schleiermacher hatte 1811 in seiner „Kurzen Darstellung des theologischen Studiums" den Begriff der Kirchenleitung geschaffen. Die dort aufgeführten Gedanken wirken auf uns als Entwurf dessen, wie sich evangelische Kirche heute versteht. Zweck des Kirchenregiments ist die Sicherung und Aneignung der „Idee des Christentums" in einem bestimmten Territorium. Wurzel aller Theologie ist nach Schleiermacher die „philosophische

Theologie", was seine Nähe zu Hegel deutlich werden lässt. Er sprach von einer entsprechenden „Technik" für dieses Unternehmen und bezeichnete „praktische Theologie" als Krone des Studiums. Schleiermacher schrieb das Adjektiv „praktisch" noch klein, denn es gab noch keine entsprechenden Lehrstühle. Die christliche Kirche war ihm etwas „zu Regierendes", „Produkt der Vergangenheit und als Keim der Zukunft". Es ging ihm um eine unter anderen „Organisationen eines gemeinsamen Lebens" in der Entwicklung der Menschheit. Schleiermacher scheute dabei auch das Wort „Hierarchie" nicht, das für die Reformation tabu war und er mit dem Wort „Kirchengewalt" synonym verwendete. Konfession und Ritus begründeten ihm eine „Kirchenpartei". Eine „Denkungsart" bestimme die Kirche, die „gebildet" wird. „Das Wesen jeder kirchlichen Verfassung drückt sich aus durch das Verhältnis, in welchem Laien und Klerus gegeneinander stehen." Praktische Theologie war Schleiermacher „Seelenleitung". Es ging ihm um „alle praktisch theologischen Vorschriften". Schleiermacher präzisierte „Bildung" der Kirche im Sinne von Leitung. Kirche ist also machbar, ihre Ausgestaltung liegt in unseren Händen. Entscheidend war ihm für ein „Kirchenregiment" das „Übergewicht des Einzelnen über das Ganze". Das zielte nicht etwa auf die Mitglieder, sondern auf die eine Kirche Leitenden. Entsprechend habe sich „eine äußere Autorität constituiert", von der die gesetzgebende Kirchengewalt ausgeht. Ihr wissenschaftlicher Geist spielt dabei eine zentrale Rolle. Schleiermacher griff auch zum Bild von Krankheit und Gesundheit: Das Kranke sei „auszuscheiden", mit Hilfe der Kirchenzucht. So brachte er diese alte Bußinstitution in neue, für jedermann verständliche Begrifflichkeit, d.h., er veränderte ihren Sinn. Der „religiöse Sinn" bestimme den Cultus je nach Ort und Gegebenheit, aber bitte in Gleichförmigkeit.
Eine Kirchengemeinde definierte Schleiermacher als „die kleinste religiöse Organisation". Der Gottesdienst („Cultus"), da er mit der Kunst verwandt ist, richte sich nach einer „religiösen Kunstlehre". Da es dabei um Sprache geht, könne man dies auf den „Lehrbegriff" „reduzieren". „Ohne Seelsorge" - in diesem Sinn - könne „eine Gemeinde weder bestehen noch sich reproduzieren." Man kann nur ahnen, wie entsetzt Martin Luther über solche Formulierungen wäre. Die „Einzelnen" betrachtete Schleiermacher als „Gegenstand einer besonderen klerikalen Tätigkeit", die zum Ziel die Identifizierung der Einzelnen mit der Gemeinde hat. Damit hatte Schleiermacher ziemlich exakt das beschrieben, was man

heute Identitätsmanagement (IdM) nennt. Wo dieses Verhältnis gestört ist, spricht Schleiermacher von Krankheit. Natürlich genießen die Schriften Schleiermachers in der Kirche nicht die Autorität der Schriften der Reformationszeit, insbesondere der Bekenntnisschriften, aber es liegt zu Tage, wie einflussreich sie auf Geschichte der evangelischen Kirchen bis heute waren und sind. Sein Begriff der Kirchenleitung ist zur festen juristischen Größe geworden. Eine erste große Rolle hat „Kirchenleitung" im Dritten Reich gespielt. Es klang besser als „Kirchenregiment". Das Wort wirkte harmloser und moderner, damals im Sinne der Führungsmentalität, heute demokratisch. In Mecklenburg ließ sich der Bischof offizell als Kirchenführer ansprechen.

Schleiermacher sprach auch von der Statistik der Kirche. Damit war aber noch nicht gemeint, was wir heute mit diesem Begriff verbinden, sondern Staatswissenschaft. Immerhin hat die Kirche als Körperschaft Öffentlichen Rechtes Gesetzgebungsgewalt. Sie wird zwar demokratisch mit Synoden regiert, aber welcher Regierungsgeist weht in ihnen? Den Heiligen Geist dafür zu benennen, wagt wohl kaum jemand, auch wenn Andachten und Gottesdienste zu solchen Meetings gehören. Bestimmend sind vielmehr „praktische" Erwägungen aller Art, wenn auch im Rahmen und unter der Voraussetzung der alten Bekenntnisse. Es besteht somit die grundsätzliche Gefahr, dass das Wort Gottes - zumal in großer Auslegungsbreite - nur als ein Argument unter anderen bei anstehenden Entscheidungen gilt.

Der Begriff Leitung ist schillernd. Das deutsche Wort „Führung" ist durch den Kirchenkampf unbrauchbar geworden. „Leitung" lässt an Kybernetik denken, wie sie Norbert Wiener 1948 begründet hat nach Analogie der Handlungsweise lebender Organismen. Kybernetik gehört zu den Grundlagen digitaler Kultur. Die digitale Welt ist Maschinenwelt nach dem Muster der Organisation. Man muss nicht allzu viel von technischen Einzelheiten wissen, da wir täglich erfahren, welche Macht neue Entwicklungen, Kommunikationsmuster, Signal verstärkendes Feedback oder mediale Werbung haben. Schleiermachers Theorie passt derart gut zu unserer Art, Leben zu gestalten, dass es kein Wunder ist, dass sie sich zur Zeit in deutscher evangelischer Kirche besonderer Beliebtheit erfreut.

Der Steuermann ist nicht der Kapitän, könnte man einwenden. Christus bleibt das Haupt der Kirche, doch in Zeiten der Toleranz und Pluralität lässt man den Einzelnen nach seiner Façon selig werden, wenn auch mit heißen Empfehlungen versehen, sich hier oder da einzuordnen.

Der eigentliche Steuermann, Gubernator ist jedoch nach 1 Kor 12, 28 Christus. Unser Bild vom Leiten und Steuern wird zunehmend von Techniken überdeckt, die dafür angewandt werden. Das Internet, google-maps und Wissenschaften geben sich neutral. Wir wissen aber, dass dies nicht stimmt. Sie erscheinen lediglich medial, vermittelnd zwischen Parteien, haben aber gewaltigen Einfluss auf Verhalten und Entscheidungen. Sie sind Instrumente mit eigener Macht. Sie verwenden die User als Teile technischer Systeme. Wir mutieren zu Momenten in allen möglichen Prozessen, über die der Einzelne keine Macht mehr hat. Wir verwenden Instrumente, werden aber zugleich von ihnen verwendet. Die sogenannte Digitale Kultur oder Welt hat ihre eigenen Gesetze. Das bedeutet, dass es da eine schwer zu greifende Souveränität gibt, die uns regiert. Die Besen der Zauberlehrlinge akzeptieren keinen Meister, wie einzelne Maschinen es noch taten. Sie sind riesig und komplex, kaum zu stoppen. Sie sind „Too big to fail".

In diesen Zeiten als Kirche einfach mitschwimmen zu wollen, die vielen faszinierenden Möglichkeiten bedenkenlos auf die analoge Plattform Kirche zu übertragen, erscheint nicht nur bodenlos naiv, sondern ist auch theologisch höchst fragwürdig. Die Lösung heißt freilich nicht, umgekehrt naiv zu trotzen und sich auf eine kulturelle Insel zu begeben, wie Mennoniten und Amish People es tun. Geboten ist ein überaus vorsichtiger Umgang mit digitaler Kultur und aktuellen Konzepten gesellschaftlicher Ordnungen. Diese Vorsicht ist mein Buch gewidmet.

Es geht nicht darum, sich aus allem herauszuhalten und ein Leben nach dem Muster der Amishpeople oder Sekten als alternative Lebensform „Kirche" zu versuchen. Aber das gesellschaftliche Bild vom Menschen verändert sich gerade massiv, und es hat den Anschein, wir stünden da erst an diversen Anfängen. Weil wir entsprechend Gen 1 nach dem Bild Gottes erschaffen wurden, gilt es aufzumerken. Der Mensch definiert sich gerade neu, und zwar fortlaufend.

Lenin schwebte ein Mensch neuen Typus vor mithilfe einer Mischung von seiner Ideologie und Elektrifizierung. Der „Kommunismus" war kein Ausrutscher der Geschichte, sondern ein erstes, gigantisch angelegtes Projekt, die Geschichte als Ganzes mit Hilfe der Technik in die Hand zu nehmen. Es ist nicht mehr der homo sovieticus, der beginnt sich zu verbreiten, aber wir werden zu etwas Anderem in einer Weise, wie es zuvor nicht bekannt und undenkbar war. Wir erfahren uns selbst verändert und nicht nur etwas um uns herum, wie wir gerne glauben möchten. Science fiction, ausgedachte Welt wäre den Menschen vor nur einem halben Jahrhundert, was wir heute alltäglich leben. Nur dass sich dies niemand am Schreibtisch oder in einem Parteiklub ausgedacht hat. Wir haben alle Mühe, die vielen Prozesse nachzujustieren. Die Sisyphosfelsen rollen immer mal woanders hin und es wird immer schwerer, wenn nicht gar unmöglich, sie wieder hoch zu stemmen.

Googles Grundsätze

Google verlässt sich auf folgende Grundsätze: „Demokratie im Web funktioniert." „Das Bedürfnis nach Nachrichten kennt keine Grenzen." Und „man kann Geld machen, ohne Böses zu tun." Wir wissen, das sind Täuschungen, wenn nicht gar Lügen. Der aktuelle Populismus ist ohne entsprechende Medien kaum denkbar. Nachrichten sind nicht so objektiv, wie sie vorgeben. Menschen, Algorithmen und Muster wählen Nachrichten aus, akzentuieren, werten, ordnen ein. Auch Bedarf nach allem Möglichen, ob nun Dinge oder Informationen, wird gesteuert, in guten oder weniger guten Absichten, oder auch einfach nur nach Automatismen. Es scheint - wie stets bei der Ökonomie - nur so, als ließe sich Geld vermehren, ohne selbst auch Abstriche bei der Moral zu machen, um nicht zu sagen: böse zu sein. Wir haben den Eindruck, wenn alles funktioniere, sei es auch gut. Nutzen hat sich schon immer gern in den Pelz des Guten gehüllt, man lese nur die Geschichte von Jesu Versuchung. Wir können im Netz und auf dem Markt idealerweise stets und überall auf alles zugreifen und so ein Gefühl von Herrschaft oder Sicherheit mitten in Unsicherheit genießen. Unter dem Schirm der Sicherheit einer Zuschauertribüne aus betrachten wir die Welt und sind zugleich mittendrin als Opfer wie als Akteure. Eine smarte und flexible digitale Logistik ermöglicht das für uns: Man kreiert für uns entsprechende Algorithmen, die dann gleich Geistermaschinen reibungslos wie die in ihnen integrierten Uhren vor sich hinsummen. Zudem verschafft uns die neue Welterfahrung das schöne Gefühl, zu den Guten zu gehören, die wissen, wie man es macht. Schließlich bestimmen wir per Wahl, welche Experten wir zu Wort kommen lassen und uns regieren sollen und dürfen. Unsere Perspektive ist gewissermaßen die von Google Earth, von 11.000 km Entfernung hineingezoomt bis hinein in die Biomaschine Mensch mit ihrem Hirncomputer. Wir haben den Traum absoluter Machbarkeit inmitten weitgehender Machtlosigkeit.

Und da ist dann der Gottesdienst: Nach Schleiermacher (in unser Denken 200 Jahre später übertragen) ist er ein mediales Kunstwerk von Spiritualität unter anderen, nur halt mit dem Prägestempel der Ideen des Juden Jesus von Nazareth. So zu denken ist doppelte Ablehnung von Offenbarung, denn die Juden werden so nicht als Gottes Volk angesehen und die Inkarnation wird als Fiktion oder cleverer Mythos gewertet. Gott und Mensch in Christus untrennbar? Das logische und digitale Denken kennt Gott nicht, so oft von ihm darin auch die Rede sein mag. Es hat nur ein Maschinenherz. Bei ihm entsteht Einmaligkeit nur durch Mischung des Vorhandenen und Wiederholbaren, zeitlich Konkretem. Für die pure Logik ist selbst Gott nicht individuell. Für sie wird auch er zur definierten Variablen. Ob Gott tot ist oder dreifaltig, ist nur Gedankenspiel. Abstrakte Rede abstrahiert, entfernt sich von ihrem Grund, braucht ihren Gegenstand nicht mehr. Gott wird wie alles zum Beispiel. Frömmigkeit wird zur Anwendung einer Idee. Da Gott in der Welt nicht zu finden ist, „gibt" es ihn auch nicht anders als in Gedanken. Das scheint sich gut in die virtuelle Welt einzupassen, aber dann ist es auch nicht mehr als dies. Glaube erscheint als eine der vielen postmodernen Denkmöglichkeiten, die ihre Wahrheit nur in sich selbst suchen.

Es gibt zwar unter uns nicht mehr das Ständedenken, wie Schleiermacher es sah, wo ein Kleriker seine Gemeindeglieder „behandele", aber Glaubensexperten, die die Öffentlichkeit, bzw. die eingetragenen Mitglieder seines staatlich organisierten Haufens belehren und mit Spezialwissen beglücken. Beruht die Existenz der Kirche nicht auf der Kompetenz ihrer Gelehrten? In der Welt pflegt das bei ähnlichen Vereinen so zu sein. Gruppen begründen sich durch Konsens. Nach dem Studium weiß der Theologe dann, warum Lukas das echte Jesuswort so verdreht hat, wie der historische „Christus" Jesus es gar nicht gemeint haben kann. Quellenscheidung ist ein wichtiges Thema für aufgeklärte Katechese und erscheint im Religionsunterricht wichtiger als die Auslegung zum Beispiel des Gebotes vom Feiertag, weil letzteres ja durch Sonntagsgesetze einigermaßen abgesichert ist. Religionsunterricht an den Schulen ist schließlich keine Glaubensvermittlung. Aber wo und wann findet diese dann statt? Nur im Blockunterricht der Konfirmationsvorbereitung? Eltern haben solche Aufgaben zumeist outgesourct und an Bildungseinrichtungen abgegeben. In der Perspektive der Organisation Kirche gehört das in das Kapitel der Mitgliederpflege.

Gott twittert nicht

Glauben kann man im Muster von Information verstehen: Es ist eine oder gar die „Gute Nachricht", die wir in politisch korrekter Weise für unser Wohl nutzen. Nenne es meinetwegen noch in alter Manier Seelenheil, aber wer kann mit den Begriffen Seele und Heil noch etwas anzufangen? Beides Worte müssen erst noch dem modernen Menschen durch Synonyme ersetzt werden. Nur, dass sie dann nicht mehr sind, was sie waren. In den 70ern war die Reihen theologischer Informationen für die Gebildeten in der Kirche wichtig. Erwachsenenkatechismen glichen populärwissenschaftlichen Abendschullehrbüchern für Akademiker. Jetzt beeilt sich Kirche, das alles professionell medial ins Netz zu stellen. Professionell und kompetent bedeutet, alte Inhalte den medialen Anforderungen, also ihren Gesetzen entsprechend anzupassen, sie umzuformen. Twitter ist dann leider doch etwas zu kurz im Format, aber wenn wir zunehmend im Twitterformat denken?
Auch Gottesdienste sollten möglichst mediale Ereignisse sein mit Publikum und Erkenntnissen der Theaterwissenschaft professionell gestaltet. Alles sollte auf Anhieb leicht verständlich sein, auch das, was Wittgenstein für unsagbar und darum nicht für verhandelbar hielt. Man kann die Gebote einzeln twittern, aber was sind sie dann? Geschwätz, Meinung, Blitzidee, Weisheitsspruch? Gott twittert nicht. Er äußert keine Meinung, noch spricht er in Zwischenrufen, auch wenn die äußere Form der Herrenhuter Losung twittergemäß ausschaut. Gott lässt verkündigen, seine Engel singen und die Propheten lauschten. Darum sollte sich auch die Kirche mit Twittern und Ähnlichem zurückhalten.
Mit so etwas entsteht auch schon mal wegen der Forderung nach Verständlichkeit, ohne die es im Netz keine Existenzberechtigung gibt, im kirchlichen Funkverkehr eine Mischung aus Mystizismus an der Kante zur Esoterik und kinderleichten Glaubenswerten, untermauert mit ethischen „christlichen" Werten, einer wissenschaftlich gefassten Ethik. Eine Botschaft muss in sich logisch, überzeugend und schlagartig richtig erscheinen. Für die Begründung kann man dann auf Experten verweisen, die mit langen Sätzen und Fachlatein eh der Masse unverständlich sind. Erstaunlich freilich ist, dass die Apostel Fischer oder Handwerker waren, jedenfalls keine „Schriftgelehrten".
Es ist kein Zufall, wenn in dieser durchorganisierten und nach Sicherheit strebenden Zeit die sogenannte „mittlere Ebene" der Planung und Verwaltung von Kirche das Zentrum der

Kirchengestaltung bildet und möglichst viel in „Kompetenzzentren" entschieden wird, alles nur zum Nutzen und Wohl der Gemeinden, aber in der Regel an ihnen vorbei. Entscheidend ist, woran man Erfolg misst: an medialer Präsenz und Statistik. Jesus war dahingehend ein Versager. Als er dann doch auffiel, wollten die einen ihn zum Brotkönig machen und die anderen ihn schlicht beseitigten. Selbst seine Jünger suchten das Weite, als ihre Verhaftung drohte. Erfolg sieht anders aus.
In Bezug auf Statistiken hat man vermutlich auch eine der Hauptlehren nach dem Zerfall des „real existierenden Sozialismus" vergessen: Einer äußerlich geplanten und geregelten Oberfläche entspricht innere Anarchie, weil nur befragt, nicht aber gefragt wird. Die Ordnung der Kirche durch Leitung muss wieder auf die Füße gestellt werden. Man mag Organisationen leiten, mit dem Geist Gottes und seinen Früchten lässt sich so nicht verfahren. Eine Kirchengemeinde kann top in Zahlen und öffentlicher Erscheinung daherkommen. Doch Glaube lässt sich nicht verwalten und bitte auch nicht lenken und leiten. Exerzitienmeister gehören aus gutem Grund nicht zur Tradition der evangelischen Kirche. Aber diesen Anspruch haben unsere Kirchenleitungen auch nicht. Sie glauben in der Regel, mit schwarzen Zahlen, bzw. erfolgreichen Projekten sei es schon getan. Was schlimmer von beidem ist, lässt sich schwer sagen.
Stellen wir dem allen die einfache Definition von Kirche aus dem Augsburgischen Bekenntnis entgegen: Kirche ist Versammlung der Gläubigen.

Gott ist nicht von dieser digitalen Welt

Wir sind hochgradig verunsichert, worin unser Glaube besteht. Und er zerbricht oder verfälscht zwangsläufig, wenn er sich auf Tradition, Mitgliedschaft oder Wissensstand ausruht, aber den Dialog nicht sucht, den Gott mit uns führt. Gott ist überall und zu allen Zeiten erreichbar, aber in gänzlich anderer Weise als ein Ort bei Google Earth. Der Feiertag ist da, um gegenüber den Koordinaten des Alltags für eine ausgesparte Zeit einen ausgesonderten Ort inmitten der Welt aufzusuchen, um sich Gott und seinem Wort auszusetzen und ihm mit Lob und Dank zu antworten.
Am Feiertag funktioniere nichts wie bei der Arbeit. Das liturgische Geschehen entziehe sich aller Machbarkeit, willkürlicher Organisation und der Planung, hier ist Christus das Haupt. Darum

hielt man sich beim Gottesdienst über Jahrhunderte so stur an überkommene Texte und Strukturen, weil man sich selbst hörend und lauschend zurückzunehmen gedachte. Die Reformation reinigte darum die zugewucherte Gottesdienstkultur des ausgehenden Mittelalters. Verständlichkeit ist eine gute Forderung, aber nicht als Simplifizierung des Komplexen. Wenn man in früheren Jahrhunderten von Einfältigkeit sprach, hatte das nichts mit dem zu tun, was wir heute so nennen.

Der Geist Gottes ist klar, aber die Gebote sind weder Informationen einer höheren Macht an die Welt noch Gesetze, wie wir sie systematisch gestalten und beschließen. Sie sind Anspruch an einen Menschen mit Namen und nicht Teil dieser berechenbaren Welt. Die Gebote lassen sich auch nicht in ein Wertesystem überführen und auflösen.

Es ist gleichgültig, wie viele Mitglieder die Kirche hat und wie groß ihre Spendenbereitschaft und damit ihr Marktanteil ist. Theologieprofessoren oder Bischöfe sind nicht gläubiger als „Laien" oder sich auf ihre Bekehrung etwas einbildende Evangelikale, die alles ganz genau wissen, weil es sich in vereinfachenden Schemen ausdrücken lässt. Es gibt keine Hierarchie in der Kirche, auch nicht die des Wissens oder der Glaubensstärke. Die Taufe begründet kein kanonisches Kirchenrecht, sondern die Ordnung der Kirche folge der Taufe. Noch sind unsere Kirchenverfassungen besser als ihre institutionellen Anwendungen, aber wir sind kirchengeschichtlich (mal wieder) nahe am Kippen der Gewichte. Die fantastischen technischen Möglichkeiten der Kybernetik verführen dazu, die Kirche immer perfekter zu organisieren. Wir merken kaum mehr, dass das nicht sachgemäß ist, denn Organisation und Offenbarung Gottes dürfen nicht einmal in Waage zueinander gesetzt werden.

Auch Google behauptet steif und fest seine Neutralität gegenüber Inhalten. Wer Kirche digital verwaltet, unterwirft sie automatischen Algorithmen. Dagegen sind Kirchenverfassungen und -gesetze regelrecht flexibel.

Kirche hat ihren Ursprung im Gottesdienst und gipfelt auch sogleich darin. Um die geschehende Liturgie herum bildet sich beständig neu Kirchengemeinde. Im Unterschied zu den Konstanten Sakrament und Evangelium ist diese höchst veränderlich. Gemeindeerneuerung geschehe nicht durch Programme, Evangelisierungsfeldzüge, Events oder Projekte, sondern aus dem gesprochenen und gesungenen Wort Gottes heraus. Aber muss man das nicht auch organisieren? Ein Organ ist ein Werkzeug. Werkzeuge haben entscheidenden Einfluss auf die

Gestalt eines Produktes. Bei einer Organisation übernimmt der Organisierende die Regie und nutzt Inhalte für seine Zwecke. In dieser Tendenz wird folgerichtig aus Gottes Wort geistiges Material in Händen von Menschen und ihren Ansichten: Wir wissen, wie man die Kirche zum Überleben fit macht. Wenn dieser Punkt erreicht ist, die Kirche vor allem Institution geworden und der Gottesdienst zu ihrer Veranstaltung verkommen ist, sind die Engel aus der Kirche ausgezogen.

Schleiermacher hat die „praktische Theologie" als Krone dieser Wissenschaft genommen und seine philosophische Theologie diente als Grundlage für die „Glaubenslehre" der Kirche. In Dogmatiken des 18. Jahrhunderts waren Bibelstellen bisweilen mehr Material und Beispiel als Begründung für dogmatische Sätze, die der menschlichen Vernunft zu entsprechen hatten. Abgewandelt für unsere Situation hieße dies: Wir schauen, was an unserem Christentum noch zeitgemäß ist und lassen die Bibel politisch korrekt in unseren Gottesdiensten sprechen, bauen unsere Filter in diese Maschine ein.

Umgekehrt ist es sachgemäß: Aus der Offenbarung des Dreieinigen Gottes heraus lernen wir zu glauben und wagen uns an die Nachfolge Christi. Das hat auch Schleiermacher nicht geleugnet, aber seine philosophischen Erkenntnisse, die Ordnung seiner Gedanken bestimmten grundlegend die Interpretation der Offenbarung. In der Folge erschienen dann etliche in ihrer philosophischen Ausrichtung unterschiedliche „Theologien" bedeutender Professoren. Ebenso bestimmen unsere „modernen" Denkweisen unser Verständnis der Offenbarung, und fälschen sie nur zu leicht auch ab. Digitale Kultur lässt uns neu, anders, in jeweils bestimmter, sich ständig verändernder Weise denken, Sachverhalte ordnen. „Künstliche Intelligenz" beginnt nicht erst mit Robotergleichen Computern.

Wir bewegen uns in unseren Tagen weithin in Fängen einer segensreichen und doch auch mit Fluch beladenen Kybernetik. Wir brauchen sie, wir genießen sie, sie strukturiert unser Arbeiten, wir nutzen sie, um Auswege zu finden, und zugleich werden wir in ihr benutzt, ausgenutzt. Sie sucht uns beständig in diese oder jene Richtung zu locken und zu verführen, nicht unbedingt aus bösem Willen, sondern vor allem, damit in dieser unsichtbaren Maschinerie alles gut läuft. Die Digitale Welt braucht den Trend zum Perfekten, einfach, weil sie eine Maschine ist.

In der Cyberwelt wird gelogen, dass sich die Balken biegen, sie gaukelt uns Grenzenlosigkeit und tausend Möglichkeiten vor, für die niemandes Zeit reicht,… Wahrheit gehört nicht zu ihren

Kriterien, wohl aber Rezeption und Wirksamkeit. Wahrheit verwandelt sich in Passgenauigkeit.
Es ist eine große und überaus verständliche Versuchung, mit diesen ambivalenten, schillernden Mitteln auch Glauben und Kirche gestalten und begreifen zu wollen. Aber Gottes Reich ist nicht von dieser Welt. Wahrheit ist hier oberstes Kriterium, und die ist nicht nur sachlich, sondern personal in besonderer Weise. Ich bin die Wahrheit und das Leben, spricht Christus. Wir tun uns schwer, diesen Satz zu verstehen, er passt nicht in unsere Paradigmen, Denkgewohnheiten.
Gott erlässt keine Gesetze, sondern Gebote. Er hat keinen frommen Klub auf Erden, keine Fangemeinde sich erwählt. Keine Organisation, und hätte sie noch so orthodoxe Grundwerte, darf so tun, als sei Gott gerade mal außer Landes, und sie könnte ihn organisatorisch, intellektuell oder im Handeln vertreten. Und wer weiß, ob wir ihn noch mögen, wenn er wiederkommt. Vermutlich gibt es ihn gar nicht, aber wir tun mal so, als ob es ihn gäbe, meinen aber nur uns und unsere Auffassungen dieser von einem Zimmermann aus Galiläa gestiftete ehrwürdige Religion, die wir am Leben erhalten.

Ordnende Mächte

Ordnungen sind notwendig. Aber sie bergen jede für sich und miteinander auch Gefahren. Sie sind nicht an sich gut und richtig, nur weil sie in bester Absicht gesetzt sind. Sie mögen auch in die Irre führen, schon weil sie auch wie von alleine laufen. Und niemand kann komplexe Ordnungen völlig beherrschen, sie tun, was sie sollen und immer auch ein wenig mehr. Für Vieles erweisen sie sich als gut und hilfreich, oder aber auch als hart, und man kann sie gerade durch ihre Flexibilität auf vielfältige Art missbrauchen, das alles liegt in ihrer Natur. Wir benötigen Regelungen, aber sie sind nicht selbst gut im tieferen Sinn. Sie wehren nur Bösem und geben Gutem Freiraum.
In Bezug auf Ordnungen der Kirche lässt sich – im Unterschied zu weltlichen Gesetzgebungen – grundsätzlich sagen, dass sie so kurz als möglich ausfallen sollten. Das lässt sich an der Reformation lernen, als ein gigantisches Kanonisches Recht von kurzen und knappen Kirchenordnungen abgelöst wurden. Sie waren nur in zwei Punkten ausführlicher, in der Darstellung christlicher Lehre und der in ihr aufgeführten Liturgie, sieht man von Schulordnungen und dem Eherecht ab. Diese rechtlich zu

regelnden gesellschaftlichen Bereiche hatten die Kirchen die nächsten Jahrhunderte auch weiterhin noch zu managen, bevor auch sie staatlicher Regie übertragen wurden.

Alles, was an institutionellem Recht wie Besoldung oder Eigentumsregelungen dazu kam, lag vor allem in Händen der geistlichen Ministerien des Staates, auch das, was wir heute innerkirchlich nennen. Die Kirchenordnungen der Neuzeit scheuten Institutionsrecht.

Ein weites Spielfeld hat sich heute darum neu im Kirchenrecht aufgetan durch die Strukturierung einer Institution, zu der sehr viele Gemeinden gehören, die man nun als Teil eines Ganzen behandelt. Das lenkt auch leicht einmal von der eigentlichen Aufgabe der Kirche ab, dem Gottesdienst vor Ort, auf den alles ankommt. Christus ist der Weinstock, wir die Reben. Wir sind lebendige Bausteine im geistlichen Sinn, nicht als Mitglieder einer menschlich geordneten Großinstitution. Die Nähe zum Haupt der Kirche ist im direkten Gegenüber zu Christus gegeben. Das Haupt der Kirche sitzt nicht in Neustadt, Ostholstein, Schwerin oder Hannover. Gott regiere die Kirche, nicht Kirchengemeinderäte, Synoden oder Kirchenleitungen. Pastoren fügen sich in eine Kirchengemeinde ein und sind nicht ihre Chefberater. Ihr Dienst bestehe in gemeinsamer Feier des Gottesdienstes, der Befolgung des Feiertagsgebots in der Gemeinde. Sie mögen Seelsorger sein, lehren, was dem Gottesdienst dient, nicht aber mehr als die Hälfte ihrer Zeit mit Verwaltung zubringen. Allerdings sollten sie mit den Kirchenältesten gemeinsam achtgeben, dass die Verwaltung nicht sich selbst als Kirche gebärdet und übergriffig wird. Das fällt schwer, wenn beides in gleichen Händen liegt. Administration ist eine Dienerin, die schnell mal meint, wegen ihrer Planungskompetenzen die eigentlich Herrin des Geschehens zu sein.

Administration braucht keine Verkündigung, um zu funktionieren, es reichen Mitglieder und Spendenbereitschaft. Verwaltungstechnisch besteht für sie kein Unterschied zwischen Verein und Kirchengemeinde. Aus ihrer Sicht ist der Pastor als Beamter Teil einer Dienststruktur. Administration rechnet und ordnet. Für sie sind gefasste Beschlüsse maßgebend, nicht das Evangelium. Es liegt in ihrer Natur, in größeren Maßstäben zu denken, von Effektivität und schwarzen Zahlen zu träumen, sich staatlich zu gebärden. Für sie sind Gesetz und Ordnung oberster Maßstab, nicht der liebe Gott, der sich in keinem System, in keiner Idee oder Rechnung einfangen lässt. Die „Kirche" zu verwalten ist etwas ganz anderes, als Sakramente zu verwalten.

Spricht die Institution Kirche in der Öffentlichkeit, ist das nicht gleichzusetzen mit der auf Gottes Wort lauschenden Predigt. Mediale Präsenz, Theologie und Mehrheitsbeschlüsse ersetzen sie nicht, auch wenn sie sich so gebärden. Ich kann die Bibel nach Hause tragen, aber mein Studieren ersetzt nicht die Lesung im Gottesdienst, ebenso wenig wie das Gebet im Kämmerlein das gemeinsame Vaterunser erübrigen würde. Es heißt nicht: „Vater mein..."

Für das Recht im Sinne des Gesetzbuchs hat Johannes Oldendorp in Rostock zur Reformationszeit gezeigt, wie verführerisch und ungerecht es sein kann, nimmt man das Gesetz selbst als letztes Richtmaß. Das gilt nicht nur für eine bestimmte Rechtstheorie, sondern für alle Ordnungen.

Recht und Kirche

Für die Kirche bedeutete Kirchenrecht immer dann Gefahr, wenn man es selbst für göttliches Recht erachtete, nur weil es sich darauf beruft. Eine aktuell größere Befürchtung besteht darin, dass man auch den Glauben so sehr für ein menschliches Ding ansieht, dass man es am besten ohne Gott regelt. Ist Glaube nur Eigenschaft oder Verhalten des Menschen, kann man darüber räsonieren, es regulieren, projektweise verbreiten und auch hier und da nach Zeitgeschmack oder eigener Logik leicht verändern, abfälschen. Löst man Religiosität vom unverfügbaren Gott, und sei es nur theoretisch, lässt sie sich ordnen und regeln, kybernetisch behandeln. Unsere Kirche haben wenig Angst vor Irrlehren, Häresien oder Glaubensvielfalt, bzw. Beliebigkeit. Im Gegenteil: Das vermehrt Möglichkeiten und steigert die Akzeptanz. Google ist auch darum so erfolgreich, weil alles in diesem System möglich scheint.

Bei der Digitalisierung handelt es sich nicht nur um etwas, was man bitte ordnend noch beherrschen möchte, sondern selbst um eine Ordnung von Gedanken, Sprache und Verhalten. Gottes Wort wird dort zu einem Argument, einer Meinung, Ansichtssache. Die Rede vom unverfügbaren Gott ist dort eine Variable unter vielen anderen Denkmöglichkeiten.

Mit Gottes Wort lässt sich auch durchaus begründen, dass man nur beschränkt Gottesdienste feiert. Es lassen sich mit Gottes Wort Kriege gutheißen, einander widersprechende Moralordnungen mit Autorität versehen oder Gesellschaftsordnungen legitimieren. Man muss es nur aus dem Kontext des liturgischen Geschehens lösen oder noch wirksamer dies selbst in die Hand nehmen.

Wir müssen uns freilich mit Gottes Wort in die bunte Welt wagen. Doch wehe, wir gehen mit ihm hausieren, als hätten wir selbst das so gesagt und meinten mit unseren Worten das Gleiche wie der Liebe Gott. Glaube ist nicht die Übernahme von Gottes Meinungen und Ansichten. Meinungsvielfalt und Religionsfreiheit sind unterschiedliche Dinge.

Auch (institutionelles) Kirchenrecht wird beschlossen, verfügt, ausgeübt. Entsprechend anderem weltlichen Recht hat man die Möglichkeit der Berufung auf ein Verfassungsgericht, was aber in Bezug auf die gängigen Präambeln der Kirche allerdings fragwürdig bleibt. Weltliche Gerichte enden im Text der beschlossenen Verfassung und dem Gewissen. In der Kirche soll man am Ende miteinander beten können.

Kirchenrecht steht somit zugleich auf dem festesten Grund des Rechts überhaupt und auf wackligeren Füßen weltlicher Gerichte sonst, denn Gebote, Bergpredigt oder Dogmen lassen sich nicht mit Gesetzeskommentaren präzisieren.

Auch synodal beschlossene Ordnungen mit besten Absichten können die Verkündigung schwächen, unkluge Ordnungen erlassen,… Ordnungen vermeiden Streit, ermöglichen Lösungen, verhindern eben diese aber auch und können Anlass zu Entzweiungen geben und Irrtümern Vorschub leisten.

Kirchliches Recht ist trotz gewichtiger Präambeln weit davon entfernt, göttliches Recht zu sein. Es zeigt besonders klar, was im Übrigen auch für das weltliche Recht überhaupt zutrifft, dass es nur eine behelfsmäßige, äußerliche Ordnung ist. Sie ordnet damit auf der einen Seite und sorgt für Frieden, auf der anderen Seite gibt sie insgeheim der Anarchie Vorlauf. Denn alle Ordnung schafft, weil sie perfektionistisch angelegt sein muss, auch Räume, die von der Ordnung nicht erfasst werden. Das ist das Wesen der Abstraktion, dass sie Bereiche auslässt. Regeln müssen Verschiedenes über einen Kamm scheren. Ordnungen müssen vom Einzelnen, Besonderen bis zu einem gewissen Grad absehen, um allgemein gültig zu sein. In ihrer Allgemeingültigkeit, Unendlichkeit liegt ihre Beschränkung. Der Eindruck, alles geregelt zu haben macht blind für die Höhlen, die sich dadurch bilden. Verbietet man einen Suchtstoff, bildet sich sofort eine Art Darknet dafür, das nicht beherrschbar ist. Zugleich sind es gerade unordentliche Spielräume, die Leben bedeuten. Gerade dieser Freiraum ist das Feld, auf den Gottes Wort fällt.

Gottes Wort verzichtet von vornherein auf das Spiel differenzierender und allgemeingültiger Ordnung. Theokratie im guten Sinn schreibt gerade keine Regeln vor. Gottes Gebote sind nicht einmal als Axiome zu gebrauchen. Gott steht allen menschlichen Ordnungen gegenüber. Johannes Oldendorp verglich das Gewissen als eine Waage zwischen dem Wort des lebendigen Gottes und dem, was wir tun oder entscheiden, Billigkeit nannte er diesen Vorgang. Zieht man das Wort Gottes in den Bereich menschlicher Aktionen ganz hinüber, wiegt sich das Gewissen selbst in falscher Sicherheit.

Wir denken, und die vielen Techniken auch des Geistes handeln in ihrer natürlichen Blindheit entsprechend, alles selbst in der Hand zu haben oder doch haben zu sollen. Hegel feierte interpretierend Verstand und Willenskraft von Adam und Eva, als sie sich über das Gebot im Paradies hinwegsetzten und die verbotene Frucht vom Baum der Erkenntnis aßen. Das Böse war ihm nur eine List der Vernunft.

Wir erleben die Grenze der Möglichkeiten in Naturmächten und im Anderen. Sie überwindet man in Ausbeutung und Gewalt. Gott gebietet jedoch Liebe, und das bedeutet die Anerkenntnis dieser Grenzen.

Die großen Widersprüche von Gottes Wort und unserer Lebensgestaltung – zum Beispiel in Bezug auf die Bergpredigt – liegen offen zutage. Motoren der Ökonomie sind Vorteilsgewinnung, privater Nutzen, Möglichkeiten des Geldverkehrs, globale Ungerechtigkeiten. Die Gesellschaft bemüht sich darum, alles in einem erträglichen Rahmen relativer Gerechtigkeit zu halten.

Kirche als organisierte Gemeinschaft und Immobilienverwalterin könnte versuchen, alles Entsprechende auszuklammern oder sich an relativ gerechtere Lösungen zu halten. Sie kann sich jedoch keine Insel der Seligen bauen. Das wäre Heuchelei: einerseits sich das Hemd des guten Rufs waschen zu wollen, andererseits sich Marktgesetze zu eigen zu machen und danach zu schauen, was sich rechnet.

Gottesdienste sind in der Regel ein glattes Minusgeschäft und Kirchen viel zu teuer. Fundraising ist ein in mehrfacher Hinsicht auch bedenkliches Instrument der Geldbeschaffung. Ethisch in Bezug auf ökonomisches Verhalten sauber zu bleiben, ist glatte Illusion. Aber versuchen müssen wir es wohl.

Innere Ordnungsmächte sind Moral und Ethik, in der alten Rechtsphilosophie Gewohnheiten und ungeschriebenes Recht genannt. Immer lag es in der Luft, eine gerade geltende Moral mit göttlichem Recht zu verwechseln. Das denken heute nur legalistische religiöse Minderheiten. Die Versuchung der Kirche heute besteht eher darin, ein besonders guter Schüler im öffentlichen Leben sein zu wollen, zumal man Kirche gern als Wertgeber ansieht, als eine Art Gewissen der Gesellschaft. Das würde der Kirche einen Rest an Existenzberechtigung verleihen. Wertgeber des gerade Geltenden sind freilich momentane Erkenntnisse verschiedener Wissenschaften, kulturelle Trends, nichts Ewiges und häufig genug mit Selbsttäuschung und Manipulationen verbunden.

Das führt dann zu der bekannten Mogelpackung mit der Aufschrift: Das steht schon in der Bibel, Jesus hat das auch schon so gesagt, zumindest dem Sinn nach. Wir sind als Kirche immer ganz vorn beim kulturellen Fortschritt. Man denke an den Feminismus, und wie sich Kirche nach viel zu langem Zögern nun beeilt, besonders politisch korrekt zu sein. Kirche als perfekte Moralinstanz oder Vorzeigeinstitution ist allerdings zum peinlichen Straucheln verurteilt. Ethische Regeln und Gesetze sind nicht mit Geboten und Liebe in Deckungsgleichheit zu bringen. Und zu einer Vorzeigeinstitution bekommen wir weder Kirchengemeinden noch ihren geistigen Verwaltungsapparat gemacht. Kirchenleitung als geistliches Politbüro ist einfach lächerlich. So ist das mit der „Gemeinschaft der Heiligen" auch nicht gemeint. Was heute politisch korrekt ist, wird es morgen nicht mehr sein. Wir sollten unser Verhalten an Christus messen, nicht an aktuellen Beschlüssen staatlicher oder synodaler Gremien. Dann ist die Achtung der Frau eine Selbstverständlichkeit und nicht etwas, was man bei uns per Regelung durchsetzen müsste.

Es ist wichtig, wie sich Kirche ansieht: als eine beispielgebende Einrichtung, was ihr nicht gut ansteht, oder als fehlbare Jüngerschar mit Leuten wie Petrus und sogar Judas. Die rechtliche Gleichheit der Geschlechter lag schon immer in Gottes Wort, wir waren nur mit der Gesellschaft gemeinsam zu blind, um dies zu erkennen. Wir sind keine Sondertruppe der Geschichte. Und wir werden wieder gemeinsam irren, also lasst uns wachsam auch uns selbst gegenüber sein. Mögen wir uns nie im Glauben wiegen, wir würden gerade jetzt alles recht und gut machen.

Als eine neuartige Ordnungsmacht ungeahnten Ausmaßes erweist sich Schritt für Schritt die digitale Welt. Sich auf diese effizient erscheinenden Ordnungsregeln einzulassen, ob in Verwaltung oder Verkündigung, muss kritisch abgewogen werden. Eine nachdenklich machende Schrift nach der anderen erscheint dazu und macht aufmerksam auf Gefahren, Veränderungen gewichtiger

Art, die uns wie im Handumdrehen ändern. Es handelt sich dabei um erhebliche Paradigmenwechsel und Erweiterungen des Handlungsspielraums, aber auch darum, als wen wir uns und unsere Welt ansehen und verstehen. Entsprechend ändern wir uns in unserem Denken, Urteilen und Handeln. Es ist äußerst töricht, hier nahezu bedenkenlos sich solcher Ordnungsmacht anzuschließen und mal wieder an vorderster Front mitmachen zu wollen. Damit eingetretene Veränderungen lassen sich weit schwerer rückgängig machen, als sie zu übernehmen und sich von ihr lenken zu lassen. Dieser Werkzeugkasten gibt wie alle Instrumente den Anschein, man könne mit ihnen machen, was man wolle, bis man dann merkt, was es mit einem selbst und seinen Nächsten und der uns umgebenen Welt gemacht hat. Dagegen hilft kein bloßer Konservativismus, sondern waches, nüchtern selbstkritisches Vorgehen. Das Thema der Assimilation war nicht nur ein bedenkliches Kapitel im Judentum.

Eine mit dieser Frage eng verbundene Ordnung ist das Machtgefüge der Gesellschaft. Da wir in der Demokratie leben, liegt uns die Illusion nahe, alle hätten zumindest potentiell die gleiche Macht. Die Medien belehren uns eines Besseren. Wir leben in einem sich ständig verschiebenden Machtgefüge. Darin hat der Einzelne nur unter besonderen Umständen „etwas zu sagen", wobei es bisweilen krasse Missverhältnisse gibt zwischen dem, der populär ist und dem was hilfreich ist.

Es gibt die Macht des Wissens, der Informationen, der Staatsbürgerschaft, der gesellschaftlichen Stellung, Kompetenzgerangel. Wir tun als Kirche gut daran, diese Strukturen und Wertgefüge nicht zu übernehmen, sondern ihnen in unseren Mauern Einhalt zu gebieten. In dem totalitären DDR-Staat hatte man sich auf die schillernde Formel eingelassen: „Kirche im Sozialismus". Besser wäre gewesen: „Kirche gegenüber dem Sozialismus", aber das hätte der Staat als offene Feindschaft gewertet. „Kirche in der Demokratie", als Unterabteilung? In der DDR sprach man von „gesellschaftlichen Kräften", die einzuordnen waren und im Freund - Feindschema gewertet wurden.

Selbst „Kirche im Kontext der Demokratie" greift zu kurz. Aufgabe und Existenzberechtigung der Kirche besteht darin, auf Gottes Stimme zu lauschen. Beruf der Christen ist, in der Welt Wege der Nachfolge zu erkennen und sich auf sie zu wagen. Dies lässt sich nicht an eine Institution delegieren. Bei meinem Namen bin ich von Gott in der Taufe dazu berufen.

Kirche als geistliches Kompetenzzentrum

Begriffe wie Kompetenz sind nicht einfach abzulehnen. Sie spielen jedoch in unserer Zeit eine bestimmende, ordnende Rolle. Übernehmen wir sie in den Alltag der Kirche, kommt mit ihnen mehr daher als nur ein Wort, und darum gilt es, genau hinzusehen. Kompetenz scheint machtneutral zu sein, beruht sie ja schließlich auf unabhängigem Wissen und frei verfügbaren Kenntnissen oder Erfahrungen. Es handelt sich jedoch in der aktuellen Verwendung dieses Wortes um einen durchaus rechtlichen Status. Der in einer Sache kompetent ist, erweist sich als zuständig und fällt Urteile. Bei Gericht spielen Gutachten eine erhebliche Rolle. Der Kompetente gilt als fähig, Probleme zu lösen. Er legt nicht nur einem Gericht nahe, in einer bestimmten Richtung zu entscheiden. Er ist auch Lebensberater und Hüter der Wahrheit, so weit sie sich (nach aktuellem Forschungsstand) feststellen lässt.

Kirche sollte nicht sich für kompetent erklären, auch nicht in Religionsfragen. Sie soll auf Christus weisen. Sicher tue sie dies in angemessener Weise, doch sie hat es nicht mit einer Sache, sondern mit Gott zu tun. Kirche ist Zeugin, nicht Sachberichterstatterin. Darum steht das Dogma weit über jeder Theologie.

Die „Kompetenz" Gottes ist eine ganz andere als die von Menschen. Ein Prediger ist nicht kompetent, das Wort Gottes der Welt zu erklären und sich auf diese verborgene Weise zum Stellvertreter Christi zu machen. Der Prediger sollte vielmehr die Gemeinde dahin führen, das Wort Gottes für sich besser zu verstehen. Für Klarheit im Glauben mag die Verklärungsgeschichte stehen: Die Jünger sahen und erlebten etwas, was sie nicht begreifen, durchaus aber missverstehen konnten. Davon erzählen die Evangelien. Die Kompetenz der Apostel dann später bestand vor allem darin, auf Missverständnisse hinzuweisen. Wirkliches Verstehen sah Paulus erst dann gekommen, wenn wir Gott von Angesicht zu Angesicht schauen. Allen Klarheit schaffenden Dogmen der Kirche ging eine Phase der Apologetik zuvor.

Das Modell der Kompetenz beinhaltet die zumindest theoretische Fähigkeit, Probleme zu lösen. Diese Kompetenz hat die Kirche für die Welt definitiv nicht. Die liegt allein bei Gott und hat ihr Gegenüber in zugemuteter, zugetrauter Vollmacht. Doch in dieser gibt es - anders als in menschlichen Herrschaftsverhältnissen - keinen Rangunterschied.

Kompetenz üblichen Sinnes würde in geistlichen Fragen durch die Hintertür wieder Hierarchie einführen. Das Amts- bzw. Selbstverständnis mancher Pastoren, Kirchenleitungen oder Professoren ist auch danach. Wir brauchen in der Jüngerschar keine Gurus oder Besserwissende. Von da ist es bis zur Simonie nur noch ein kleiner Schritt, wo man ein Geschäft aus dem Heiligen Geist macht und Kirche zu einem spirituellen Geschäftsmodell werden lässt. Das funktioniert, solange noch zahlungskräftige Anhänger zu rekrutieren sind. Macht, Vorrang oder Einflussgeber sind eine Art Währung. Die Vollmacht, die Gott uns gibt, ist jedoch keine Vormacht, sondern Liebe. Gott verleiht nicht irdische Macht der einen über die anderen, das lehrte Christus seine Jünger.

Wissenschaft und Beurteilung von Fakten sind Mächte dieser Welt. Obgleich Wissenschaft beständig in Veränderung begriffen ist, kommt ihr im Gesellschaftsgefüge höchste Autorität zu, zumal die Vorstellung herrscht, dass es überall einen bestimmten neuen Forschungsstand gibt. Für Naturwissenschaft ist dies zutreffend, aber diese Annahme ist bei Geisteswissenschaften wie Philosophie, Geschichte, Rechtswissenschaft oder Kunstwissenschaft nicht so sicher, auch nicht bei der Psychologie, Soziologie oder Politikwissenschaft. Hegel hat Plato nicht erledigt und Van Gogh malte nicht besser als Dürer. Fortschritte der Erkenntnis vermehren und korrigieren Einsichten, eröffnen neue Perspektiven, aber sie legen alte Texte nicht ad acta.

Es kommt nicht von ungefähr, dass man heute bemüht ist, auch Philosophie und Psychologie naturwissenschaftlich abzusichern mit eiserner Logik oder Neuropsychologie. Mindestens für Theologie käme dies allerdings ihrer Selbstaufgabe gleich.

Natürlich gibt es in allen Wissenschaften Fortschritte. Und es ist töricht, gewonnene Erkenntnisse zu missachten, aber das Neueste im Bereich des menschlichen Geistes ist nicht unbedingt das Beste und Altes nicht das Schlechteste. Dumm ist, Bewährtes aus Neugier auf Abwechslung auf den Schutthaufen zu werfen. Kaputtmachen geht einfach und schnell. Wachstum braucht Geduld und Zeit. In der Welt gilt der Spatz in der Hand mehr als die Taube auf dem Dach. In der Kirche gilt die Hoffnung mehr als das gerade Machbare. Uns sind unglaubliche Schätze anvertraut. Aber wir laufen dem Billigen nach, nur weil es neu erscheint. Wir haschen nach dem Wind und kehren unseren Schatzkammern den Rücken zu.

Aktuelle Wissenschaft sucht oftmals eine Autorität, der man sich ohne Bedenken fügen könne. Noch höhere Autorität genießen Informationen über Fakten, trotz aller Warnungen vor Fake News und dem Wissen, dass Fakten mehrdeutig sind. Sie sprechen eben nicht für sich, sondern gewinnen Bedeutung in einem bestimmten Kontext. Statistiken scheinen nicht zu lügen, obgleich jedem klar ist, dass es ein Leichtes ist, sie dafür zu nutzen und sie nicht eindeutig sind. Der Wahrheitsgehalt „nackter Fakten" reicht von erhellend bis irreführend und ruft bisweilen einander widersprechende Deutungen hervor.

Wie weit darf man Fakten richtungsweisend für sich gelten lassen? Solche Autoritäten lassen sich durchaus verschieden instrumentalisieren.

Wissenschaften sind auch Ordnungsprinzipien, sie ordnen Erscheinungen in ihre Muster, Paradigmen. Gottesdienst zum Beispiel sieht aus der Sicht der Theaterwissenschaft ganz anders aus als in der Perspektive der Soziologie oder Psychologie, von Philosophie ganz zu schweigen, die sich freilich selten mit solchen – in ihrer Sicht – Randphänomenen abgibt. Sich vor allem nach den Wissenschaften zu richten, daraus Handlungsanweisungen zu basteln, scheint geraten, weil sie sich objektiv und nachprüfbar geben. Doch wie weit das ein brauchbarer Weg für die Kirche ist, darf man auch in Zweifel ziehen. Die Wissenschaften kommen sehr gut ohne jedes Wort Gottes aus, entsprechend sind auch ihre Ratschläge. Statistiken, schon weil sie auf unleugbaren Fakten beruhen, werden als Argument genutzt, um Veränderungen zu rechtfertigen, gern Reformen genannt, ohne dass da irgendetwas im theologischen Sinn re-formiert wird. Eine Reformation der Kirche ohne dogmatischen Grund verdient diesen Namen nicht, ist irreführend.

Arbeitsteilung ist ebenfalls als Ordnung, und damit als Herrschaft zu verstehen. Schafft man Arbeitsstellen zu bestimmten Bereichen, ist damit eine Aufgabe verbunden. Kaum eine solche „Arbeitsstelle", von denen es in der Kirche zuhauf gibt, wird sagen: Es ist schon gut so, wie es ist. Sie steht unter Reformdruck, um ihre Existenz zu verteidigen und kann sich auf jeden Fall auf Statistiken oder herzugezogene wissenschaftliche Ergebnisse berufen. Sie soll verändern, das ist ihr Auftrag. Flächendeckend geht man davon aus, dass es „so" nicht weitergehen kann, denn die Zahlen sind ja rückläufig. Dank von höherer Stelle ist ihr gewiss. Diese Vorgehensweise ist der Wirtschaft und der Bürokratie entlehnt, Technokratie ist so möglich. Fabriken behaupten sich auf diese Weise auf dem knallharten Markt. Ökonomie generiert Vermögen, gewinnt oder verliert. Was dort nicht zum Wachsen getrieben wird, stirbt. Der Staat versucht, das alles mit geltendem Recht zu vereinbaren. Außerdem liegt eine Volkswirtschaft in ihrem Verantwortungsbereich, er ist auch ein Wirtschaftsunternehmen. Doch was verwaltet Kirche oder will sie generieren, abgesehen von Immobilien und möglichst schmalem Stellenplan? Viele zufriedene Gläubige?

Mein Glaube wächst nicht, er vertieft sich höchstens. Mit ihm verdiene ich nichts, er rentiert sich nicht, Ergebnisse sind nicht abrechenbar. Keine Konkurrenz, keine Verbrauchskultur, keine Stars.

Die Jünger durften den Staub von den Füßen schütteln, wo ihr Wort auf taube Ohren stieß.

Ich nehme einfach mal das Kloster als Beispiel, nicht in einer Aufbauphase, sondern im angezielten Alltag für sich selbst: Wer würde da nicht Erfolg und Wachstum absurd finden? Es gibt dort per Absicht nicht die Devise: Wachse, verändere dich fortlaufend, sonst lebst du nicht. Im Kloster heißt es: Überlasse dich deinem Gott, vertrau dich ihm an. Mehr geht nicht. Mehr tut nicht Not. Das andere ergibt sich. Glaube ist kein Mittel zum Zweck.

Wir kennen den Druck: Wenn sich Menschen von dir abwenden, machst du offensichtlich etwas falsch. Die sozialen Netzwerke verstärken diesen Prozess.

Doch erst, wenn wir diesen Druck von uns nehmen, haben wir wieder die Chance, befreit zu leben und vielleicht auch wieder zu wachsen, allerdings nach anderem Muster. Kurzsichtig in der Kirche ist es, an Zustimmungsziffern zu denken. Das sollte ihr, da es um geistliches Wachstum geht und sie an den Gekreuzigten glaubt, von Grund auf fremd sein. Christus hat nicht gesagt, sammelt mir eine große Herde, sondern: Lehrt die Völker.

Arbeitsteilung in der Kirche

Arbeitsteilung in der Kirche ist nützlich und notwendig. Auch in einem Kloster herrschte Ordnung und es wurden stets Aufgaben verteilt. Aber die Organisation einer kirchlichen Gemeinschaft ist nicht identisch mit dem Corpus Christi. Das ist keine Frage, schaut man auf die Organisation einer Kirche mit einigen Tausend Mitarbeitern. Sie ist nicht die Kirche im geistlichen Sinn. Allerdings präsentiert sie sich im Netz und damit in der gesellschaftlichen Öffentlichkeit nun so. Aus Sicht der Wirtschaft ist sie ein Unternehmen. Kirche organisiert sich zunehmend als Großkonzern, obgleich sie ihrer Ordnung nach Gemeinschaft vieler

Gemeinden sein sollte. Diese sind kein nur Teil eines regional Ganzen, werden aber so behandelt.

Kirchengemeinde leben anders als ihr Verband aus dem Gottesdienst heraus. Während der Coronaepidemie wurde dies deutlich: Die Kirche als Organisation blieb auch dann bestehen, als so gut wie keine Gottesdienste stattfanden. Die Gemeinden aber waren für eine gewisse Zeit nahezu inexistent.

Die umgekehrte Perspektive ist wichtig: Gottesdienste können in einer Gemeinde auch ohne den riesigen Verwaltungsapparat gefeiert werden, in einer der vielen Kirchen vor Ort. Der Gottesdienst braucht nicht die Organisationsstruktur bis zur EKD-Synode hin, eine Landeskirche aber wäre ein bloßes Luftgebilde ohne Gottesdienste und Gemeinden vor Ort.

Die Kirche vor Ort kommt dem Corpus Christi wesentlich näher als der gleichnamige Großkonzern mit Oberkirchenräten, Synoden, Arbeitsstellen und diversen Zentralämtern. Ihre Aufgabe ist es, schlicht Dienerin der Gemeinden und ihrer Gottesdienste zu sein. Das steht so auch auf dem Papier der Kirchenverfassungen, aber da sie säkular geordnet ist, gibt es immer die Tendenz, auch weltlich Macht auszuüben. Keine einzelne Gemeinde kann sich wirklich gegen Übergriffe „von oben" wehren oder den Nutzen dieser oder jener Arbeitsteilung infrage stellen.

Manchmal sind es die unscheinbaren Dinge, die etwas deutlich werden lassen. Vor einem halben Jahrhundert sprach man nur im Oberkirchenrat von einem „Kollegium". Die gegenseitige Ansprache der Pastoren und Pastorinnen war selbstverständlich geschwisterlich. Als Schwestern und Brüder sahen sich alle Gemeindeglieder an, so auch die Ansprache in vielen Predigten. Nun heißt es: Kollegen. Da besteht schon mal ein Unterschied in der Benennung zur Gemeinde. Im Altertum waren Kollegen gleichrangige Beamte, in der Gegenwart sind es Betriebsangehörige. „Kollege" ist ein juristischer Begriff. Also entweder denken wir wieder in Rangstufen oder von der Kirche als einem Betrieb. Beides verrät uns. Im Himmelreich gibt es keine Kollegen.

Im Zuge der vielen Veränderungen erleben wir beständig das Aufkommen von neuen Begriffen, bzw. alten Begriffen mit gewandelter Bedeutung, zumeist aus anderen Sprachen oder gleich rein technische Bezeichnungen, die man lieber gar nicht erst übersetzt. Worte und Begriffe üben Macht aus, ordnen und erwecken den Anschein einer neuen Erkenntnis, obgleich bisweilen längst Bekanntes nur anders gesagt wird. Solche Vorgänge kann man auch in der Kirche beobachten. Der Schein des Neuen,

Anderen steht immer hoch im Kurs. Oft sind es nur Blasen der
Bedeutungslosigkeit, manchmal jedoch auch trojanische Pferde.
Es gibt kirchliche Planwirtschaft: Projektarbeit, Zukunftsstrategien,
Beratertätigkeiten. Alle machen es so, um es zu etwas zu bringen,
also auch wir. Und wer brauchte dringender Erfolge als eine
offenbar sterbende, schrumpfende Kirche?
Kirchengeschichtlichen „Fortschritte", bzw. Veränderungen
geschahen jedoch auf geradezu entgegengesetzte Weise. Die
hierarchische Kultur des Spätmittelalters mit ihrer beherrschenden
Stellung in der Gesellschaft wurde in der Reformation einfach
beiseite gelegt. Fähige Frauen und Männer zogen sich in Klöster
zurück. Unliebsame Personen wie Kierkegaard verfassten seltsame
Schriften. Selbst Jesus suchte nicht besonders konsequent die
Öffentlichkeit oder gar eine Machtposition. Der Prophet riet dem
Volk Israel, sich besser keinen König zu wählen, wie es die anderen
Völker taten...
Planwirtschaft geht von Machbarkeit aus, aber der Geist Gottes
weht, wo er will. Pläne gehorchen einer ökonomischen Zielsetzung,
Projekte der Umsetzung von Ideen. Aber das Himmelreich ist
weder das eine noch das andere. Werten wir das Reich Gottes als
Idee, werfen wir es den Philosophen und Kulturwissenschaftlern
als Happen hin, der sie nicht sonderlich interessiert. Spätestens
dann ist aus Christus wieder der Zimmermann aus der Provinz
geworden, bzw. die Trinität ein Gedankenexperiment, das dem
Denkenden weder attraktiv noch hilfreich erscheint.
Planwirtschaft mit ihren praktischen Töchtern erscheint mir von
meinem Glaubensverständnis her wenig geeignet, Kirche zu leiten.
Ich gelte mit diesen Bedenken sicher als unpraktisch, realitätsfern,
gestrig und dumm, aber das kenne ich schon aus meiner Schulzeit
in der DDR, da galten die Christen prinzipiell als verbohrt und
rückständig, zumindest solange, bis man mit Kerzen durch die
Stadt zog und nur noch weg wollte aus der Planwirtschaft.

Kirche und Kultur

Für die Kulturindustrie ist die aktuelle Kirche ein Randphänomen.
Auf der einen Seite erscheint sie als Bereich von Trivialkunst bis
hin zu den Tausenden Kopien von Pater Pius Plastiken in Italien
oder den Jesusbildern mit dem flammenden Herzen. Dann wieder
sind Kirchen interessant als Aufführungsort oder als mehr oder
weniger kompetente Untere Denkmalsbehörde für ihre eigenen
Gebäude und ihr Inventar. Kirchen wie die Sagrada Familia oder

Kirchenfenster von Chagall sind eher Ausnahmen, geht es um zeitgenössische Kunst. Es liegt auf der Hand, dass vieles, was heute den Namen hoher Kunst genießt, sich in Kirche und Liturgie nur schwer einpasst.

Pastorale Reden sind ästhetisch schwer einzuordnen, in der Regel sind sie ästhetisch eher drittklassig. Der von der Kirche zur Zeit hoch eingeschätzte Sakropop bewegt sich auf relativ niedrigem musikalischen Niveau, erreicht häufig nicht mal das übliche Level der Unterhaltungsmusik. Aber es wird gesungen in den Gottesdiensten, ernsthaft und miteinander.

Der Inhalt der Liturgie ist alles andere als gewöhnlich. Passion und Ostern sind keine Themen, für die sich Schlagerwelten eignen. Kunstinstallationen wie „Martin Luther: Hier stehe ich…" mit 800 gummibärenbunten Figuren auf dem Wittenberger Marktplatz gehören wohl eher in den Bereich von PR-Maßnahmen. Ich habe nichts dagegen, wenn man mal auch auf seichtere Art und Weise in der Kirche singt und Trivialkunst bemüht, aber ein Heilmittel für Gottesdienste ist das nicht. In Fragen der Ästhetik müsste Kirche auch in unseren Zeiten eigene Wege einschlagen, wie es vor Jahrhunderten auch geschah, z. B. in der Gotik oder bei Heinrich Schütz, den altkirchlichen Hymnentexten oder der orthodoxen Liturgie. Doch dieses Thema führte uns auf ein neues Feld, das eigens in Ausführlichkeit behandelt werden sollte. Macht man sich wirklich daran, Zukunftsperspektiven der Kirche in Augenschein zu nehmen, ist dieser Themenbereich wichtig und von Belang. Ziel und Maß sind dabei jedoch nicht Kundenzufriedenheit oder öffentliche Akzeptanz, damit Kirchensteuermittel weiter reichlich fließen. Hätte Kirche der Welt nicht mehr viel zu sagen und suchte vor allem Anerkennung und Aufmerksamkeit, schwiege sie besser. Das erinnert mich zu sehr an meine Zeit in der DDR, wo der Slogan galt: Du sollst mitdenken, das Denken selbst überlass der Partei.

Aber der Kirche ist aufgegeben, Gottes Wort öffentlich zu bedenken, im Herzen zu bewegen und nicht davon zu schweigen. Unser prophetisches Wächteramt nach Ez 33 war nicht nur eine vorübergehende Aufgabe in Zeiten der Diktaturen im 20. Jahrhundert, die sich mit eintretender Demokratie erübrigt hätte. Ich möchte hier keine grundsätzliche Aufgabe der Kunst zu formulieren wagen, aber in Bezug auf den Gottesdienst geht es nicht um spektakuläre Selbstverwirklichung eines Genies oder hervorragende Leistungen von Fähigkeiten, sondern um den Dialog von Menschen mit Gott. Das sollte wie von selbst hervorragen. Tut sie es nicht, stimmt etwas nicht mit der Kirche. Die Weizenhalme sollten sich nicht mit Disteln (Lk 8) messen wollen, aber auch die Institution Kirche behandelt das Thema Kunst eher wie ein Randphänomen, als Äußerlichkeit.

Digitalisierte Kirche

In der digitalisierten Sprache wird analoge Sprache auf neue, veränderte Weise gebraucht und hat ihre eigenen Gesetze. Sie verwendet Begriffe, indem sie sie formelhaft macht, fähig macht für Algorithmen. Digitale Kultur ordnet unsere Welt technisch, d.h. nach Wikipedia: Es ist eine Vorgehensweise zur Aufgabenerledigung.

Dies gilt es ernst zu nehmen, denn diese Sprache ist in erheblichem Maß auch ein ordnendes Machtinstrument. Sie gleicht einer Maschinerie, die inganggesetzt, nur von außen zu stoppen wäre. Sie hat sich jedoch in tausendfacher Weise notwendig gemacht, so dass sie nicht zu stoppen und nur noch modifizierbar ist. Es ist mit ihr so, als würden in der analogen Sprache beständig die Worte verändert. Und so erfahren wir es auch: Diese Künstliche Intelligenz beglückt uns pausenlos mit neuen Worten und Begriffen, in denen zu denken wir wie verpflichtet sind.

Digitale Sprache erweist sich als ein Esperanto der Weltkultur, nur eben nicht mehr als bloße Hobbysprache Einzelner für Völkerfreundschaft Sensibilisierte. Das Digitale scheint alle Sprachen der Menschheit in sich aufnehmen zu können, dient als Übersetzer der Sprachen untereinander, sobald man ihm die dafür nötigen Regeln einprogrammiert hat. Es ist noch schwer linguistisch fassbar, wir ahnen bislang mehr, als dass wir wüssten, was da mit uns und unserer Sprache alles geschieht.

Programmierung von Sprache ist nichts Neues, vor allem nicht, seit im Zuge der Wissenschaft Worte und Sätze möglichst genau definiert, mit streng umrissenen Bedeutungen versehen wurden. Doch in der digitalen Welt wirken Milliarden Menschen bei der Sprachgestaltung mit. Völlig neue Kommunikationsmuster tun sich auf, neuartige Regeln werden ausprobiert, setzen sich manchmal in wenigen Monaten durch.

Die Funktionsweisen dieses Sprachkomplexes unterscheiden sich grundsätzlich von allen Sprachen der Menschheit, weil sie maschinell wirken. Diese Sprachorganisation ist seelenlos. Sie ist Werkzeug, das (wie die unwillentliche Umweltzerstörung) größere

Folgen als beabsichtigt zeitigt. Gebraucht man sie, geschieht immer wieder, dass lobenswerte Vorsätze in ihr Gegenteil umschwenken. Das gleicht dem Auto, das einen Crash verursacht, obwohl man nur von A nach B wollte. So etwas geschieht zwangsläufig auf irgendeine Art, wenn ein Instrument nicht völlig beherrscht werden kann oder man die Komplexität seiner Wirkungen nicht durchschaut. Bei den meisten Maschinen ist dies im kleinen Rahmen überschaubar, bei der Energieversorgung der Menschen ist das schon weit schwerer, man denke nur an die Rolle des Rohöls für die Konflikte unserer Zeit. Noch mehr besteht diese „Unfallgefahr" bei der weltweiten Ökonomie und Produktion von Konsumgütern oder dem, was wir landwirtschaftliche Produktion nennen. Die Weltwirtschaft hängt am Tropf des Digitalen mit ihrer höchst lebendigen Logistik und ihren Funktionsweisen.

Diese Mechanismen zu beherrschen wie herkömmliche Instrumente, ist kaum möglich. Sie ist nicht neutral, sondern dient allen möglichen Interessen. Für sich selbst ist sie blind, übermächtig und macht den Menschen schnell zu ihrem Spielball. Der Einzelne ist Konsument, Faktor. Er ist nicht nur Nummer, er ist Spieleinsatz. Beim Sozialismus träumte man davon, ihn zu „humanisieren". Wie geht das angesichts einer sich verselbstständigten weltweiten Logistik? Der Begriff des Homo sapiens selbst ist bereits vom Digitalen gefangen.

Kirche sollte sich davor hüten, sich naiv und ohne Not in die Maschinerie des Digitalen einzubinden.

Kirche lehrt die Völker das Christentum, indem sie versucht, die unterschiedlichen Sprachen sich dem Evangelium annähern zu lassen, „die Herzen zu erheben". Luther übersetzte nicht einfach die Bibel ins Deutsche, sondern brachte seine Muttersprache dazu, liturgiefähig zu werden, die Sprache der Heiligen Schrift angemessen wiedergeben zu können.

Man kann aber keine Maschine das Christentum lehren. Und wir haben es hier mit einer Art Geistesmaschine zu tun, nicht mit Fahrrad oder Eisenbahn. Wir wissen, wie sehr die Erfindung und der Gebrauch von Uhren die Weltgeschichte verändert hat. Um wie viel mehr tut es digitale Kultur bereits jetzt!

Auf der anderen Seite wäre es unsinnig, die digitale Welt einfach zu verachten und sie nicht nutzen zu wollen. Kirche sollte sich gegenüber den Gesetzen des Digitalen kritische Instanz bewahren. Das vermag Kirche, wenn sie gerade in ihrem Kern, dem

Gottesdienst, sich weitgehend Digitaler Kultur gegenüber abstinent verhält. Sie mag ja als Organisation ihre Mitglieder zählen und ihre Institution mit solchen Hilfsmitteln verwalten, muss jedoch auch dabei auf der Hut sein. Die mit diesen Mitteln gewonnenen Einsichten haben in Bezug auf unser Verhältnis zu Gott nicht das Gewicht, das man Fakten im Digitalen ansonsten zubilligt.

„Fakten" in der digitalen Welt unterscheiden sich von dem, was man vor gut zweihundert Jahre mit der Wortbildung „Tatsache" verstand. Tatsachen waren Ereignisse, die für sich standen. Wer dagegen Mitglieder und Aktivitäten zählt und von Maschinen auswerten lässt, überlässt sich der Dynamik von Algorithmen.

Ein Gottesdienst mit sieben alten Frauen, von denen drei dement sind, ist vor Gott ebenso gewichtig wie ein Fernsehgottesdienst mit einer Millionen Zuschauern. Darum sollten hier die Grundgesetze der digitalen Welt auf den Prüfstand.

Im Netz zählt geteilte, breite Meinung. Tiefe im alten Sinn ist nicht vonnöten. Man kann alles Mögliche im Netz äußern. Gewicht hat, was relevante Zahlen aufweist. Die digitale Welt erscheint Vielen hochwillkommen und bietet Mittel zur Erfüllung verschiedenster Wünsche dank ihrer schier unendlichen Möglichkeiten. Analog schwer überschaubare Größen lassen sich nun fassen und regieren. Zugleich wird Etliches gerade dadurch auch unregierbarer, denn, was auf diese Weise freigesetzt wird, ist komplexer als alles zuvor. Das Komplexe wird jedoch nach bestimmten Mustern beherrscht, und alle Muster sind Abstraktionen, Netze mit Freiräumen zwischen den Maschen. Ohne Vereinfachungen lassen sich größere Mengen nicht regieren. Beim Glauben kommt es jedoch nicht darauf an, Abstraktionen zuzustimmen. Da geht es um Herz und Seele, um meinen Namen, bei dem mich Gott beruft. Das ist eine grundsätzlich andere Art des Komplexen. Dass eine Gemeinde 2000 Mitglieder hat, besagt nichts dafür aus. Aber die Kirche berechnet damit einen Personalschlüssel für einen Pastor. 500 Gemeindegliedern steht für sich allein kein Pastor zu, also auch keine eigenen regelmäßigen Gottesdienste. Ein sich persönlich ihnen zuwendender Seelsorger steht ihnen erst dann zu, wenn sie sich mit mindestens weiteren 1500 Christen zusammen organisieren lassen, der dann freilich kaum Zeit für sie haben wird.

Totalitäre Mächte agieren mit möglichst alles umfassender Kontrolle, gigantischen Datensammlungen und einer Technokratie, der gegenüber die Überwachung der mörderischen Totalitarismen des 20. Jahrhunderts primitiv erscheinen. Die da nicht mithalten können, aber wollen, reagieren entweder mit Resignation oder auch mit Terror. Sie machen sich mit Gewalt bemerkbar. Und da moderne totalitäre Regime mit ihrer Überwachungsmaschinerie die Herzen nicht regieren können, greifen auch sie letztlich zur Gewalt und verhalten sich mit ihren Informationen erpresserisch. Der Iran arbeitet mit digitaler Gesichtserkennung bei der Verfolgung von Frauen, die den Schleier nicht tragen wollen.

Verführerisch sind die Mittel des Digitalen auf ganz andere Art auch für die organisierenden Kirchen. Fasst man die kirchliche Wirklichkeit in Daten, scheint sie bestens verwaltet werden zu können. Doch was hat sie damit gewonnen? Und welch grundfalsches Bild entsteht so von der Versammlung unter dem Namen Gottes?

Die Zwölfzahl bedeutete die Fülle der Völker, ohne Menschen zu zählen. In der Kirche gilt das direkte Zueinander von Einzelnen und Gott. Darüber sagt eine Datensammlung schlichtweg nichts aus.

Das Internet ist ein wunderbares Instrument für das Tun der Menschen, aber es gleicht auch der neunköpfigen Hydra, enge Verwandte der feuerspeienden Mischwesen Chimaira. Schlägst du ihr einen Kopf ab, erwächst ein neuer. Das will sagen: Das Netz ersetzt fortlaufend, schränkt man etwas an ihm regulierend ein. Es verlockt, in ihm schnell groß und mächtig zu werden, aber es lässt ebenso leicht und schnell auch fallen. Musikhits gelangen mit Mühe, PR und Glück in die Charts, aber nach nur wenigen Wochen werden sie wieder in die Vergessenheit abgewählt. Größe im Netz ist äußerst vergänglich. Eine Homepage, die nicht ständig Aufmerksamkeit erregt, ist wie die Zeitung von gestern. Was hat die Kirche dort zu suchen? Netzpräsenz ist wie das Blühen der Blume, heute strahlt sie, morgen ist sie Geschichte. Morgen muss sie zumindest schon wieder anders blühen, sonst schaut keiner mehr hin. Gottes Wort aber ist ewig? Das Sprachgeschehen der Liturgie muss anders ablaufen. Wir binden mit ständiger Aktualisierung, ewig neuem Update viele Kräfte, anstatt zu lauschen, zu beten und zu singen, sonntags die Hände ruhen zu lassen und sich dem Geist Gottes anzubefehlen.

Suchmaschine und Internetpräsenz

Niemals zuvor konnte die Kirche so auf sich aufmerksam machen, religiöse Inhalte der Öffentlichkeit anpreisen. Die Kirche hat wunderbare Möglichkeiten, sich darzustellen, aufmerken zu lassen. Aufgezeichnete Gottesdienste lassen sich überall und jederzeit abrufen. Man kann medial professionell bibelkundliche Schulungen anbieten, sich als Kirche in der weiten Welt auf modernste und gefälligste Weise „präsentieren", gegenwärtig machen. Die moderne Gestalt der Mission scheint Öffentlichkeitsarbeit zu sein. Die Pfarrerin lächelt in die Welt, der Gemeindebrief ist digital auf dem Handy abzurufen,...

Dies erfordert hohe Aktualität, man hat beständig präsent zu sein und Neuigkeiten zu liefern. Man muss sich interessant machen, Aufmerksamkeit erregen und begibt sich in einen gigantischen und unbarmherzigen Wettbewerb. Es kommt darauf an, die rechte Marktlücke zu finden. Niederschwelligkeit ist wichtig, man will Massen erreichen und darf darum nicht zu schwierig oder anspruchsvoll erscheinen. Die Botschaft von Gott ist hier eine unter vielen. Sie setzt sich der Auswahl aus. Im Netz wird fortlaufend gewählt oder nicht, die Nutzer entscheiden, sie sind die Richter. Die Gebote Gottes werden zum Angebot. Glaube wird als eine gute, nützliche und heilsame Möglichkeit unter anderen dargestellt, so sehr man auch behaupten mag, sie sei die beste und grundlegendste. Die wirkungsvollste ist sie jedenfalls schon mal nicht. Internetseiten erscheinen in den Mustern von Reklame. Kirche wirbt für Gottes Wort, aber vordergründig für sich selbst. Ist Gott dabei nicht erkennbar, sondern nur eine mediale Behauptung, entsteht kein Glaube. Er ist keine Überzeugung, keine Weltanschauung.

Die Gebote Gottes sind kein Angebot. Der Mensch ist mit seiner Vernunft nicht der Richter über die Weisheit Gottes. Die Gottesdienste bieten keine Neuigkeiten. Christus wirbt nicht für den lieben Gott. Die „Stadt auf dem Berge" strahlt mit guten Werke, nicht durch geschickt inszenierte Leuchtreklame.

Kurz und übersichtlich

Die Losungsbücher haben es vorgemacht: Sprüche, Weisheiten, auf den Punkt gebrachte Botschaften machen sich gut. Schnelles Verstehen ist angesagt. Zustimmung wird gesucht. Das gehört zu den Grundregeln der Internetkommunikation: Ein guter Tweed sucht Akzeptanz, gern auch als Like oder mit Emoticons. Liebte das 16. Jahrhundert Flugblätter, die Zeitung Schlagzeilen, so das Internet einprägsame Sprüche und schöne Bilder. Es gilt zu gefallen und viel Zustimmung zu erhalten. Die äußere Erscheinung ist absolut wichtig. Sprache und Bild verschwimmen ineinander in neuer Weise. Fangende Worte müssen ins Auge springen. Es geht nicht mal mehr um ausgefeilte Überzeugungen, sondern um mitgeteilte Fakten, starken Eindruck und schnelle Wirkungen: So hattest du es noch nie gesehen, komm wieder zu uns, schon morgen gibt es Neues zu bestaunen. Wir halten dich im wahrsten Sinn des Wortes auf dem Laufenden.

Mein Kirchenkreis wirbt für sich mit dem Slogan: Kirche am frischen Wasser. Ostsee oder Taufwasser? Wenn du dein Kind im Meer als Event taufen lässt, vielleicht kommst du doch noch zu uns? Das ist lächerlich und peinlich zugleich.

Twittern lebt von Gedanken. Gedanken sind etwas, was man gleich einem Bild als Ganzes erfasst. Ein nettes Tauflied spricht sogar davon, dass wir selbst ein Gedanke Gottes seien. Dies ist selbst wiederum ein Gedanke. Das lässt sich twittern, denn ein Tweed hat nur ein begrenztes, in einem Blick überschaubares Zeichenvolumen. Im Twittern werden Gedanken geteilt, nachvollzogen. Sie sollten einprägsam sein, gleich einem Witz überraschen und sind für den Moment gemacht. Fromme Bücher oder Kalenderblätter nennen sich gern „Gedanken für den Tag". Impulse werden gesetzt. Man kann Bibelverse so ansehen und nutzen, der 119. Psalm ist als eine solche Sammlung sogar verfasst. Doch der christliche Glaube ist kein Sammelsurium von Volksweisheiten oder schlauen Sprüchen. So erhellend ein Gedanke sein kann, er ersetzt nicht Denken und Verstehen in komplexen Kontexten. Die Psalmverse haben nur Bedeutung im Zusammenhang mit dem Volk Gottes in der Geschichte, sonst wären sie lapidar. Sie haben ihr Gewicht nicht in sich selbst. Sie sind Spitze eines Berges, da treffen sich Wege. Der Kontext, bzw.

Bezugspunkt der biblischen Sprüche aber ist nicht nur die Bibel oder ein Teil von ihr. Sie erweisen erst dann ihren Vollsinn, wenn sie sich auf Gott beziehen, und dieser Bezug ist nicht theoretisch, sondern geschieht in der Liturgie, ob nun in Synagoge oder Kirche. Es ist der Name Gottes nach der Tora, bzw. Gottes Gegenwart im Geist Christi. Ein Name ist dazu da, angesprochen zu werden. Unsere Namen sind dagegen Daten geworden für die identity card. Gott hat keinen Ausweis. Er ist als Person inexistent. Bestenfalls ist er virtuelle Figur.

Trennt man die Psalmverse vom auch wirklich angesprochenen Namen Gottes, bleiben bloße Gedanken übrig, die zudem nicht besonders neu und aufregend sind. Sie sind mariginal, unwichtig, Randerscheinungen eines anderswo spannenden Lebens.

Christus ruft Widerspruch hervor. Nicht nur, um gehört zu werden, gab Gott das Feiertagsgebot, Ruhende Hände, die nicht über den Touchscreen huschen. Das Feiertagsgebot ist dazu da, uns von Gott ansprechen zu lassen und so unserem Namen einen Gewicht zu geben, das die Welt uns nicht geben kann. Und das lässt uns nicht unverändert. Es kehrt uns um, zu unserem Heil.

Gott spricht zu Elia nicht im Sturm, sondern im stillen Säuseln. Die Pfingstpredigt geschah nicht im Feuerrausch, sondern alle verstanden, was die Apostel ihnen sagten. Gottes Geist gleicht eher dem Kerzenlicht als einem Feuersturm.

Ausdruck von Glauben sind Reue, Einsicht, Buße, bessere Werke, keine Likes oder Emoticons. Gott sucht nicht das Gefallen der Menschen, damit sie ihn wählen oder ihm zustimmen. Er braucht keinen Klub von Fans. Er will im Sinne unserer Vergleiche keinen Wert haben. Über all das ist er erhaben. Wir mögen ihn preisen, aber nicht vor aller Welt anpreisen wie ein Produkt oder eine Sensation. Glaube bedeutet nicht, Gottes Worten neugierig zu folgen wie ein Zuschauer und den Schöpfer und Erlöser „gut zu finden".

Deregulierung und Freiheit

Was mit Daten geschieht, hat nicht nur Folgen im „wirklichen" Leben, sondern mit der Zeit entspricht unser Denken auch dem, was im Rechner geschieht. Die Entwicklung der Digitalen Kultur geschieht in Wechselseitigkeit. Man sieht sich selbst als eine Art

Computer an: Meine Festplatte ist voll, Erinnerungen kann man löschen, Probleme werden verarbeitet, wir vernetzen uns untereinander, ich habe viele „Freunde". Wir organisieren die Dinge nicht nur mit Hilfe der Algorithmen, wir werden mit unserem Denken und Tun in diesen Strukturen eingefangen. So wie der einzelne PC Teil des Netzes ist, sind wir es in einer scheinbar alles umfassenden Wirklichkeit. Zumindest wird der Realismus der Möglichkeiten an diesen Kategorien gemessen, wer da herausfällt, wird als unrealistisch gebrandmarkt. Dieses Buch macht keinen praktisch umsetzbaren Vorschlag, also kann man es als unrealistisch beiseite legen. Gilt das dann auch für den Gottesdienst?

Wer sich vernetzt, ist fest verknotet in einem System. Sich daraus zu lösen, ist im Datennetz der Tod. Ich partizipiere vielleicht an Aufmerksamkeit, die Anderen gilt, gehöre ich zum Beispiel einem Fanclub an. Aber auf mich kommt letztlich nichts an, ich bin nur ein Datensatz, auf den das Netz auch locker verzichten kann. Auch ein Star ist ersetzbar, die Kandidaten stehen Schlange. Der vielfach gerühmten großen Freiheit digitaler Deregulierung steht die Allmacht ihres Regelwerks gegenüber, das nur gelten lässt, was mitspielt. Die Grenzen haben sich nur verschoben.

Vieles in der Kirche wurde und wird dereguliert, vereinfacht, und damit vermeintlich klarer. Mit der Gottesdienstordnung muss man es nicht so streng nehmen. Liturgien sind Möglichkeiten, ihre Teile „Bausteine". Kaum jemand regt sich noch über Lehrabweichungen auf, solange sie in einem sehr weit gefassten Rahmen bleiben. Gemeindearbeit ist ein breites Gestaltungsfeld. Bedenkenlos können alle möglichen Anregungen aus der weiten Welt und Wissenschaft im kirchlichen Leben aufgenommen werden: asiatische Meditationstechniken, Beratungen aller Art, Erfahrungen mit Fundraising, Strömungen der Psychologie für Seelsorge,… Die Kirche präsentiert sich nicht nur zum Kirchentag als Markt der Möglichkeiten.

Ausgewählt und zensiert wird demnach dennoch, aber nach anderen Maßstäben.

Dass all diese Dinge ihre Eigendynamik und ihre eigenen, bisweilen strikten Gesetze haben, scheint nicht weiter ins Gewicht zu fallen. Allgemein akzeptierte Muster werden nicht als Einschränkungen empfunden.

Markantes Beispiel ist Seelsorge. Das Wort selbst ist wie alle Begriffe abstrakt und weit gefasst: Ist nicht ein Psychologe der professionellste Seelsorger? Schon seit langem ist sie jedem liturgischen Kontext enthoben. War die lutherische Seelsorge einst ein Gegenkonzept zu ihrer abrechenbaren Verweltlichung der spätmittelalterlichen Kirche mit ihren Bußgesetzen, ist sie jetzt weithin völlig aus dem Zusammenhang der Liturgie genommen und man fragt höchstens noch kritisch und unsicher, ob Glaube und Gottesdienst nicht nebenher auch noch der Seele hilfreich sei. Die Bezeichnungen Seelsorger und Pfarrer werden noch synonym gebraucht, aber die Bedeutungen der Worte hat sich geändert. Wer kann auch mehr als 2000 Gemeindeglieder „seelsorgerlich betreuen" oder ihr „Hirte" (Pastor) sein, zumal er außerdem noch alles Mögliche andere zu tun hat.

Deregulierung, auf der alles Internet beruht, bedeutet auch Auflösung von bestimmten Strukturen. Doch was wie Freiheit aussieht, ist Umordnung. Komme ich mit einem neuen Paradigma, Verstehensmuster daher, wirkt das wie eine Befreiung und oft gar erklärend. Objektiv erscheint, was man wie von außen sieht. Sehe ich es aus anderer Perspektive, verstehe ich es neu, aber nicht unbedingt besser.

Wer Fesseln der Digitalen Kultur sehen möchte, schaue auf China, wo die Kommunistische Partei im Kapitalismus regiert. Hatte das Aufbegehren der 68er nicht auch die Reklame kritisch im Visier? Da begehren wir, was wir nicht begehrt hatten, kaufen Dinge, die wir nicht benötigen und uns nicht gut tun. Manipulation galt als verwerflich, heute wird das offiziell als Tugend eingeübt. Gut ist, wer überzeugend agiert. West und Ost von damals waren Fingerübungen dessen, was heute geschieht.

In der weiten Welt führten bislang alle Deregulierungen nicht nur zu einer Lockerung und Aufweichung von Gesetzlichkeit und Verbindlichkeit, sondern zugleich zu einer Verstärkung von (anderen) Regeln und Zwängen unter der täuschenden Flagge der Befreiung. Projekte müssen geschrieben werden, um Förderung zu bekommen. Politisch befreiende und faire Redeweisen werden in Verordnungen quasi befohlen. Man hat sich in aller Freiwilligkeit so oder so zu verhalten. Wer gegen diese Regeln verstößt, wird zum Feind von Freiheit und Moral. Deregulierungen sind nur Verschiebungen von Regeln, die dann um so enger und zugleich weiter greifen können. Die Technik macht das nicht nur möglich, sie zwingt ihre Nutzer dazu, eben weil sie ein Maschine ist, und die folgt zwangsläufig ihrem Mechanismus. Ein Auto kann man steuern, aber nur in festen Regeln. Bei der Software ist das Regulierungsmoment weit höher. Nicht nur Computerspiele führen uns auf gelenkte Wege. Selbst politische Wahlen gebärden sich nun als Spiel mit Verführung und Täuschung, Programmen, auf die man sich einlassen soll, Figuren, auf die man setze.

Liturgie muss sich von all diesen Mustern freihalten.

Gern wird das Wort Verschlankung gebraucht, in der Kirche ist dies inzwischen eine offizielle Flucht nach vorn: In einigen Jahren wird es nur noch so oder so viele Mitglieder der verfassten Kirche geben, also beginnen wir am besten schon mal mit „notwendigen" Einsparungen. Gegen eine Faktenlage kommt man einfach nicht an, das Unwort „alternativlos" liegt nahe. Es geht dabei vorrangig um Zahlen und den gesellschaftlichen Markt, auf dem man zu bestehen, zu überleben hat. Mit weniger Aufwand soll optimiert die gleiche oder höhere Effektivität erreicht werden. Das kann in Bezug auf Gottesdienste eigentlich nur Unsinn hervorbringen.

Im Marktdenken gibt es keine ewigen Dinge, da steht und fällt alles auf Zeit. Alles hat halt seine Zeit, auch unsere mittelalterlichen Kirchen und der Gottesdienst, von wegen Spiegel des himmlischen Gottesdienstes der Ewigkeit! Das mögen ja die Ostkirchen glauben, wir nicht. Wir zelebrieren unsere Frömmigkeit, unseren Glauben, gestalten ihn nach Erfolgsrezepten der Medienwelt?

In der Wirtschaft gilt: Was sich nicht ändert, stirbt. Die Mona Lisa freilich im Louvre wird sorgfältig konserviert. Wozu rechnen wir unsere Kirche, Gottes Wort? Wer es aktualisieren will, schwingt sich hoch hinauf, doch seine Turmspitze wird doch nicht am Himmel kratzen. Für den Gottesdienst gilt: Nicht der Gottesdienst muss sich ändern, sondern wir durch ihn. Darum bleibt die Ostkirche seit mehr als tausend Jahren bei ihrer „Göttlichen Liturgie". Wir gehen zwar einen anderen Weg, aber er sollte das Gleiche bewirken: Auf sich verändernde Weise bauen wir auf den gleichen Grund, der fest bleibt und im Himmel wurzelt: Sola fide, sola Christus, sola scriptura, sola gratia, sola Deo Gloria - allein Glaube, Christus, Schrift, Gnade, allein Gott gehört die Ehre.

Lernkultur

Kritiker der Lernkultur sind alarmiert: Es scheint, dass unser Denken sich stark verändert, oberflächlicher wird. Wegen der wachsenden Fülle von Wissensstoff greift man auf das Muster zurück: Du musst nicht viel wissen, sondern nur, wo es steht. Die entsprechenden Informationen sind jederzeit und an jedem Ort verfügbar. Beständig sind Pädagogen und ihre Ministerien damit beschäftigt, die Lernmethoden zu verbessern, den Gegebenheiten anzupassen. Staaten sehen sich in dieser Beziehung auf dem globalen Markt, sie müssen sich auf dieser Ebene behaupten, das gilt auch für die Ausbildung der nächsten Arbeitsgeneration. Der Bildungsstand erscheint im internationalen Ranking. Globalisierung bedeutet eben nicht nur, dass wir uns als Bewohner desselben Planetens begreifen, sondern auch Konkurrenz. Das „Bildungswesen" steht unter hohem Druck, es „richtig" zu machen, damit man standhalten, besser noch: führend wirken kann. „Richtig" heißt auch hier, erfolgreich und besser zu sein als andere. So machen es die Herrscher in der Welt, aber ihr Jünger?

Im Mittelalter war die theologische Hochkultur auf wenige Wissende beschränkt, dem analphabetischen Volk blieb mehr oder weniger frommer Aberglaube. Sie sagten Hokuspokus, wo die Priester beteten: Hoc est corpus. In der Neuzeit hatte jeder Dorfpastor Theologie studiert zu haben. Dies war das anspruchsvollste Studium der Universitäten. Er unterrichtete in den letzten Schuljahren den christlichen Glauben allem Volk. Krönender Schulabschluss war die Konfirmation.

Und heute? Religion ist Nebenfach. Die Theologie beteuert, dass auch sie eine ernstzunehmende Geisteswissenschaft sei, was ihr schwerfällt. Gott passt nicht in die Paradigmen der Wissenschaften, höchstens noch der entsprechende Glaube der Menschen. Doch Theologie beruht halt auf einer These, von der wissenschaftlich nicht zu reden ist. Mathematische Axiome lassen sich anwenden, die Behauptung „Gott" nicht. Mit Gott kann man nicht rechnen. Theologie ist nicht unwissenschaftlich, aber sie entspricht nicht allen Definitionen von Wissenschaftlichkeit.

Texte am Bildschirm sind eine wunderbare Sache. Mir steht für mein Forschen und Lesen eine grandiose Bibliothek zur Verfügung, obgleich ich weit entfernt von jeder großen Bibliothek lebe. Doch Lesen und Lesen ist nicht dasselbe. Es scheint ein geringer Unterschied zu sein, ob man ein Buch in Händen oder einen Bildschirm vor sich hat. Auch Sprechen hat sich weithin auf Medien verschiedener Art verschoben. Wunderbare Möglichkeiten! Ich telefoniere mit Bild und Ton mit Schwestern und Brüdern in Übersee. Die Bibel habe ich im Smartphone. Gottesdienste sind im Wohnzimmersessel zu genießen. Ich kann mitsingen, falls ich mir dabei nicht seltsam vorkomme. Es ist ja ein wenig wie Singen unter der Dusche.

Gottes Wort scheint als Bibel vor allem ein historischer Text zu sein. Neue Bibelübersetzungen versuchen mit bestem Willen, sie in unsere sich ständig wandelnden Sprachen zu übertragen. Ein Theologe sieht freilich schnell, dass sich dabei auch Sinn verschiebt. Es geht uns wie mit Historienfilmen: Im Mittelalter hätten die Helden niemals auch nur vergleichsweise so wie im Film gesprochen, und schon gar nicht politisch korrekt nach Regeln des 21. Jahrhunderts. Aber das muss so sein, damit die Sympathiefiguren noch gefallen. Sollte man so mit der Bibel umgehen?

Es wird offensichtlich völlig vergessen, dass die Bibel als Kanon dem geschehenden Gottesdienst einer Gemeinde dienen solle und das lebendige Wort Gottes damit bewahrt bleibe wie die Schönheit der Mona Lisa im Louvre. Kopien des Bildes sind schön und gut, aber das Original bleibt etwas anderes. Und selbst dies: Die Mona Lisa ist für einen Wohnraum geschaffen, nicht fürs Museum, das es damals noch gar nicht gab. Jemand sollte mit dem Bild leben. Für Massenaufläufe hatte Da Vinci es nicht gemalt.

Unsere Gottesdienste sind häufig Kopien, kaum mehr Original. Oder schlimmer: unfreiwillige Parodien, wenn sie den Gottesdienst als Rahmen für das, was man unbedingt gerade sagen oder ausdrücken will gebraucht, bzw. – musikalisch gesprochen – seinen eigenen Text unter die Melodie der Liturgie legt. Es ist Parodie, wenn im Gottesdienst Gott zu Wort bei uns kommen sollte, wir ihn aber nur zitieren in unserer eigenen Rede und nach unserem Gefallen. Allzu häufig ist es bei den Gottesdiensten, als wäre er nicht unter uns, sondern wir erzählen nur von ihm, singen unsere Lieder und beten nur am Rande. Von der Beichte ist nur Bittgebet und frommer Wunsch geblieben. Die Absolution wird theologisch eher vorausgesetzt, als dass sie wirklich dann geschieht. Wenn überhaupt sich jemand vor Gott in Schuld ansieht und sein Gericht ernstnimmt.

Die Schüler Jesu waren zu Fuß drei Jahre mit ihrem Meister unterwegs. Christus hat nicht nur eine Story von Kreuzigung und Auferstehung erzählt, das geschah. Die Jünger bezeugten, was sie „gehört und gesehen" hatten. Auch wir müssen hören und sehen, einander begegnen im Angesicht Gottes, mit Leib und Seele beten, um zu lernen, was die Welt allein nicht lehren kann. Gott hat uns einen Tag der Woche ausgesondert für dieses andere Lernen. Aus Religionsunterricht an der Schule mit den entsprechenden Lernstrukturen baut sich keine Kirche.

Das große Lernziel sollte weniger eine ausgefeilte christliche Weltanschauung sein, noch möglichst umfangreiches und exaktes Wissen über die Bibel. Auch eine wie auch immer geartete Entscheidung „für Jesus" oder das Gutfinden der Gebote ist es nicht. So ein populärwissenschaftliches oder Meinungschristentum ist gut und wichtig, aber Anfang und Ziel unserer „Bildung" im Sinne der Jüngerschaft ist Einübung in Gottesdienst.

Mediale Öffentlichkeit

Unterhalten sich zwei oder drei auf einer Internetplattform, schiebt sich eine ganze Reihe von Regeln auch zwischen sie, die dieses Gespräch ermöglichen und in eine Form gießen. Das ist völlig normal für Kommunikation, denn auch bei einer direkten Unterhaltung spielt es eine große Rolle, wer wie, unter welchen Bedingungen, wo und wann seinem Nächsten begegnet. Jedes Medium ermöglicht nicht nur einen Kanal, sondern gibt Regeln vor, schließt anderes aus, z.B. eine Berührungsmöglichkeit oder den direkten Blick von Auge zu Auge.

In Coronazeiten hat eine ganze Gesellschaft erfahren können, wie es um den Unterschied von einem Treffen im gleichen Raum oder per Internet bestellt ist. Das galt auch für Gottesdienste. Rein theoretisch kann ein Webgottesdienst die direkte Teilnahme in einer Kirche ersetzen. Neue Möglichkeiten der Inszenierung tun sich auf. Optisch kommt man dem Liturgen sehr nah. Es lassen sich Informationen, Bilder, Textabschnitte oder Filmsequenzen einblenden. Auch Seelsorge oder Amtshandlungen ließen sich so realisieren und planen, anders, aber nicht unmöglich. Ich habe zum Beispiel eine Beisetzung in Spanien vollzogen, die in zwei weiteren Ländern per Video mitverfolgt wurde.

Bestimmte Formen der Ansprache innerhalb eines „realen" Gottesdienstes werden dagegen kaum als das wahrgenommen, was sie sind: Medien. Je mehr wir uns an die neuen Medien gewöhnen, umso weniger werden sie uns als solche gewahr werden. Wir verhalten uns auch zunehmend, wie wir es den „Profis" der Medien absehen.

Im Mittelalter waren Handbewegungen und Riten, in der Neuzeit zum Beispiel die Tanzordnung am Hof die Gesellschaft definierende Medien. Redet ein Pastor seine Gemeinde mit diesen Worten an: Lassen Sie uns beten! klingt das für viele ganz normal und angebracht. Dabei mischt sich hier bereits ein für die Liturgie unangebrachtes Medium der Höflichkeit ein. Im Gottesdienst bekennen wir uns als Geschwister im Glauben, da passt das förmliche Sie nicht. Das Sie nimmt uns aus dem liturgischen Geschehen. Mit derart kleinen Signalen stört man bereits das Ganze. Wir alle kennen Gottesdienste, da folgt ein solches Signal auf das andere.

Umso mehr ist Kirche in der Öffentlichkeit gleich mehrfach Regeln und Strukturen unterworfen. Gottesdienst ist von Grund auf öffentlich, aber in einem anderen Sinn als zum Beispiel eine Wahlveranstaltung oder ein Konzert. Gottesdienst ist nicht öffentlich wie andere Versammlungen auch, er ist historisch eine der Keimzellen gesellschaftlicher Öffentlichkeit. Die Bürgergemeinde entstammt der Kultgemeinde, nicht umsonst ist alle politische Öffentlichkeit bis heute in hohem Maß ritualisiert.

Lieber möchte man vielleicht informell sein und fühlt sich dabei freier. Aber selbst im Informellen entgeht man nicht gewissen Formen. Die Protestkleidung von 68 war ziemlich formalisiert: Jeans, Sandalen, Rollkragen und Parka. Legere bedeutet leicht, bequem und ohne besondere Anstrengung. Genauso möchte unser Internet sein, denn um jeden einstimmenden Mausklick wird gefeilscht. Je leichter und einfacher, überschaubarer etwas erscheint, umso mehr wird das in Wahrheit immer Komplexe unsichtbar gemacht und der eigenen Entscheidung entzogen. Es gehört bald zu den Dingen, die uns kaum mehr berühren. Je einfacher und offener etwas ist, umso abstrakter und damit formeller wird es. Darum macht das Internet stets beides zugleich: Es vereinfacht auf der einen Seite um allgemeiner Verständlichkeit willen und pusht zugleich durch Zuspitzung etwas, was dagegen steht. Das Muster des Populismus passt nur zu gut zum modernen Medienverhalten.

Das bedeutet für die Verständlichkeit im Gottesdienst: Wird alles vereinfacht, erhöht sich die Redundanz, das ständige Wiederholen gleicher Formeln. Zugleich braucht man künstlich aufgebauschte Sensationen. Es muss etwas Besonderes passieren im Gottesdienst. Das geschieht bei Medialisierung.

Was jetzt einfach erscheint, aber äußerst komplex ist, war vielleicht einmal höchst ungewöhnlich und schwer denkbar. Der primitive Materialismus war vor 200 Jahren eine intellektuelle Hochleistung. Jedes Kind weiß, dass die Erde um die Sonne kreist. So wirkt heutzutage das Christentum vielen als eine leicht zu nehmende Angelegenheit und kaum noch der Rede wert.

Welch großer Irrtum war es, die Kunst der Völker Südamerikas für primitiv zu halten! Der immer wieder geäußerte Wunsch, den christlichen Glauben einfach und für alle verständlich zu gestalten, bedient sich somit eines gewaltigen Irrtums. Auf das Wort Gottes zu hören, bedeutet auch Verstörung und nicht nur Bestätigung. Man verlässt vertraute gesellschaftliche Wege und stellt sich selbst grundsätzlich infrage. Kaum etwas ist auf Erden komplexer und zugleich diffiziler, als die Gebote in ihren sich ständig wandelnden Konsequenzen. In ihrer klaren Einfachheit sind sie zugleich schwerste Aufgaben. Machen wir ihr Begreifen kinderleicht oder erklären wir sie zu unverbindlichen Gemeinplätzen, entziehen wir ihnen alle Kraft, entwerten wir sie. Im Judentum gebot man einst, die Urgeschichten der Genesis keinen Kindern unter dreizehn Jahren zu unterbreiten. Wenn wir glauben, alles im Evangelium verstanden zu haben, wissen es nicht nur die Neutestamentler besser, sondern jeder, der versucht, dem Evangelium entsprechend zu leben. Selig sind die geistlich Armen. Den Unmündigen ist es offenbart, wie ein Kind mögen wir das Wort Gottes aufnehmen: Im Einfachen liegt die große Herausforderung, aber nicht in der Weise, dass wir schon alles verstanden hätten und als begriffenes Wissen abhaken könnten. Die Vollendung des Glaubens erfahren wir in der Erkenntnis dann, wenn wir Gott von Angesicht zu Angesicht schauen, also weder in all den Fragmenten des Wissens, noch in platten Formeln, die man nur nachbeten soll.

Gottesdienst verfährt somit genau umgekehrt, als die Medien es gemeinhin tun. Er erklärt nicht durch Vereinfachung, sondern mutet uns zu, sich dem Komplexen zu öffnen. Er antwortet nicht auf unsere Fragen, sondern stellt Fragen.

Öffentliche Kirche bedeutet, die Menschheit mit Gottes Wort zu konfrontieren. Das dazu passende Medium sind nicht wissenschaftliche Belehrung, synodale Verlautbarungen, Beiträge der Institution Kirche zu einem gesellschaftlichen Thema, sondern der für die Gesellschaft so unbequeme Gottesdienst. Nur hier befinden wir uns in der dafür nötigen direkten Spannung zum Sprechenden, zu Gott.

Das Dogma lässt sich nicht mit dem Verstand ausloten und ausrechnen, der Gottesdienst sich nicht mit Gelehrsamkeit, Denksystemen oder frommen Übungen ersetzen. Wir sollten ernst nehmen, dass Christus seine Gegenwart nicht dem Beter in seinem Kämmerlein, sondern der Versammlung von zwei oder drei Menschen zugesagt hat. Den Beter mag Gott ja immer hören, aber zu seinem Sprechen bedarf es der Gegenwart des Nächsten. Jede Sprache existiert nur im Miteinander von Menschen. Sie sprechen auch dann mit, wenn ich die Tür hinter mir schließe und ich vermeintlich allein bin. Wirklich allein bin ich dagegen eher in der Masse, in der man mitschwimmen kann, aber kaum mehr gehört wird. Kirchentage mit über hunderttausend Teilnehmern feiert man als Erfolge. Statistiken nimmt man als Maßstäbe und sehnt sich nach hohen Zahlen. 99 erscheint mehr als eins zu sein. Und so rechnet man sich eine Zukunft aus, für die der Einzelne unwichtig wird. Ausnahmen kann man vernachlässigen. Welch gigantisches Irren ist es, so Kirche verstehen und leiten zu wollen! Liebe denkt und handelt anders.

Drinnen und draußen, Sein und Nichtsein

Philipp Melanchthon unterschied zwischen Innerem und Äußerem. Äußerlich, adiaphoron waren ihm Erscheinungsformen, mit denen man es verschieden halten konnte, ohne das Innere zu verlieren. Auf das „reine Evangelium" kam es ihm an. Dann verschob sich mit den Jahrhunderten dieses Bild, und man sprach vor zweihundert Jahren von Schale und Kern. Goethe suchte des „Pudels Kern", was die Welt im Innersten zusammenhält. Im 20. Jahrhundert ging es um das „Eigentliche", das Wesentliche. In all den Zeiten wusste man freilich auch, dass es nicht gleichgültig ist, wie es um das Äußere, die Schale, das Phänomen steht. Auch Methoden sind nicht beliebig, d.h. im Ergebnis gleich. Körper, bzw. Materie und Geist lassen sich in diesen Mustern begrifflich trennen, aber diese Trennung trügt. Auch Gedanken sind nicht frei, das hätten wir nur gern. Innen ist außen, außen innen: „Nicht ist drinnen, nichts ist draußen: Denn was innen, das ist außen." So beschrieb Goethe dies „öffentlich Geheimnis".

Im Netz als aktuell wichtigster Öffentlichkeit ist man existent, wenn man drin ist und nicht out.

Kirche in unterschiedlichen Zeiten: Sie hat sich in ihrer Geschichte dem unterschiedlich gestellt. Sie feierte Gottesdienste in Katakomben, bei den Toten und hinter der Schutzmauer der Familie im Privaten. Dann wurde sie nach ihrer Anerkennung unversehens auf das Schild des Kaisers erhoben. Sogleich bildete sich Eremitentum, Vorläufer der Klostergemeinschaften, der sich Ausschließenden. Die Reformation lehnte alles eigene Rechtsgefüge ab, ohne sich darum von der Öffentlichkeit zu verabschieden. Immer wieder wurde das Christentum nicht nur Botschafterin des Himmelreichs, sondern auch Teil der Öffentlichkeit, was im Rückblick überwiegend unter scharfer Kritik steht, man denke nur an die Allianz von Thron und Altar. Das sollte eigentlich vom Wort her ein Bündnis Gleichberechtigter sein, war es aber nicht. Es war Bündnis mit Herrschenden und nicht nur pflichtschuldiger Gehorsam einer Obrigkeit gegenüber. Religion sei nun Privatsache. Aber Kirche ist grundsätzlich öffentlich. Ihr Ansprechpartner ist die Welt mit allen ihren Menschen, jeder für sich und doch ist im Gottesdienst zugleich die ganze Menschheit Horizont.

Wird Kirche Teil von irgendwelchen Strukturen, muss sie darauf achten, sich nicht vereinnahmen zu lassen, das war schon immer so. Die Kirche im Dorf ist eben nur Kirche im Dorf. Aber sie hatte im Mittelalter auch einen besonderen Status, sie war wie Botschaften anderer Länder heute auch exterritorial. Sie bildete einen Asylraum.

Paulus sprach mit Leuten auf dem Markt von Athen, aber er feierte dort keinen Gottesdienst vor dem Altar des „Unbekannten Gottes". Dicke Kirchenmauern schirmen Gottesdienstgemeinden von dieser Welt ab. Kirchen schauen gen Osten, der kommenden Sonne der Gerechtigkeit entgegen, dort führt keine Tür aus dem Gebäude. Das alles sind nicht Äußerlichkeiten, sondern überaus starke Aussagen. Die Kirche im Dorf bietet zugleich auch einen Raum außerhalb des weltlichen Getriebes. Sie innen anders aus als von außen.

Auch in Bezug auf Ordnungen der digitalen Welt erscheint Kirche als etwas, was sie aus eigener Perspektive heraus nicht ist. Am Feiertag nach Gottes Gebot ruhen die Hände. Da gilt eine liturgische Ordnung. Alles andere Ordnungsdenken hat hier zu schweigen, tut es jedoch nicht. Ich hege Zweifel, wie weit sich digitale Ordnungsgefüge überhaupt liturgisch benehmen können, ohne den Herren zu mimen, so wie es die Herren aller Zeiten gern in den Kirchen taten. Denn es geht nicht nur um die digitale Maschine selbst, sondern um Menschen, die diese Ordnungen als übliches Verhalten in sich tragen.

Der Liturg kleidet sich in schlichtes Weiß oder Schwarz, um zu zeigen: Hier gilt kein Gepränge. Vor dem Altar ist selbst der gut geschneiderte Anzug irgendwie fehl am Platz, aber auf jeden Fall jeglicher weltlicher Rang. Und Digitale Kultur bringt eine Menge an Wertung und Beurteilungsmechanismen mit sich.

Analog bedeutet in der Kirche mehr als nur den Gegensatz zu digital. Entsprechung sucht man hier gegenüber Gott. Ich plädiere darum für Mut, als Kirche für Digitale Kultur auch mal (scheinbare) Nichtexistenz in Kauf zu nehmen. Mag der Kirchturm auch weiter in die Welt ragen, offen soll die Kirchentür auch sein, aber hier regiert ein Herr, der der Welt eine Torheit bleiben wird, solange es Menschen gibt. Es kommt darauf an, die unvermeidbare Existenz in den Ordnungen der Welt nicht mit dem zu verwechseln, was die Kirche im Angesicht Gottes ist.

Die Institution Kirche braucht Gemeinden höchstens als Basisorganisationen, den Gottesdienst bestenfalls als Markenzeichen oder Generierung von neuen Mitgliedern. Doch so gesehen gleicht sie einem Hohlkörper. Digitale Wesen sind herzlos und brauchen keine Menschen, sondern User. Das Netz liebt Blasen, und ihr Platzen ist ihr gleichgültig, es wird schon von Neuem irgendwo anders etwas aufploppen.

Schwarmgeist

Im Internet sind Schwärme mit möglichst vielen Followern eine anzustrebende Sache, Erfolg. Diese Schwärme aber müssen bei Laune gehalten werden. Und irgendwie bemüht sich die Kirche auch darum und verhält sich den Erwartungen gemäß. Ein Ereignis muss dem anderen folgen, man braucht Sensationen, Höhepunkte.

Hat man gerade keine, muss man wenig Sensationelles dazu aufbauschen. Man ist nicht mehr wichtig? Dann muss man sich wichtig geben. Vielleicht ist am Ende Kirche nur noch eine Briefkastenfirma mit professioneller Internetpräsenz, Hauptsache, sie geht nicht unter?

Schwärme sind nur begrenzt dauerhaft, man muss sie am Laufen halten. Sensationen sind einerseits eine wunderbare Sache, ganz wie am Berg der Brotvermehrung, andererseits weckte dies den Wunsch nach einem „Brotkönig". Dem war Christus nicht dienlich. Er riet davon ab, von seinen Wundern zu erzählen. Er wollte kein Geheimnis um sich machen, sondern schlicht dem Missverständnis wehren, als komme es auf ein Wunder an. So ist auch die Auferstehung nicht vor allem das große Wunder in der Welt. Sie weist auf das, was über aller Welt erhaben ist. Für das Osterwunder gab es nur sehr wenige Zeugen. Ausgerechnet dieses welterschütterndes Ereignis war der Welt gar keines. So schildert Lukas auch die Geburt Jesu: Sie geschah in einem Stall am Rand der Welt und nicht in Rom bei Augustus. Selbst die Magier aus dem Osten bei Matthäus waren gar keine Könige, die hat erst die Legende aus ihnen gemacht. Es waren ausgemachte Heiden, Fremde, sternengläubige Magier, die nicht fanden, was sie suchten, denn sie wussten nichts von Mose und Propheten. Dass es mehr und anders war, als das Ziel ihrer Suche und Wünsche, lag für Matthäus auf der Hand. Die Geschichte korrespondiert mit der Szene von Paulus auf dem Areopag nach Apg 17. Herodes trachtete sogleich danach, diese mögliche Unruhe im Keim mit Mord zu beseitigen, staatsmännisch in damaligen Verhältnissen eine durchaus korrekte Entscheidung.

Es soll tatsächlich auch Vorstellungen von Kirche als Wunschvorstellung geben: Kundenorientiert als fröhlich machende Religion der modernen Welt, für die Ostereier besser passen als das Kreuz. Das Evangelium als Geschäftsmodell. Was auf dem Markt Erfolg haben soll, muss halt geschickt vermarktet werden. Mit Gott geht das nicht, aber mit einem zurecht frisierten Bild von ihm schon. Trost, Seelsorge, Hoffnung in Optimismus übersetzt, Heil in Glückserfahrung, Umkehr als Auszeit, damit lässt sich etwas anfangen. Es geht dabei gar nicht so sehr um Geld auf dem Konto. Geltung, Anerkennung und Einflussfähigkeit sind auch eine Währung. Nicht nur Süßigkeiten machen happy.

Schwärme haben mit Wunschvorstellungen zu tun und Wunder sind ihre Erfüllung. Die technischen Errungenschaften bieten ein

Wunder nach dem anderen. Gestrige Möglichkeiten werden bei weitem übertroffen. Zuerst wollte der Mensch noch unbedingt mal zum Mond. Heute werden wir ständig von Neuem überrascht, was wir nicht einmal wünschten. Die Kirche ist völliger Versager auf dem Markt der Neugierigen und Wunder. Sie ist irgendwie überhaupt nicht spektakulär. Welches biblische Wunder wäre nicht heute von realen Möglichkeiten alltäglich übertroffen? Ein Trawler fängt in einem Zug weit mehr als 153 Fische.

Was haben wir als Kirche den Menschen zu bieten? Das Angebot Gottes ist Gericht. Das Heil, von dem Gott spricht, ist etwas ganz anderes als die Perfektionen, denen wir auf dem Markt der Möglichkeiten nachlaufen. Der perfekte Mensch nach 1 Kor 13 ist der von Gott geliebte Mensch, nicht die Biomaschine, die wunder was kann. Im Himmelreich versammeln sich die Typen von den Zäunen. Erst wenn wir verstehen, dass wir selbst auch dazu gehören, kommen wir unserem Heil näher. Es gibt nichts größeres als die Liebe, kein höheres Gut als das Geschenk aus Gottes Hand, als Gnade. Ohne Liebe ist alles nur klirrende Schelle. Gott ist nach Psalm 118 unser Lied. Er ist Liebe und gebot uns, einander zu lieben. Und damit wagen wir mehr, als wir vermögen, setzen uns Risiken aus, die uns leicht auch verschlingen können. Ein Roboter mag alles Mögliche ausrichten, lieben wird er nie, höchstens so tun, als ob. Er hat nicht einmal Angst vor dem Tod.

Wenn wir schon kein Brot zu bieten haben, das wir aus Steinen zaubern, so haben wir doch denen Trost zu verheißen, die jetzt hungern müssen? Wahrheit als Ware? Glaube kann total begeistern, man kann zum Fan Gottes werden. Ansteckende Begeisterung, das macht die Kirche zukunftsfähig! Es muss ja nicht gleich so weit gehen, wie es bestimmte Gruppen halten, die sich im Geistbesitz Gottes glauben und es phantastisch finden, in Zungen der Ekstase plappern zu können.

Denken wir nur an das, was in der Kirchengeschichte mit dem Wort Schwarmgeist verbunden war. Dass der Heilige Geist dafür nicht zur Verfügung steht, ist eigentlich völlig klar. Dennoch sehnen sich Statistiker nach schwarzen Zahlen. Zugleich ist es ihnen auch egal, denn am Abend schließt man den Laden zu und macht am Montag nach dem Zählen der Kollekte Pastorensonntag. Und damit meine ich jetzt nicht den ausgelaugten Dorfpfarrer, sondern eine Kirchenleitung, die den Laden Kirche mit einem Jobgeber verwechselt. Ich weiß, so ist keine Kirchenleitung gestrickt, da sitzen überall verantwortungsvolle glaubensvolle

Christen, aber wenn sie sich auf gewisse Strategien und Denkweisen einlassen, geschieht das unversehens mit ihnen. Dann bauen sie ihr Büro auch in eines der halb verlassenen Kirchen ein und bemerken nicht den Irrtum, dem sie aufgesessen sind. Auch die Schwarmgeister der Kirchengeschichte haben es gut gemeint und waren voll ihres Glaubens.

Die Kirche spricht gern von einladender „Öffentlichkeitsarbeit", um auf sich aufmerksam zu machen, bzw. auf Gott, den sonst keiner mehr hören will. Irgendwie scheint Gott uns darum dringend zu brauchen, damit seine Stimme trotz allgemeiner Interessenlosigkeit nicht völlig im allgemeinen Rauschen und Lärmen untergeht. Jona freilich predigte Buße in Ninive, und wundersamer Weise hörte man auf ihn, zumindest für eine Zeit. Wir werben dagegen um freundliche Zustimmung. Es bleibt also Reklame. Im gleichnamigenn bekannten Gedicht von Ingeborg Bachmann unterbrechen die tragischen Zeilen die schönen Worte: Sei ohne Sorge, heiter und mit Musik in die Traumwäscherei. Reklame ist Täuschung. Sie versucht vom Wortsinn her, die Davonlaufenden zurückzuhalten, am besten mit Versprechungen. Wir locken darum auch damit. Verheißungen und Segensworte der Bibel und Liturgie geben uns dafür die nötigen Formulierungen und täuschen Autorität vor. Da mit dem Heil, von dem die Bibel spricht, nicht mehr so viele etwas anfangen können, machen wir daraus zugesagte Sorglosigkeit, Seelenfrieden und eine der Welt angepasste Ethik: Wir gehören zu den Guten, und was darunter zu verstehen ist, lehren uns die Experten unserer Zeit. Gott will das ganz sicher auch so. Er ist ja das Gute in Person, bzw. die Rede von ihm gibt dafür die Figur ab.

Was Ingeborg Bachmann in ihrem Gedicht beschreibt, gleicht in etwa dem Leitbild kirchlichen Handelns: Seid nett zueinander, hier findet ihr Ruhe und Trost. Wir sind in dieser Beziehung professionell ausgestattet, oder wollen es zumindest sein. Dafür geben wir viel Geld aus. Zumindest sind wir nicht schlechter als die anderen Superangebote? Allerdings haben wir das alles nicht: Sauna, Meeresstrand, Therapiesprechstunden, Medizin, neue Theorien zur Weltverbesserung, Shoppingcenter oder Extremsportarten. Aber zum Relaxen kannst du gern in unsere religiösen Stilleoasen kommen.

Kirche sollte nicht mal im Ansatz versuchen, da mit zu halten. Schwärme im Internet und unserer Kultur, Moden, Wellen sind einander Mitbewerber, härter ausgedrückt: Konkurrenten. Up to date bedeutet: heute wichtig, morgen kannst du es vergessen. Da musst du wieder alles anders machen, dich oder deine Message neu verkaufen.

Wer die Leute zu sich rufen will, muss mitlaufen, auf gleichen Wellen reiten, mit der Zeit gehen, bzw. es immer eilig zu haben, getrieben von der Konkurrenz. Jesus hat das definitiv nicht getan. Berufen hat er immer Einzelne. Das geschieht bis heute so in der Taufe. Die Formel: ein Pastor auf 2500 Gemeindeglieder taugt nicht zur Gemeindebildung. Wir können nicht anders? Wollen wir es denn überhaupt ernsthaft anders angehen?

Schwärme sind die in Masse Umworbenen. Es ist schwierig, Verbindlichkeiten zu erwarten, wenn so etwas wie Glaube als etwas für das Leben Unerhebliches, Zusätzliches angesehen wird, was nur „Privatsache" ist.

Nichts ist verbindlicher als das Jüngste Gericht. Wir versuchen dagegen, Schwärme mit einprägsamen Logos, Abonnenten und Kirchenmitgliedschaft zu produzieren und das alles am Laufen zu erhalten. Jeder, der weiß, wie es um Marktprognosen steht, sollte vor Aktionen wie „Kirche der Zukunft" mit Voraussagen auf dreißig Jahre zurückschrecken. Der auf Gottes Geist traut, der „weht, wo er will", wählt andere Wege. Er konzentriert sich auf das, was sich nicht verkaufen lässt und das größte Minusgeschäft der Kirche ist: Gottesdienst. Denn der rechnet sich nicht. Ein Dutzend Leute in den Bänken, das Gehalt eines Akademikers, dazu horrende Verwaltungskosten, Immobilienpflege, Musiker und Küster... Aus der Sicht von Markt und Ökonomie ist Kirche schlicht Auslaufmodell. „Kirche 2030" riecht nach Insolvenzverschleppung, zumal die entsprechenden Argumente davon ausgehen, dass wir eh kaum eine Chance haben, nochmals Relevanz zu erlangen. Da hat Gott halt Pech gehabt mit uns Menschen, seine Fans laufen ihm davon.

Es ist ein Wunder, dass so viele Menschen diesen Verein noch finanziell tragen. Oder es ist doch ein Zeichen dafür, dass es hier um etwas völlig anderes geht, als um Mitgliederbestand und Wirtschaftlichkeit. Die gläubige Oma im von der Kirche verlassenen Dorf hat möglicherweise ein besseres Gespür für das Wesen der Kirche als ihre überaus kompetente Kirchenleitung in klimaneutralen Büros einer Großstadt.

Demokratie in der Kirche

Das Internetzeitalter zementiert nicht etwa Demokratie, sondern rüttelt auf empfindlichste Weise an ihr. Internet und Strukturen der Weltwirtschaft, die durch Digitalisierung und entsprechende globale Logistik möglich geworden sind, erweisen sich in bestimmten Bereichen als nahezu unregierbar. Direktdemokratie erscheint als Heilmittel und Gift zugleich. Populismus macht sich breit.

Demokratie braucht Zeit. Ausgewogene Entscheidungen setzen Bildung und viele Gespräche voraus, darum haben wir Presse und Parlament. Nimmt sich die Gesellschaft weder Zeit und hat wenig Geduld zu Austausch und gemeinsamem Bedenken von Argumenten, kann Demokratie nur schwer funktionieren. Technische Prozesse haben eine andere Zeit, sie fragen nicht nach, sie laufen. Den Gipfel bilden riesige und folgenreiche Geldtransaktionen in Sekundenbruchteilen. Und Geld bedeutet Macht, Geldentwertung Machtverlust.

Die intelligente Maschinen öffnet dem Verbrechen eine Tür nach der anderen und bekämpft es nicht nur. Erfinde eine neue Waffe, dein Feind wird sie über kurz oder lang zu gebrauchen wissen. Für Software gilt: Der Mensch ist Fehlerquelle Nummer 1. Software ist darauf angelegt, perfekt zu laufen, perfekte Demokratie ist ein Widerspruch in sich.

Der Staat wird zu einem Verwaltungsapparat, der sich fortlaufend anpassen muss und neuen Gegebenheiten hinterher läuft. Die Wahlbeteiligung ist oft mager, und so bewirkte in Großbritannien eine Minderheit den Austritt aus der EU, den die Mehrheit nun aushalten muss. Oder Mächtige sorgen dafür, dass der Ausgang einer Wahl nur in ihrem Sinn geschehen wird. Funktioniert das nicht, sprechen sie von Wahlbetrug oder Einmischung von außen.

Die Wahlbeteiligung in den Kirchengemeinden liegt durchschnittlich deutlich unter 20 %. Von Demokratie in der Kirche zu sprechen, ist schon darum fragwürdig. Doch worüber bestimmen Kirchenparlamente überhaupt? Nicht über Predigt und Glauben. Es sind im Unterschied zu den Parlamenten der Welt keine Regierung zu wählen, sondern nur Verwaltungsinstanzen, deren Aufgabe ist, etwas zu hüten, das sich ihrer Verfügung entzieht. Die Gemeindeglieder wählen dabei noch nicht einmal die

Verwaltung selbst, sondern ihre Begleiter, die auf sie achtgeben, damit sie tut, wozu sie bestimmt ist. Kirchengemeinderäte und Synoden sorgen für Ordnungen im laufenden Betrieb Kirche. Es gibt in ihnen keine Parteien, denn alle sind dem gleichen „Grundsatzprogramm" gegenüber verpflichtet, den Bekenntnissen unserer Kirche. Die Kirchen als Ganze bildeten einmal im 16. Jahrhundert die Vorbilder der Parteienlandschaft, ohne die keine Demokratie funktioniert. Demokratische Kirche ist ein Widerspruch in sich selbst. Herrschaft gehört nicht hierher.

Zur Wahrheitsfindung taugen Mehrheitsentscheidungen nicht. Die kirchen- und dogmengeschichtlich relevanten Ereignisse wurden von Minderheiten, oft in Bedrängnis bewirkt. Man denke nur an Ordensgründungen, Martin Luther oder die Barmer Synode. Auch Konzile waren keine demokratischen Kirchenvolksvertretungen. Das bedeutet jedoch nicht, dass Geistliche oder besonders Berufene Herrschaft ausüben sollten. Auf den Punkt gebracht: Synoden sind dazu da, Herrschaft in ihren Grenzen zu bändigen, zu vermeiden, und dennoch für Ordnung zu sorgen. Kirche ist kein herrschaftsfreies Unternehmen, aber ihr Herr ist nicht von dieser Welt. Das ist die Herausforderung und das Geheimnis der Kirche. Darum ist ihr Gipfeltreffen nicht die EKD-Synode, sondern der Gottesdienst. Was natürlich nicht gegen Kirchengemeinderäte und Synoden spricht, die auf möglichst demokratische Weise zustande kommen sollten.

Kirchengemeinderäte und Synoden sind nicht liturgisch tätig. Drei Themenbereiche bestimmen sie: Die äußere Verwaltung der Institution, die Ordnungen und Gesetze, die in dieser Institution gelten, sowie (zumeist) unverbindliche Überlegungen darüber, wie es um die Kirche und die Welt heute steht. Kritisch wird es, wenn Verwaltungen und gewählte Gremien sich nicht unter, sondern über Gemeinden und die Liturgie stellen, das geistliche Leben zum Beispiel durch Verschlankung „effizient" machen wollen, wie in Digitaler Kultur üblich, eben weil diese eben so „tickt" mit ihrer Maschinenzeit. Noch fühlt sich die Kirche „too big to fail", aber eine gewisse Unsicherheit macht sich breit, denn gerade an der Größe beginnt es zu bröckeln. Die EKD hat in ihrem Papier zur Digitalisierung der Verwaltung und Institution Kirche für die Nutzung digitaler Methoden den Persilschein ausgestellt. Das darf verwundern, weil längst kritische Stimmen darauf hinweisen, dass diese praktischen Hilfsmittel nicht immer tun, was sie sollen, sondern im Gegenteil die Sache auf ihre Weise aufnehmen und behandeln. Und dabei geht es nicht um innerbetriebliche

Schwierigkeiten der digitalen Welt, sondern darum, was diese mit uns macht. Logistik zum Beispiel macht nicht so schnell halt. Sie organisiert Gottesdienste und managt den Arbeitsplan von Pastoren. Man sollte das nicht unterschätzen. Noch gibt es keine Dienstbeschreibungen für Pastoren im normalen Pfarrdienst, aber Bestrebungen zielen bereits daraufhin. Technik übt Druck aus, auch auf den, der am Steuer sitzt. Sie verspricht Erleichterung, Effizienz und Reibungslosigkeit aber fährt auch auf eigenen Bahnen dahin. Es hatte theologischen Grund und war nicht etwa Amtsprivileg der Beamten, wenn für Pastoren keine Dienstbeschreibung erlassen wurde. Das versteht heutzutage bloß kaum noch jemand.

Strukturen der Digitalkultur haben ihre strikten Regeln. Sie agieren wie Gesetze, haben Eigendynamik und fordern Anpassungen, lässt man sich auf sie ein. Nicht die scheinbar so anschmiegsame Digitalkultur passt sich dem Evangelium an, sondern ordnet alles, was man ihr anvertraut in ihre Muster ein, zumeist unmerklich und smart.

Nehmen wir als Beispiel das schöne und äußerst harmlos wirkende Mittel mit dem Marktnamen „Church Desk". Ich will nicht darlegen, wie es funktioniert, sondern darüber reden, zu wem ihre Nutzer, User werden. Die Gottesdienste erscheinen ihnen als Termine, die zu befolgen sind. Die Ereignisse sind Daten, ebenso wie die Menschen, die daran teilnehmen. Alles soll geordnet funktionieren. Der liturgische Kalender, der sich stets wohlweislich vom weltlichen Kalender unterscheidet, wird in diesen eingearbeitet, er wird ein Teil von ihr. Eigentlich ist er eine bestimmte Auswahl von Texten und Liedern nach geistlichen Gesichtspunkten, nun ist er vor allem Arbeits- und Veranstaltungsrahmen mit einer allmählich unverständlich werdenden Themenfolge. Um ein lapidares Beispiel zu nennen: Erntedank feierte man am Sonntag nach Michaelis, jetzt ist es der erste Sonntag im Oktober. „Praktische" Erwägungen schlagen auch sonst durch durch. In diesem Fall ist das nicht so wichtig, aber das Prinzip, das dahintersteckt, zeigt sich. Das Wissen um die Besonderheit des liturgischen Kalenders, der sich vom weltlichen Lauf der Dinge abhebt, schwindet. Vor Jahrhunderten ordnete man die Zeiten durch Sonne und Glocken, nun hat man Bürozeiten. Der Pastor sollte in der Gemeinde leben und wohnen, denn zu seinem Beruf und Amt gehört es, einfach da zu sein, ansprechbar und präsent. Nun schaltet sich Logistik dazwischen. Pfarramtskalender übernahmen schrittweise die Regie auch in der Kirche, die Vorform von Outlook und Verwandten. Das Planungsbuch der Kontore hielt Einzug in die Kirche. Stundengebete verschwanden mehr und mehr. Für so etwas nahmen sich die Leute keine Zeit mehr. Tägliche Andachten, vor einem Jahrhundert noch in Diakonie und etlichen Gemeinden üblich, waren nicht mehr Zeitgeber, sondern störten Arbeitsabläufe. Unterbrechungen der alles bestimmenden Arbeit sind höchstens als notwendige Erholung zu werten. Feiertag und Freizeit sind nicht dasselbe, aber wer hat noch ein Gefühl dafür? So verständlich der Wunsch der Pastoren auf „freie Sonntage" ist: Wertet man dies als Freiheit von dem Gottesdienst, der als Arbeit angesehen wird, hat sich Kirche diesbezüglich auf den Kopf gestellt.

Das alltägliche Leben ist auf die Minute hin durchorganisiert. Zeit und Raum haben sich zum bestimmenden Raster aufgeschwungen. Nicht der Pastor N.N. hat Zeit für mich, sondern der Planungskalender bietet ein Zeitfenster an, wenn ich Glück habe oder einen Anspruch darauf anmelden kann. Früher fragte man, ob jemand zum Abendmahl zugelassen sei, heute muss man sich mitunter darum bemühen, dem Pastor etwas von seiner verplanten Zeit zu rauben.

Bei Zeitplänen hat man sich einzufinden. Selbst Museumsbesuche, wo man in Muße Kunst betrachtet, werden in Zeitfenstern geplant. Das alles ist nicht von Grund auf schlecht, es bietet viele Vorteile, aber ist das für Kirche passend, angemessen?

Ein Gottesdienst „findet statt" zu einer Zeit im Kalender an bestimmtem Ort, eingemessen durch Google. Für die Kirche als Institution ist er Teil eines Dienstplans. Seelsorge und Gemeindeveranstaltungen werden in Zeitfenstern untergebracht. Der Pastor hat wie ein Psychiater eine klar begrenzte Zeit für seine Gemeindemitglieder. Am dienstfreien Sonntag bleiben viele Pastoren heutzutage Gottesdiensten fern – zur Erholung?

Kirche gehört aus der Sicht der gesellschaftlichen Organisation in die Unterhaltungsbranche. Sie ist Freizeitbeschäftigung mit einem gewissen Anteil von Zusatzbildung. Möglicherweise tut sie auch der Seele gut, aber das lässt sich schwer sagen. Manchmal wirkt ein Gottesdienst auch abschreckend und regt einen nur auf. Andere Freizeitbeschäftigungen wirken effektiver und „lohnen" weit mehr. Das „Denken" der Digitalen Kultur prägt mehr und mehr unsere eigene Art zu denken und zu handeln. Die User der Kirche sind Publikum im Sinne von Teilnehmern, Interessierten, Zuschauern und Zuhörern und evtl. Mitmachern, auch wenn wir noch andere Worte dafür haben. Churchdesk sieht die „Ehrenamtlichen" auf der Seite der Akteure des Geschehens. Die Kirche zählt ihre Aktivitäten mit großem Interesse, weil dies ihre Nützlichkeit in der Gesellschaft untermauert. Das ist gut für die Öffentlichkeitsarbeit. Schon länger spricht man in der Kirche von Kinder- und Jugendarbeit, ich fand das schon immer bedenklich und nicht treffend. Diakone waren und sind keine „Beamten", sondern angestellte Mitarbeiter. Die Bibel spricht zwar auch von „Mitarbeitern", aber damals hatte man nicht den Kontext unserer schnurrenden Arbeitswelt mit ihren Strukturen im Sinn.

Kirche ordnet sich halt der Welt ein. Das hat sie schon immer getan, auch wenn Gottes Reich „nicht von dieser Welt" sei. Die Institution ist Teil der Welt. Die Kirchenordnungen der Reformation wurden von Herzögen, Magistraten und Königen erlassen. Also kein Problem? Alle großen Etappen der Kirchengeschichte markierten sich an diesem Konflikt, begonnen in den Streitgesprächen Jesu und seiner Verhandlung vor Pilatus. Die Konstantinische Wende brachte die Frage mit sich, ob Staat, Monarchie und Kirche sich miteinander vertragen würden. Man brachte sie in ein Verhältnis zueinander, und das bringt es mit sich, dass sie innerhalb einer übergreifenden Ordnung gesehen wurden. Nach anfänglicher Zustimmung und Begeisterung kamen auch Zweifel auf. Nun sind Staat und Kirche getrennt, was zunächst eher die Befreiung des Staates aus den Fängen der Kirche bedeutete. Der Staat musste dringend säkularisiert werden.

Heute zeigt sich eine fast unsichtbare Trennungslinie an ganz anderem Ort, der weltlichen Seite der Kirche und der Regierung Gottes. Die Linie zieht sich nicht zwischen Papst und Kaiser, sondern irgendwo zwischen Landeskirchenamt und Gottesdienst in der Gemeinde.

Staat und Gesellschaft scheinen recht gut klar zu kommen ohne Gottes Wort, gilt das auch für die verfasste Kirche? Sie hat die geschriebene und weidlich ausgelegte Bibel samt Bekenntnisschriften in ihrer Präambel. Ein breit angelegtes Bildungswesen hält das entsprechende Wissen wach. Die Gottesdienste untermauern die entsprechende Identität. Die Taufe führt rituell dazu, als Datensatz in der Organisation als Mitglied geführt zu werden. Was braucht es mehr? Ob Gott hinter den Wolken wohnt und segnet oder richtet, wen interessiert's? Für den

Betrieb der Kirche reicht es, wenn davon gesprochen wird und Leute da sind, die das glauben.

Die Grenze des Himmels

Ein weithin unterschätztes und wichtiges Kapitel der Kirchengeschichte war die Frage der Bilder. Verhandelt wurde dies zum Ende des ersten Jahrtausends. Das war eine erste Mediendebatte. Sind Bilder liturgiefähig? Durften sie in den Kirchen hängen und mit ihnen gebetet werden? Führte die nachahmende Ästhetik nicht doch auf Irrwege und zog den Himmel auf die Erde? Wo verläuft die Grenze von der weltlichen und göttlichen Seite der Kirche? Bilder haben eigene Gesetzlichkeiten. Sie schieben sich fast unmerklich zwischen Gott und Mensch. Ikonen sollen Fenster des Himmel sein, nicht aber die irdische Wirklichkeit spiegeln und den Namen Gottes für sich selbst in Anspruch nehmen. Wie steht es in dieser Hinsicht mit unseren vielfältigen Medien?

Dann schon zuvor die großen Debatten um die Dreieinigkeit. Mit ihnen verhandelte man ebenfalls die drängende Frage nach der Diesseitigkeit Christi und der Kirche. Abgewehrt wurden alle Versuche, Christus die Göttlichkeit abzusprechen oder zu relativieren, also Gott in die Ferne zu schieben. Christus selbst würde so als purer Mensch oder besserer Prophet, höchstens als Wesen einer esoterischen Zwischenwelt herabgezogen. Modern ausgedrückt: Jesus Christus wäre Religionsstifter, aber nicht Gottes Sohn.

Religion kommt sehr gut ohne Gott aus. Es reichen Frömmigkeit und Begriff. Ganz fürchterlich ist das Bild von Christus als Torso, der unsere Hände und Füße braucht. Der ohne uns hilflose Gott? Aus der Kirche würde ich sofort austreten, die sich bescheiden gebend selbst als Gott ansieht, indem sie an seiner statt wirken will.

Das Barmer Bekenntnisses begehrte gegen den totalen Staat auf. Nun geht das Christentum als eine unter anderen Religionen in einer pluralen Gesellschaft auf? Muss man da erst an die von Lessing übernommene Ringparabel erinnern? Toleranz und Dialog bedeuten nicht, die Sache so zu sehen, dass drei Ringe aus dem einem wahren geschmolzen und gearbeitet wurden und Christus als Teilwahrheit angesehen werden möge. Die heutige

Interpretation neigt im Allgemeinen eher dazu, dass gar keiner der Ringe echt ist. Zu befürchten ist, dass dies unter der Hand auch einige der Pastoren so sehen.

Kirche hat in all den Jahrhunderten vielfach segensreich gewirkt, und doch hat sie immer auch versagt und offensichtliche Irrwege beschritten, man denke nur an den Kinderkreuzzug, seltsame Predigten in der Aufklärungszeit, flächendeckende Kriegspredigten im 1. Weltkrieg oder die mehrheitliche Zuwendung von Gemeinden und Pastoren zum Naziregime.

Damals konnten viele sich nicht vorstellen, dass das irgendwie problematisch sein könnte, sich dem jeweiligen Zeitgeist anzupassen. Christ war man halt als Kind seiner Zeit. Früher sprach man gern vom Zeitgeist. Heute haben wir davon eine Mehrzahl. In welcher Richtung sollte man sich als Kirche in einer pluralen Gesellschaft anpassen? In der Geistesgeschichte fand man Synkretismus immer mal spannend, wie Bahai oder Cao Dai heute. Mormonen, Zeugen Jehovas, Scientology und andere Glaubensgemeinschaften machen dasselbe auf andere Weise. Sie lassen sich als Mischungen eines Zeitgeistes mit der Bibel beschreiben.

Doch steht es wirklich schlimm um die Kirche, wenn sie sich auch ein wenig digitalisieren lässt, wie es alle Welt tut?

Eine weithin bürokratisierte Kirche mag noch erträglich und auch „praktisch" oder gar unumgänglich erscheinen. Die Art des Funktionierens der digitalen Welt ist jedoch dem Evangelium in vielen Punkten geradezu entgegengesetzt. Das braucht nicht zu überraschen, denn das ist auch bei anderen Ordnungsmächten der Welt so. Entscheidend war stets, wer Herr im Hause war. Ordnungen haben dienstbar zu sein, nicht zu herrschen. Ist eine Ordnung jedoch in Kraft gesetzt, herrscht sie, wie wir sagen. Die guten Absichten geraten in den Hintergrund.

Digitale Ordnungsmächte bilden in dieser Hinsicht eine gewaltige Herausforderung an die Menschheit, weil dieses Instrument schwer zu beherrschen ist. Sie hat kein Gewissen, ist ungemein praktisch und vermag mehr als tausend Menschen zuvor, und das in einer Sekunde.

Alle Instrumentarien von Ordnungen bringen Versuchungen mit sich, d.h. man tut etwas, was man eigentlich nicht wollte, wenn man sich dem Guten und der Verantwortung verpflichtet weiß. Die

Digitale Kultur ist nicht nur „eine gute Sache", sie bietet Missbrauch Tor und Tür. Die Armeen rüsten sich gegen Cyberangriffe, digitale Technik ist kriegsentscheidend. Wer überblickt schon die Wirkungsbreite einer Software, wird sie in die Welt entlassen?

Wir befinden uns in der Spielphase Digitaler Kultur. Stoppen lässt sich dieses Menschheitsexperiment nicht. Einmal mehr haben wir zu fragen, was Gott zu all dem sagt, und dafür bedarf es der Unterscheidung, des Abstandes und der Unterbrechung. Mitspielen können wir außerhalb des Gottesdienstes, aber ganz darin fallen und fangen lassen sollten wir uns nicht, um Gottes Willen nicht.

Gottes Wort als Datensatz

Wird die Rede von Gott eine Art Datensatz, Information, Nachricht, macht man sie zu einem geistigen Gegenstand dieser Welt. Zu einem Datensatz wird, was fest definiert zu einem Informationsobjekt erklärt werden kann. Dieses ließe sich dann entsprechend mit den Mitteln (Medien) Digitaler Kultur verwalten. Das betrifft nicht nur theologische Lehre, sondern auch Glauben und Gottesdienst, das eigentlich kirchliche Geschehen.

Die Logik wurde nicht im Mittelalter erfunden, aber die Scholastik hat ihr einen breiten Raum gegeben und auch in Rechtsleben und Theologie regieren lassen. Luther war gegenüber den theologische Summen äußerst skeptisch. Die logisch aufgebaute Theologie stellte sich in gewisser Weise über die Dogmen und auch über die Heilige Schrift, auch wenn sie ihnen nur dienen wollte. In ihrer abstrakten Gestalt musste sie mit einem historischen Verständnis der Bibel in Konflikt geraten, das sich in der Aufklärungszeit begann herauszubilden. Historisch-kritische Exegese fragt oft nicht so sehr danach, wie wir etwas wegen unserer kontextuellen Verhaftung missverstehen, sondern behandelte die Evangelien als historisch untreue, fehlbare Nachrichtensprecher. Sie verkennt bisweilen, dass sie von Christus singen. Um mit Benno Jacob, Martin Buber und Eugen Rosenstock-Huessy zu sprechen: Der Redaktor nach Ansicht vieler Exegeten war nicht glaubender Jünger, sondern ein Verfälscher. Er war eine Art Theologe, der seine Meinung Jesus in den Mund gelegt hat. Im 19. und 20. Jahrhundert erschienen reihenweise Bücher mit Titel wie „Die

Theologie des Lukas". So wird „Christus" in der Vorstellung auch mal zur Idee der Evangelisten und Jesus zum Wanderprediger, der vielleicht besser hätte Schreiner werden sollen. Theologiegeschichte wird als Ideengeschichte wahrgenommen, Kirchengeschichte als Unterabteilung der Weltgeschichte. Geschichte kann man auch als Datensammlung ansehen. Heilsgeschichte jedoch entzieht sich dieser Untersuchungsmethode. Das Problem also ist alt.

In digitalem Datenformat ist Kirche nicht mehr Kirche im Sinne vom Credo und den Bekenntnisschriften. Sie hat sich aus dem Kontext des Gesprächs mit Gott gelöst. Ging diese Gefahr schon mit der Verwissenschaftlichung und Systematisierung des Glaubens und der Institutionalisierung der Kirche mit quasi-staatlichen Strukturen einher, ist nun eine weitere Gefahr mit der Digitalisierung aufgetaucht.

Man spricht nicht umsonst von einer virtuellen Kultur. Das digitale Bild der Welt gibt sich mehr und mehr als die eigentliche, exakte, berechenbare Wirklichkeit im Spiegel exakter Beschreibung aus. Die Menschen sind Gegenstand, Programmierende oder Anwender, User. Was „Fakt" ist, wird im Netz formuliert. Als wahr erscheint, was rezipiert wird.

Der Studie der EKD zur Digitalisierung ist soweit recht zu geben: Sie taugt zur Verwaltung. Aber die Studie benennt nicht die - freilich schwer zu fassende - Grenze zum Übergriffigen. Digitale Verwaltung dient nicht nur als harmloses Werkzeug, in ihr liegt die Tendenz, die Informationen, zu denen sie alles macht, was sie zu verwalten hat, nach irgendeinem Algorithmus zu beherrschen. Gesucht werden für eine Verwaltung effektive, in Wirtschaft und Gesellschaft bewährte Algorithmen. Entsprechend beriet das international aufgestellte Unternehmens- und Strategieberatungsinstitut McKinsey die Kirche Bayerns. Manche glaubten, Gewissheit über die Zukunft der Kirche zu erhalten. Solchen Untersuchungsergebnissen, gefolgt von Studienauswertungen soziologische Art sollen sich nun die Gemeinden fügen, und sie tun es weitgehend auch, denn was kann man gegen solche professionellen, durch die kompetente Soziologie bestätigten Pläne sagen? Gegen die „Faktenlage" kommt niemand an, es sei denn er hat Ideen, die in die Muster von Beratern passen.

Gemeinschaft der Heiligen ist das nicht. Mit der gottesdienstlichen Versammlung der Glaubenden im Namen Christi hat das nichts gemein. Die ist mit Algorithmen nicht zu fassen, es sei denn man behandelt sie als Informationsobjekt. Betrachtet sie sich auf diese Weise, mutiert Kirche zum Museum, zumindest nach der entsprechenden Definition in Wikipedia. Museum ist „ursprünglich ein Heiligtum der Musen, nun eine der Öffentlichkeit zugängliche Sammlung von Kulturgütern". Kulturgüter sind in der Kirche das Gebäude, Gesangbuch, Bibel, Bilder und Figuren, Orgel, Traditionen, Gemeindeaktivitäten. Kirche lässt sich so parallel zum Museum beschreiben, liest man einen Beschlusstext des Internationalen Museumsrates von 2022: "Ein Museum ist eine gemeinnützige, dauerhafte Einrichtung im Dienste der Gesellschaft, die materielles und immaterielles Erbe erforscht, sammelt, bewahrt, interpretiert und ausstellt. Offen für die Öffentlichkeit, zugänglich und inklusiv, fördern Museen die Vielfalt und Nachhaltigkeit. Sie arbeiten und kommunizieren ethisch, professionell und mit der Beteiligung von Gemeinschaften und bieten vielfältige Erfahrungen für Bildung, Genuss, Reflexion und Wissensaustausch." Man ersetze „Museum" mit „Kirche" oder „Kirchengemeinde" und erhält ein ziemlich genaues Bild, das die Kirche gerade von sich selbst anstrebt. Der liebe Gott gerät da schon mal leicht in den Hintergrund.

Kirche und Welt

Angela Merkel hatte sich keinen guten Dienst erwiesen, als sie Entscheidungen als „alternativlos" bezeichnete. Das Wort alternativ bezeichnet die Wahl zwischen wenigstens zwei Möglichkeiten, selbst wenn eine noch nicht als solche erkannt worden ist. Alternativen jedoch gibt es nur im Bereich des (irdisch) Möglichen. Eine Entscheidung gemäß der Faktenlage lässt zwar Alternativen zu, aber nur innerhalb des Vernünftigen im Sinn der Wissenschaftlichkeit, nach dem Rat der Experten. Sie geben den Entscheidungsspielraum vor. Dem hundertsten Schaf hinterher zu laufen, gehört nicht dazu.

Gottes Wort kommt von außen, bzw. von tief innen her, aus der Wurzel von allem. Christus war kein Alien, er kam nicht von einem anderen Planeten. Sein Reich ist keine Alternative zur Welt. Dennoch ist es nicht unvernünftig. Gottes Frieden ist gegenüber der Vernunft sogar als höher anzusetzen, aber nicht innerhalb ein und desselben Systems.

Es wäre unsinnig, alles, was digital nun in der Welt ist und sie prägt, einfach nach dem Vorbild der Amish People zu verwerfen. Es geht eher darum, ob man der menschlichen Vernunft, digitalen Ordnungsmächten oder wissenschaftlichen Studien das letzte Wort einräumt. Christen äußern als Hörer auf Gott der Welt gegenüber Vorbehalte, sie erheben Einspruch.

Die digitale Revolution verändert vor unseren Augen das Leben der Menschheit in einem Maße, wie es nie zuvor geschah. Diese Veränderung ist äußerst vielfältig, segensreich und zugleich voller Fluch. Es ist fraglich, wie weit sie beherrscht werden kann, oder ob sich die Muster breiter machen, als gewollt und gut. Revolutionen fressen üblicherweise ihre Kinder, führte Georg Büchner in „Dantons Tod" an. Er erinnerte damit an die Mythologie des Zeitgottes Kronos, der aus Angst, entmachtet zu werden, seine Kinder fraß. Sein römisches Pendant Saturn überwältigte zudem sicherheitshalber auch seinen Vater, die Erde. Es ist keine Eigenschaft von Macht, von sich aus aufzugeben. Gottes Sohn jedoch ließ sich kreuzigen.

Wie weit darf und kann sich Kirche auf Digitale Kultur einlassen, ohne dass sie dann in dieser veränderten, zeitgemäßen, modernen Gestalt sich selbst verliert?

Kirche sollte nicht einfach auf alles Digitale verzichten, aber vorsichtig und zurückhaltend mit digitalen Medien umgehen. Es geht nicht um das Aufrichten einer Gegenkultur, die letztlich nichts anderes als eine Untergruppe der gegebenen Gesamtkultur wäre. Wer nur Nein sagt, läuft Gefahr, sich an seinem Gegner zu definieren und sich so im Widerspruch auch unversehens anzupassen. Vorsicht ist wichtig. Skepsis gegenüber der „Welt" ist angesagt, und zugleich auch dankbare Annahme dessen, was hilfreich ist. Es gilt immer neu herauszufinden, was des Kaisers und was Gottes ist.

Wir halten das Evangelium als Schatz der Weisheit Gottes allem entgegen und prüfen die Möglichkeiten, jederzeit bereit auch zum Abrücken. Wir halten das Bewusstsein hoch, dass es sich beim Gottesdienst aus unserer Sicht nicht um ein geistiges Freizeitvergnügen handelt. Wir lassen ihn in Teilen schwer verständlich. Wir bewahren liturgische Schätze, die heutiger Kultur fremd erscheinen und lassen sie auch mal neu aufleben. Wir fragen nicht nach Einschaltquoten oder Erfolgen. Wir messen Kirche nicht mit Statistiken oder versuchen uns vor der Öffentlichkeit zu beweisen. Wir nehmen Unglauben nicht als Zweifel oder Abfall, sondern finden auch im „Heidentum" fruchtbaren Acker für Gottes Wort. Wichtiger als Zustimmung ist Hilfe und Veränderung zum Besseren. Wir ermutigen Versuche, in der Welt Übel abzuwenden, identifizieren uns dennoch nicht völlig mit ihnen, gehen nicht in dieser oder jener Bewegung auf. Wir verzichten darauf, auf Wellen mitzureiten und versuchen erst gar nicht, Gottes Wort von einst zu aktualisieren, in der Datensprache: upzudaten. Gottes Geist muss nicht aufgefrischt oder erneuert werden. Wir nehmen Neuerungen als Veränderungen wahr, denen mit geduldiger Neugier zu begegnen ist, als Gottesdienstgemeinde können wir uns das leisten. Wir stricken uns nicht ein und suchen keine Schwärmerei. Wir haben keine Alternative zu bieten, aber bewahren uns kritische Distanz, indem wir auf Gott lauschen, dessen Reich nicht von dieser Welt ist.

Ein guter Berater sagt nicht, wie es geht, sondern versucht, mit dem Klienten herauszufinden, was er machen kann, um aus einem Schlamassel heraus zu gelangen. Ein nicht so guter Berater stülpt ihm sein Denksystem über, und wenn der Klient sich in ihm begreifen gelernt hat, glaubt er sich gerettet.

Unsere Museen sind aus Reliquiensammlungen und Raritätenkabinetten erwachsen. Der Weihnachtsrummel verdankt sich dem Christfest. Für den Wunsch nach Gleichheit der Menschen waren Bergpredigt und Klosterordnungen wichtig. Wir halten mithin als Kirche in vielerlei Beziehung Quellen rein und offen, aus denen in jedem Jahrhundert ein weiteres Stück Welt sich entwickelt und mausert. Säkularisierung ist kein Verlust, sondern Wirkprinzip der Kirche. Und dieser Prozess ist beileibe nicht beendet. Doch er geriete ins Stocken, säkularisierte sich der Gottesdienst selbst. Er verschließt die Pforte zu Gott, macht er ihn selbst zum Ding dieser Welt, und sei es zu einem Informationsobjekt. Gott und seine Heilsgeschichte sind kein Sachverhalt.

Robert Manasse schloss eine Rede mit diesen Worten (Permanente Revolution der Begriffe S. 68) „Was von der Demokratie bleiben wird? Staatsämter - in absterbenden Staaten." Man ist geneigt, entsprechend zu formulieren: "Was von der Kirche bleibt? Kirchenämter - zwischen absterbenden Kirchengemeinden." Kirche ist keine Organisation. Gottesdienst ist nicht etwa das „Kerngeschäft" der Kirche, sondern ihre Existenzberechtigung.

Blieben vom Gottesdienst nur eigene Reden mit unseren Meinungen zur Bibel, gefällige Lieder und vorgetragene Gebete als Monologe eines frommen Selbstbewusstseins, es wäre besser, wir hätten keinen Schritt in die uns anvertrauten Kirchen gesetzt. Wir würden Gott den Rücken zukehren, statt mit allen anderen Laien uns ihm gemeinsam zuzuwenden. Darum ging es in der Reformation: Die Kirchengemeinde sollte nicht mit möglichst vielen Frommen zum neuen Klerus werden, sondern die Geistlichen verstanden, dass auch sie selbst Heiden und Laien waren. Niemand stelle sich mehr zwischen Gott und Mensch, darum ist Gott selbst Mensch geworden in Christus. Er machte Hohepriester neben, unter ihm oder nach sich obsolet.

Computervernunft

Bruno Bachimont spricht von einer „computationellen Vernunft", die wir entwickeln. Man denkt anders, lebt man in einer Schriftgesellschaft oder als „Internaut". Schrift verräumlichte zunächst allmählich und über Jahrhunderte die Sprache. Dabei ist an die Entstehung der Wissenschaft zu denken. So entwickelte sich schon vor nun fast einem Jahrtausend aus der Liturgie die systematische Theologie. Glaube verflüchtigte sich in ein abgehobenes, streng geregeltes Reich des Denkens. Bruno Bachimont gibt als Entwicklung von Denkformen einer computationellen Vernunft die Reihe an: Liste, Tabelle und Formel. In Bezug auf Glaubenssprache ließ sich das zunächst anders an. Aus Berichten, Gesängen, Erzählungen oder Briefen wurde ein in sich stimmiges und logisches System mit Formeln, eben Theologie. Gottesdienst, Bibel und Glauben waren zunächst noch die entsprechenden Quellen, dann schlug die Richtung um. Predigt, Katechese und Gottesdienst wurden zur Anwendung, Praxis der Theorie. Sie durfte aus pädagogischen Gründen sich als Vereinfachung ansehen.

Ist das dem Wort Gottes angemessen? Unterricht, Heranführung mag es so tun, aber das Ziel des Glaubens ist nicht eine laienhafte Rezeption der theologischen Summe des Thomas von Aquin oder des Werkes eines modernen Theologen, „Systematikers". Die Bibel ist kein Material, Gottesdienst keine Vereinfachung komplexer Sachverhalte. Liturgie gäbe sich so auf. Mit abstrahierenden Denkformen mag man Liturgie „verstehen", indem sie in Muster übertragen werden. Doch da ist Vorsicht geboten, denn die

Bedeutung der Liturgie weist weit über sich hinaus. Passen wir Liturgie in Kategorien unseres üblichen Verstehens ein, entgleitet uns das Geschehen. Ich verstehe meine Geliebte nicht, indem ich sie mir erkläre. Wird Liturgie zur Explikation, Verstärkung eines gedachten Glaubens, verlöre sie ihre Ausrichtung der aufgehenden Sonne der Gerechtigkeit entgegen. Dann ginge es so vor sich: Der Liturg weiß nun, dass er es richtig macht und müht sich, dazu die rechten Gefühle zu erwecken mit Exerzitien, aufrüttelnder Predigt oder verstärkender Wiederholung. Nicht der Heilige Geist erbaut mehr die Gemeinde, sondern der Pastor hat das praktischer Weise für ihn übernommen. Er ist zum „Geistlichen" berufen und bestallt. Er überzeugt, vermittelt Glaubenswissen, weiß es besser, erklärt. Erklärungen gehen immer so vor sich, dass etwas Ungeordnetes sich in unsere schon vorhandenen Erklärungsmuster einfügen. So wächst Wissen. Der Lehrer erwartet vom Schüler, sich solche Muster des Verstehens anzueignen. So geht es jedoch nicht mit dem Glauben. Er ist nicht ein Denkmuster, das man zu übernehmen hätte, so sehr es auch danach aussieht. Im Glauben stellen wir uns Gott gegenüber, da müssen höchstens Missverständnisse ausgeräumt werden.

Wir wollen Klarheit in diesem Sinn gewinnen gegenüber der Verklärung? Die Hütten für Mose, Elia und Jesus lassen sich nicht bauen. Das Ereignis der Verklärung hatte seine kurze Zeit, nicht von den Jüngern erdacht, nicht systematisierbar. Pfingsten war eine besondere Stunde. Am Montag war sie wieder vorbei, aber es würde einen neuen Herrentag geben, Woche für Woche. Pfingsten lässt sich weder machen noch organisieren, auch nicht im Sinne einer Theorie erklären, auf abstrakte Formeln zurückführen.

Wagners Parzival ist ein grandioses Gesamtkunstwerk und zeigt gerade dadurch die Unmöglichkeit auf, Gottesdienst zu inszenieren. Wir können Gedanken und ausgefeilte Geschichten in Szene setzen, das ist ein Spiel, mehr oder weniger gekonnt. Der Geist Gottes weht, wo er will. Gottesdienst sucht ihn zu empfangen. Darum kann er sich in Worten und Liedern gern wiederholen. Sie sind nicht selbst der Geist. Sie können ihn auch nicht beschwören, sie schaffen nur Bereitschaft.

Unsere Kirche wird (äußerlich, real, in einer zunehmend digital geordneten Gesellschaft) noch simpler als durch Theologie nach den Denkmustern der Organisation verwaltet, und das heißt auch weitgehend beherrscht: Liste, Tabelle und Formel. Mit Sicherheit wird das Wesen der Kirche auf diese Weise verfehlt. Eine Liste stellt etwas unter gemeinsamem Nenner zusammen, doch eben ist z.B. die Taufe gerade nicht. Gott beruft mich bei meinem Namen, nicht bei dem Namen meines Nächsten. Wir sind beide Christen, aber auf unterschiedliche Art. Dieses Wir nivelliert nicht Du und Ich. Es ist kein Nenner, über dem man etwas zusammenzählen dürfte. Kirche lässt sich nicht einlisten. Namen gibt es nicht im Plural. Einer Tabelle entsprechen Hierarchie und Ordnung. In der Welt braucht Kirche zwar Ordnung, aber diese ist nicht die Kirche, sie ist nicht einmal ihr Gewand.

Die verfasste Kirche ist nicht die „sichtbare" gegenüber der wahren „unsichtbaren" Kirche, sondern das Gegenteil ist der Fall.

Die Eigenschaft der Sichtbarkeit hat es an sich, zeitlich zu sein. Das gerade ist der Gottesdienst, der von Zeit zu Zeit stattfindet. Die Institution Kirche dagegen ist wie Geld etwas Virtuelles. Die äußere Ordnung ist somit unsichtbar, weil sie sich von der realen Liturgie abhebt und eine gedankliche ist, wie der Geldschein ebenso irreal ist und nur als Bedeutung im Tausch Realität heischt. Sichtbar im Sinne des Geschehens ist die Kirche im Ereignis der Liturgie. Die Nordkirche ist nicht die eigentliche Kirche, eine Dachorganisation. Das sieht nur für die Welt so aus. Sie sorge nur dafür, dass möglichst viel und oft allerorts Gottesdienste gefeiert werden können. Sonntags um 10 Uhr im Abendmahl und Lauschen auf Gottes Wort geschieht sichtbare Kirche.

Hinter unserer gewohnten Begriffsverwirrung steht die Vorstellung, dass Gezähltes real ist, das nicht Abzählbare dagegen unsichtbar. Das exakt Erscheinende lässt sich definieren. Die mittelalterliche, hierarchische Kirche musste sich also in Gewänder voller Bedeutung hüllen, um sichtbar aufzutreten. Das sichtbare, reale Geschehen des Gottesdienstes machten sie zu ihrem eigenen Werk. Dagegen legte Luther Einspruch ein. Die Scholastik, Seite an Seite mit dem sich entfaltenden kanonistischen Kirchenrecht, errichtete ein Gedankengebäude, das im Unterschied zum liturgischen Geschehen exakt und formelhaft daherkam. Es ist kein Zufall, dass in dieser Phase der Entwicklung man auch versuchte, Formeln für die Gegenwart Gottes im Abendmahl zu finden, die Transsubstantiationslehre.

Die Formel als Denkform hatte sich in den theologischen Summen gezeigt, die von Dogmen zu unterscheiden sind wie Theologiegeschichte von Kirchengeschichte.

Heutzutage schickt Kirche sich an, auch die Theologie in mehr und weniger großer digitaler Beliebigkeit als Beiwerk zu betrachten. Sie toleriert besonders im Evangelischen Bereich weitherzig alle möglichen Ansichten und Meinungen und setzt an Stelle der Dogmentreue die Faktenlage der (bezahlten) Mitgliedschaft. Zur Kirche gehören kann man, indem man „atheistisch an Gott glaubt", sich für einen Agnostiker hält oder esoterischer Schwarmgeist ist. Verwaltung kann solche Dinge nicht entscheiden, will es auch gar nicht und sollte es auch nicht, denn sie kann nur mit Formeln und bestenfalls Lippenbekenntnissen und Unterschriften umgehen. Man könnte diese Offenheit und Unverbindlichkeit auch begrüßen, denn wer würde von sich schon sagen wollen, er „wisse Bescheid" in all diesen Dingen. Aber an die Stelle der Bekenntnisverpflichtung tritt nun ein Verwaltungsvorgang, der weniger als ein Lippenbekenntnis ist. Man unterschreibt gewissermaßen nur ein Papier, dessen Kleingedrucktes niemand liest, zumal es sich dabei um eine ganze Bibliothek handelt. Denke und glaube, was und wie du willst, solange du nur grob im Rahmen unserer Kirche bleibst und Näheres unseren Spezialisten überlässt! Da bist und bleibst du Laie. Die theologischen Experten sind im Verein mit den Kirchenleitungen an die Stelle der mittelalterlichen Hierarchie getreten. Du kannst in der Kirche Karriere machen. Doch das ist keine Himmelsleiter. In Kirche ist Karriere absurd. Manche Irrlehren brauchen kein einziges theologisches Wort und verderben doch alles von Grund auf.

Gottesdienste werden für eine Listen- und Tabelleninstitution zu bloßen Veranstaltungen, Terminen, Kostenfaktoren, Vereinstätigkeit. Eine Institution wird nach Wikipedia als eine „Ordnungs- und Regelsystem verstanden, das soziales Verhalten und Handeln von Individuen, Gruppen und Gemeinschaften in einer Weise formt, stabilisiert und lenkt, dass es im Ergebnis für andere Interaktionsteilnehmer erwartbar wird." Eine Institution ist eine Denkleistung.

Der Geist Gottes entzieht sich nicht dem Denken, aber lässt sich von ihm nicht beherrschen, auch nicht begrifflich. Dogmen fassen nicht Kirche und Glauben in Begriffe, sondern grenzen ab. Sie sind Hinweis auf das Besondere, Heilige, Andere. Dogmen gehören zum Prozess der Auseinandersetzung mit der Welt, sie passen sich nicht ein in eine Philosophie oder computationelle Vernunft.

Gottes Wort lässt sich heilend auf die Welt ein. Es ist das Weizenkorn, das in Adam – den Acker „Mensch" – fällt und Frucht trägt, die nicht allein aus dieser Welt kommt. Das ist ein überaus erhellendes Bild: Wir sind nicht Gottes Objekt, das er nur behandelte. Und dennoch ist Christus nicht von dieser Welt

Gottes Geist lässt sich im doppelten Wortsinn nicht „ausdenken". Er ist weder bloßer Denkinhalt, noch käme man mit seinem Nachdenken sehr weit.

Unsere „graphische Vernunft", wie sie Bruno Bachimont nennt, wird erheblich gesteigert und verwandelt im Computationellen. Sie stellt etwas als Tabelle dar, bildlich. Aus der Liste wird das Programm. Wir mögen noch die Theologie von Dorothee Sölle im Gedächtnis haben: Das hegelsche Entwurfsdenken auf die Kirche angewandt. Eine Idee wird realisiert. Doch Gottes Wort ist nicht das Heilsprogramm der Menschheit oder eines frommen Teils von ihr, so faszinierend das auch klingen mag. Wir realisieren nicht ein (dann auch planbares) Heil. Von Gottes Heilsplan zu reden und dabei unser modernes Planungsmuster im Kopf zu haben, führt auf Irrwege. Dann würde aus Gottes Geist eine mehr oder weniger brauchbare Idee. Die Realität des Geistes Gottes ist nicht die unseres Denkens.

Die alte liturgische Vorstellung war aktuelle Teilhabe am himmlischen Gottesdienst. Projektkultur in der Kirche ist widersinnig. Damit kann man verwalten, organisieren, Ideen verwirklichen, nicht aber Gottes Geist folgen. Jesus ist nicht Christus, weil er inspirierte Ideen Gottes verbreiten oder eine Kirche organisieren wollte. Kirche ist kein Projekt Gottes. So ein Denken taugt nicht für die Liebe.

Aus der Tabelle erwächst das Netzwerk. Das ist zunächst faszinierend und wirkt auf uns vielleicht begeisternd wie die ersten Maschinen auf die Menschen vergangener Jahrhunderte: Kirche als Netzwerk. Doch Netzwerke sind Labyrinthe, in denen man sich auch schnell mal verliert. Du musst ausgeschilderten Pfaden folgen, Spielregeln gehorchen. Und schon ist man nur eine Spielfigur. Netzwerke definieren den, der sich darin bewegt. Sie funktionieren dadurch, dass sie Komplexität herabsetzen, so komplex sie auch wirken. Sie übersetzen Vielfalt in definierte Labyrinthe, die ihre Algorithmen gewöhnlich verstecken, verbergen, nicht öffentlich machen. Was nicht in einen Algorithmus gehört, ist für ihn entweder nicht existent oder Störfaktor. Netzwerke sind abhängig von Formeln, Rechnung und

Programm. Das Netzwerk bietet eine Gemeinschaft, die durch Algorithmen definiert ist.

Es könnte scheinen, als sei gerade Kirche ein Urmuster solcher Netzwerke, indem sie Gemeinschaft definierte und Häretiker nicht duldete. Doch in der Rückschau wird klar, dass Kirche sich gerade in diesem Punkt auch verfehlt hatte. Wir sind und bleiben auch als getaufte Christen und mit orthodoxen glaubenstreuen Vorstellungen „Heiden", zu belehrende Völker. Nicht nur die noch zu Taufenden sind zu lehren, sondern Taufe bedeutet lebenslange Jüngerschaft. Eine „christliche" Gesellschaft gibt es nicht. Das Eigenschaftswort täuscht. Die „christliche" Kirche bezeichnete in der Reformationszeit die Christenheit als Übersetzung der „umfassenden, einheitlichen" („katholischen") Kirche. Als Eigenschaftswort ergibt der Satz keinen rechten Sinn. Unsere Gesellschaften sind heute eher „nachchristlich", das heißt, sie sind durch jüdisch-christliche Tradition weitgehend geprägt, ohne darum an Synagoge oder Kirche noch zu hängen. Durch Christus sich prägen zu lassen, ist nicht endender Prozess. Wir lernen nicht aus, hören wir auf Gottes Wort. „Christlich" zu sein, bedeutet, sich bedürftig im Geist zu wissen.

Die Vorstellung eines Netzwerkes scheint auf Kirche auch in der Weise zuzutreffen, dass ein Glaubensbekenntnis sie zusammenhält. Doch Gottes Wort ist weder Formel noch Grundlage einer Liste. Man mag hier an die Orthodoxe Kirche erinnern, die um der Gesetze willen zwar auch eine Mitgliederstatistik führt, aber immer weiß: Das sind wir nicht. Wir brauchen das nur, um in der Gesellschaft fassbar zu sein.

Das Modell Netzwerk ist eines der vielen Mittel des Denkens und Handelns, um etwas zu ordnen, und das heißt auch: verständlich zu machen. Es ist als Denkwerkzeug vereinfachendes Mittel mit erheblicher Eigendynamik. Der Algorithmus wirkt, das Instrument tobt sich aus und verdunkelt auch, was es ins Licht setzen soll. Die Denkmaschine macht seinen Auftraggeber auch zu seinem Werkzeug. Die viel diskutierte Künstliche Intelligenz zeichnet aus, dass sie einmal angeschaltet und in Dienst genommen, auch zum Subjekt des Handelns wird. Der Programmierer hat sein Denken, seinen Auftrag mit eingebaut. Er selbst geht heim, die Software arbeitet ohne ihn, als würde er noch da sein. Mit dem Medium Buch war es auch so: Schlage es auf, lies, und es beginnt zu reden. Die Denkmaschinen machen noch ganz andere Dinge mit uns.

In gewisser Weise kann man Kirche als eine Art traditionelles Netzwerkes ansehen. Das Netzwerk Verfasste Kirche ist jedoch nicht identisch mit Kirche im Sinne Christi, deren „Administrator" allein Gott ist. Das Problem hier ist weniger darin zu suchen, dass man Kirche für ein Netzwerk hält, als darin, dass unserem Verständnis eines Netzwerks nach dann damit auch alle möglichen Regularien in der Kirche gelten, die Gott nicht angemessen sind.

Überhaupt: Unsere Systeme definieren, sonst funktionieren sie nicht. Wer wollte Gott und sein Wirken ernsthaft definieren? Dass Gott Liebe ist, sagt aus, dass er und sein Wirken nicht zu definieren ist. Sein Name ist entscheidend.

Wahrheit und Erfolg

Funktionsweisen des Computers übertragen sich mit der Zeit auf die Denkweise des Nutzers. Nicht nur Jugendliche halten die sie umgebende Realität bisweilen für eine Art Computerspiel. Wir verstehen, indem wir Neues mit Altem, Unbekanntes mit Bekanntem verknüpfen. Unsere alltäglichen Erfahrungen werden von allen möglichen Algorithmen geprägt, unser Leben ordnet sich zunehmend nach ihnen. Dadurch kommt es leicht auch zum Umkehrschluss: Die Welt wird verstanden, behandelt und gedeutet als Ausführung von Programmen. Galt zuvor das Kausaldenken, tritt nun an die Stelle das Programmdenken. Eine Idee wird verzeitlicht. Ordnungen interagieren miteinander. Niemand kann alles fassen und verstehen, geschweige denn alle Ursachen ergründen oder prüfen. So wird ein Programm nicht nur wichtiger als einzelne Wahrheiten. Es wird zum Produzent von Wahrheiten. Die Entstehung der Postmoderne mit ihren relativen Wahrheiten ist eng verbunden mit der technischen Entwicklung, mit denen wir unser Leben gestalten, bzw. gestalten lassen. Christus gilt dann nicht mehr die Wahrheit und das Leben, sondern als eine Wahrheit unter anderen im frei organisierbaren Leben.

Das ist nicht mehr Ideologie, sondern Programmatik, die alles mögliche auf eine bestimmte Ebene, eine „Schicht" bringt. In der Computerwelt spricht man von „layer". Der Vorwurf von Fake-News zieht bei vielen wenig, weil der Wert des Programms, der Denkebene höher veranschlagt wird als fremde Sichten. Das war bereits Propagandatrick der Nazis: Bringe deinen Gegner dazu, in deiner Terminologie zu sprechen und zu denken, dann haben wir immer recht. Dabei handelt es sich also um eine neue, systematische Art von Vorurteil. Was in mein Muster passt, gewinnt Wahrheit.

In Bezug auf die organisierte Kirche: Funktionieren und Erfolg liegen im Wert höher als die Frage, wie es um den Glauben steht. Für die Verwaltung ist wichtig, ob ein Gottesdienst stattfindet. Was dort geschieht, wird höchstens danach bemessen, ob mehr oder weniger teilnehmen und wie sie es bewerten. Natürlich soll der Gottesdienst sachgemäß durchgeführt werden, was zu prüfen stets schwierig ist. Schauen wir jedoch vor allem auf Erfolg und Effektivität, nimmt so eine Kritik seltsame Züge an. Angemessenheit gegenüber Gott und seinem Wort wird dann auch mal zur Nebensache. Das ist kein neues Problem, aber nun bekommt es System. Allerdings wird Gottesdienst niemals zu einem Bestseller, man müsste ihn schon mächtig verbiegen und verfremden.

Wie sagt man in der Medienwelt? Hauptsache, du machst Schlagzeilen. Und solange dies nicht zum Rauswurf oder Skandal führt, ist das immer „gut" und erhöht die Einschaltquote. Sollen wir etwa „von Gott reden machen", damit sein Laden in der Welt noch Erfolg hat, wenn auch im unvermeidlichen Schwinden? Firmen schrumpfen sich gesund, indem sie sich auf den noch verbliebenen Kundenstamm konzentrieren. Geht das mit dem lieben Gott und seiner Kirche auch so? Steht die Kirche oder Gott auf verlorenem Posten, wenn die Leute „austreten", mit den Füßen abstimmen?

Grundlegend ist in der Digitalen Kultur das „Problem der Verständlichkeit". Die Vernunft des Computers dient der Verständlichkeit, bzw. basiert auf ihr. Als verständlich gilt, was rezipiert wird. Zustimmung ist gefragt. Sie wird unter der Hand zum Maß der Wahrheit. Darum funktionieren Fake News. Wer die Kunst der Verständlichkeit beherrscht, regiert.

Gilt das auch für die Kirche? Wohl kaum. Diametral ist dieser Weg der Herrschaft Gottes entgegengesetzt. Will man Kreuzestod, Auferstehung, Vergebung der Sünden oder das Abendmahl auf verständliche Muster herunterbrechen, deutet man sie um. Dann gerieten wir in die Nähe von Fundamentalismus, der immer einfach und verständlich agiert und das Komplexe prinzipiell ignoriert. Er kann sich bestens in der Digitalen Kultur entfalten. Dass der Wunsch und das Streben nach schneller Verständlichkeit auch mal religiöse Züge annimmt oder ähnlich wirkt, ist kein Zufall. Man muss Paradigmen glauben, ihnen anhängen. Darum ist Fundamentalismus äußerst zeitgemäß und macht die Gefahren des Computerdenkens überhaupt deutlich: Stelle ein bestimmtes Denkmuster über alles. Auf der anderen Seite brauchen wir in unserer Weltsituation dringend allgemeine Verständlichkeit, um miteinander gesellschaftlich und auf globaler Ebene kommunizieren zu können. Doch das geht nur, wenn man nicht auf sein Muster beharrt. Gerät Kirche in die Falle, ein bestimmtes Paradigma als Welterklärung für ihr Bekenntnis zu halten, verlässt sie Gott, der über aller Vernunft erhaben ist. Christlicher Gaube ist kein Paradigma, keine spezielle Weltanschauung, sondern sucht die Begegnung mit Gott, der aller Welten Schöpfer ist. Und dies ist das Gegenteil von Synkretismus, weil Glauben weder addiert noch Systeme ineinander schiebt. Alles hängt an dem, was Gott zu Mose sagte: Ich bin, der ich bin. Und wir können das nicht ergründen, ausloten, zu Ende denken. Sein Ebenbild ist Christus, Person, Gott und Mensch. Das ist geschehendes Geheimnis, Sakrament, nicht aber eine Lehre, ein Denksystem unter anderen.

Es wäre töricht und unsinnig, auf die Künstliche Intelligenz des Computers völlig verzichten zu wollen oder sie zu verteufeln. Doch sie wirkt – wie alle Erfindungen – unter bestimmten Umständen und bei unangemessener Verwendung auch verderblich und zerstörerisch. Alles, was neu ist und sich durchsetzt, drängt anderes beiseite. Die gedachte Alternative von Progressiv und Konservativ greift in Bezug auf Kirche zu kurz. Die Vernunft des Computers kann nicht glauben und nicht lieben. Pygmalions künstlerische Statue wirkte echt und er konnte sich in sie verlieben. Professor Higgins bei George Berhard Shaw schuf sich seine Frau, indem er sie lehrte, schlau und kompetent zu sein, aber mit ihrem Fleisch und Blut war sie unendlich mehr als sein vermeintliches Geschöpf.

Die Vernunft des Computers nennen wir noch virtuell, sie hat aber das Zeug dazu, Menschen so zu täuschen, dass sie als das wahre Sein erscheint, als Ordnung aller Dinge, für die selbst Gott letztlich nur eine Information wie alles sonst ist. Ob es ihn außerhalb dieser Vernunft gibt oder nicht, ist ihr wie alles gleichgültig. Entscheidend ist nur, wie dieser Gedanke sich innerhalb ihres Webs gebärdet und ob er sich entsprechend seiner Verwender als nützlich oder schädlich erweist, und wie man ihn dazu umbiegen sollte. Dann käme die Kirche irgendwann zwischen Scientology, Esoterik, alter Völkerweisheiten und Fantasy zu stehen. In

Bücherkaufhäusern ist sie dort bereits eingeordnet, wenn sie außer Bibelausgaben da überhaupt noch groß vorkommt.

Wie alle Vernunft bedarf auch die des Computers Kritik, und zwar nicht in dem Sinne, wie sie noch perfekter und vielseitiger funktioniere, sondern um sie beherrschbarer werden zu lassen. Sie ist nicht unser Fleisch und Blut, sondern ein Instrumentarium, das wie keines je zuvor eigenmächtig wirkt.

Bruno Bachimont setzt als Werkzeuge der notwendigen Kritik vier althergebrachte Muster der Vernunft der Digitalen Kultur entgegen, ich nehme diese vier Stichworte auf:

Das Mittel der Aufzählung

Der Computer hat das Aufzählen zur Liste vereinfacht. Der Unterschied scheint kaum merklich, aber wenn wir Reihen zum Beispiel in der Geschichte betrachten, wird der Unterschied deutlich, wie Eugen Rosenstock-Huessy bemerkte:

Die Reihungen „Nietzsche – Wagner – Hitler" oder „Nietzsche – Heidegger – Arendt" sind sind Aussagen. Die Stammbäume der Evangelien sind Reihen, nicht einfach Listen. Sie zeigen eine bestimmte Auffassung von Geschichte. Sie entsprechen auch nicht dem uns so vertrauten Muster der Verbesserung, sprich: Fortschritt.

Wir berühren hier Grundfragen von Geschichte und Selbstverständnis des Menschen. Eine Liste erkennt eine Entwicklung nur anhand von zunehmender oder abnehmender Perfektion, entsprechend einem Algorithmus. Ihr entspricht ein mechanistisches System von Fortschritt. Sie ordnet ein und vervielfältigt.

Wir denken zunehmend wie in Listen. Geraten kirchliche Aktivitäten in Listen, werden sie bestenfalls nach Prioritäten oder nach Kategorien geordnet. Kirchliche Einrichtungen oder „Ebenen" stellen sich als Organigramme vor. Das tötet schon mal in der Vorstellung das lebendige Miteinander, vereinfacht Komplexität, teilt in Funktionen auf und bildet Hierarchien. Auch darum ist ein Computer so „leistungsstark", weil er systematisiert und vereinfacht. Das schlägt auch in unser Denken ein. Die organisierte Kirche drängt sich gegenüber dem lebendigen Bild des Leibes

Christi in den Vordergrund. Wie im Mittelalter die Hierarchie des Klerus sich als Kirche ansah, so versteht man in der Öffentlichkeit unter „Kirche" die gleichnamige Institution. Die Öffentlichkeitsarbeit der Kirche unterstützt dieses Bild nach Kräften. Den Gottesdienst als sich ereignende, sichtbare Kirche (ohne Organigramm) zu verstehen, ist schon ungewöhnlicher. Selbst die Abendmahlsgemeinschaft wird gern als bloßes Bild einer unsichtbaren Kirche gedeutet.

Erzählkirche

Das Erzählen muss stark gemacht werden gegenüber der Tabelle, denn es verbindet heterogene Elemente in einem Sinnzusammenhang. Es bewahrt Mannigfaltigkeit. Der Tabelle ist die Mannigfaltigkeit gleichgültig, oder sie sortiert sie nach Merkmalen, um ggf. auch auszusortieren. Ihre Neutralität ist Gleichgültigkeit.

Gottes Wort sind uns die Evangelien. Sie erzählen und geben nicht nur Worte Jesu wieder. Dazu braucht es Hörer. Eugen Rosenstock-Huessy charakterisierte die Evangelien so: Sie erzählen Christi Worte, sein Leben und sein Wirken. Wir selbst gehören zum Wort Gottes, denn jedes Wort kommt nur dann zum Ziel, wenn es gehört, in eigener Weise verstanden und beherzigt wird, oder aber eben abgelehnt. In der Ordensgeschichte sind Gründungsgeschichten elementar. In der Kirche sind nicht logisches Verstehen entscheidend, sondern „Umkehr", Buße, Fruchtbringen. Es gibt eine große Vielfalt an Sprachmöglichkeiten. Gottesdienst erscheint dem Computerdenken konträr, gerade diese Eigenschaft birgt mehr Zukunftschancen als die Anpassung, denn der Mensch wird Alternativen suchen und brauchen.

Argumentation

Argumente leisten nach Bruno Bachimont eine horizontale Verbindung des Mannigfaltigen. Ein erheblicher Teil der Evangelien besteht in Streitgesprächen und Auseinandersetzungen. Ein Computerprogramm streitet nicht, das Digitale kennt nur Ja und Nein und folgt damit der Geburt der systematischen Theologie von Abälard, dessen bahnbrechende Theologie diesen Titel trug: Sic et Non. Ein Großteil der Missverstehens der Bibel beruht darauf, sie nach dieser Methode zu lesen und zu deuten. In der Liturgie lasse ich mir von Gott (und nicht einem Prediger) etwas sagen. Das Wir der Glaubenden beruht darauf, dass niemand wie der andere hört und versteht. Die Evangelien legten großen Wert darauf, die Schar der Zwölf mit Namen zu benennen. Glauben geht im Unterschied zum Recht nicht ohne Ansehen der Person. Argumentationen haben einen anderen Charakter, ob man jemanden von etwas nur überzeugen will, was alternativlos richtig sein soll, ob sie nur verschiedene Möglichkeiten innerhalb eines definierten Spielraumes offen lässt, oder ob man dem Anderen die Freiheit zubilligt, von der Emanuel Levinas in seiner Philosophie spricht. Reine Argumentation ersetzt jedoch noch nicht das offene Gespräch, Dialog, ist aber schon ein wichtiger Weg, um der armen Alternative von Ja und Nein zu entkommen. Es ist wichtig, wer wem gegenüber warum argumentiert. In der Wissenschaft spielt das keine Rolle, da geht es um sachliche Argumente, die unabhängig vom Sprecher und Hörer gelten. In der Theologie ist dies auch so, aber nicht im Dogma, das ein Bekenntnis ist. In der Liturgie muss darüber hinaus   gesungen werden. Da bin ich bei meinem Namen gerufen.

Bei Computern sind Namen nur technische Bezeichnungen, alles ist austauschbar. Scheinbar ist es ein Grundgeschäft des Computers, zu argumentieren, in Wahrheit aber ist er nur Programm, und die es erstellten, argumentieren, indem sie sich selbst zurückziehen wie ein Dichter von seinem Roman.

Gott „argumentierte" gegenüber aller Welt mit einem Menschen, der sich nicht hinter Wort verbarg. Es ist auch für uns nicht ausreichend, etwas „Richtiges" zu sagen. Wir sind als Person gefordert. Darum muss ein Pastor in seiner Gemeinde wohnen und auch als Person auf die Kanzel. Das verlangt sein Amt. Wird er zum Wanderprediger, versteckt er sich hinter Medien, wird die Botschaft unglaubwürdig. Er ist zum Mietling geworden.

Perzeption

Der Computer nimmt Informationen auf, aber er nimmt sie nicht wahr. Ihm, der alle Zeit vorgibt, ist alle Zeit gleich. Vergangenheit und Zukunft sind in ihm nur horizontal durch eine Zeitordnung getrennte und sortierte Dinge.

Im Gottesdienst wird uns das Evangelium Gegenwart, so etwas kennt die Maschine nicht. In ihr ist alles Gegenwart, was aufgerufen wird. Zeit ist ihr Programmablauf. Denselben Film kann man sich hundertmal anschauen, Zeit erscheint konserviert, als etwas Abrufbares. Es gibt Zeitfenster, die man nutzen oder verpassen kann.

Was ist dagegen liturgische Zeit? Die Bibel spricht von besonderen Zeiten. Der liturgische Kalender hat seine eigene Art von Zeit. Gott spricht oder schweigt, wann er will. Gott hat einen Feiertag gesetzt. Gott hatte eine Zeit auf Erden in Christus, die sich nicht wiederholen lässt. Ein für allemal hat er gesprochen.

Dass Menschen mehr und mehr denken, wie Computer es tun, ist an diesem Punkt vielleicht besonders deutlich. Es ist klar, dass Computer weder lieben noch glauben und ebenso wenig hoffen können. Diese drei Vorgänge sind zeitgebunden im Sinne menschlicher Lebenszeit. Ewigkeit ist die Zeit Gottes, die wir nicht abrufen können. Wir haben nur die Verheißung der Teilhabe. Liturgie ist Überkreuzen von menschlicher Zeit und Gottes Ewigkeit.

Wenn wir aber zunehmend wie Computer denken und funktionieren und uns von Programmen, Software, lenken lassen, kann es schon sein, dass wir viel an Verständnis für Liturgie einbüßen. Liebe, Hoffnung und Glaube werden den Menschen in zunehmendem Maß fremd, wenn sie anfangen, wie Computer zu funktionieren, sich wie in einem Programm bewegen und Zeit ihnen als etwas stets Abrufbares erscheint. Wir sollten uns nicht so sehr wundern über Desinteresse an Gottesdiensten. Sie „funktionieren" nicht. Sie ticken völlig anders als unsere technisierte Welt. Wir sollten darum nicht verzagen und aufgeben, sondern Geduld aufbringen und diese Alternative lebendig wie im Nebenraum erhalten. Das ist kein Paralleluniversum, es ist eine andere Art, zu leben. Wir sollten digitale Möglichkeiten nutzen, nicht aber in ihnen aufgehen. Dafür brauchen wir einen anderen Lebensraum, eben den ihnen enthobenen Feiertag vor Gott.

Computervernunft täuscht vieles nur vor. Das Mannigfaltige ist ihr nur das Viele. Sie macht verständlich durch Vereinfachung.

Bruno Bachimont ist daran interessiert, auf welche Weise Wissenschaftlichkeit bewahrt werden kann: Es muss eine Kritik der Vernunft des Computers geben. In Bezug auf die Kirche und Gottes Wort liegen die Probleme in anderer Richtung: Lässt sich Gottes Wort auch in der Vernunft des Computers aussagen? Was wird dann daraus? Wie weit darf Kirche in der Nutzung dieser Vernunft mitgehen, wo muss sie sich unbedingt verweigern, unterscheiden?

Der Computervernunft entspricht es, Gemeindeglieder aufgrund von Taufe und abfragbaren oder vermuteten religiösen Prägungen aufzulisten, mit Statistik die Halbierung der Kirche in x-Jahren vorauszusagen und entsprechend zu handeln, um die Lage zukunftsfähig zu beherrschen, bis die nächste Halbierung erfolgen wird. Rechner prognostizieren und planen, sie unterscheiden sich also deutlich vom prophetischen Amt. Es schaut nur so ähnlich aus.

In der Computerwelt herrscht Befehlssprache. Gottes Befehle sind anderer Natur. Mit ihnen feiern wir unsere Gottesdienste. Sie sind uns in der Taufe „befohlen", geboten, wir sind dazu berufen, aus ihnen heraus anders zu leben.

Netzwerk und Repräsentation

Ubiquität ist ein Kennzeichen des Digitalen, doch in ganz anderer Weise als die gleichnamige „Eigenschaft" Gottes: Immer und überall erscheint nahezu alles verfügbar, erreichbar, was einmal eingegeben worden ist. Das Internet verändert unser Weltbild, das Bild, das wir vom Geist und der Kultur haben, von unserem Wissen. Es ändert, was wir von uns selbst und der Natur halten in erheblicher und grundsätzlicher Weise.

War in den Jahrhunderten ein Volk wegen seiner Sprache und Kultur eine als natürliche empfundene Einheit, ist es nun die Gesellschaft der Welt im globalen Netz. Wissen ist nicht mehr nur Kapital einer Schicht, sondern es wird stets geteilt, erscheint verfügbar, ist mehr oder weniger öffentlich, zumindest vom Gefühl her immer allen zugänglich. In den Netzwerken machen zudem Millionen User auch Kleinkram aller Welt öffentlich.

Mit der kirchlichen Mission der Neuzeit wollte man die Welt das Christentum westlicher Prägung lehren. Damit sollte zugleich Zivilisation verbreitet werden. Nun ist dies als Kolonialismus erkannt und verurteilt.

Heute erscheinen christlicher Glaube und Theologie als Sonderkapitel allgemeinen Wissens, irgendwo an der Grenzscheide angesiedelt von Esoterik und Wissenschaft. Mission wird mit Überzeugungsfeldzügen, Indoktrination oder mangelnder Toleranz gleichgesetzt, denn der Glaube erscheint als eine äußerst zweifelhafte Behauptung. Aus der „Volksmission" der ersten Hälfte des 20. Jahrhunderts wurde Öffentlichkeitsarbeit der Kirche, verbunden mit Glaubensinformationen. Die Kirchen sind zumeist zufrieden, wenn man sie nicht für verrückt erklärt. Ihr Selbstbewusstsein ist entweder in extremen Gruppen völlig überspannt oder geht gegen Null.

Wir haben offenbar entweder der Welt von Gott nichts Aufregendes mehr zu sagen oder noch nicht recht begriffen, was in dieser Sache zu sagen wäre. Dabei liegen die Reibungspunkte zwischen Gottes Wort und unserer Art zu leben offen zutage. Aber um der Zukunftsfähigkeit der Kirche im digitalen Sinn suchen wir nicht den Konflikt und mutige Fragen, sondern verteilen Streicheleinheiten und streben nach öffentlicher und privater Zustimmung.

Nur ein geringer Prozentsatz der eingetragenen Christen nimmt am gottesdienstlichen Leben teil, es ist an den Rand der Gesellschaft gerutscht. Ohne Gottesdienst verkommt Glaube zu einer privaten Ansichtssache. Liturgie ist, wie wir gesehen haben, in mehrfacher Weise den allgemeinen Denkweisen des Menschen in unserer Zeit fremd. Andererseits liegt gerade darin auch seine potentielle Stärke. Die Frage danach, warum es die Welt und uns überhaupt gibt und ob es ein anderes Ziel gibt, als nur zu existieren, ist nicht durch Agnostizismus oder Esoterik beantwortet. Die großen Religionen halten diese Fragen wach, unabhängig, ob man ihren Antworten folgt. Die Liturgie ist überaus ehrlich, wenn sie im zentralen Moment singt: Groß ist das Geheimnis des Glaubens!

Es gibt in der Digitalen Kultur kaum mehr Geheimnis, außer vorgespielten, künstlichen oder eingebildeten. Man lässt den Liebenden ihre Illusionen und Übersteigerungen. Auch Partnerbörsen arbeiten mit Algorithmen und sind sehr erfolgreich. Hirnpsychologen erklären den Rest. Ehepartner lassen sich in Krisen nach wissenschaftlichen Mustern beraten. Wenn sie begreifen, was sie falsch machen und das ändern, wird alles wieder gut? Liebe erscheint als erklärbares, in gewissen Grenzen auch planbares Verhalten menschlicher Wesen zueinander. Wehe, wenn Theologie oder Predigt versuchen, die Lage so zu klären, dass wir genau wüssten, wie Gott entscheidet und was genau er will. Seine Offenbarung ist klar und doch zugleich auch, was unseren Verstand völlig übersteigt.

Zeit und Raum

Die digitale Welt kann zum fressenden Monster werden, es kann abhängig und gefolgsam machen, und zwar nicht nur für sich selbst wie bei Computerspielen, sondern als Mittel in Händen von Menschen, die vielleicht wissen, was sie da tun, oder es aber selbst nicht mehr überblicken oder im Griff haben können. Man muss da nicht gleich an Informationskriege denken. Die Gesellschaft, wie sie sich in der Digitalen Welt organisiert, ist kein harmloses Wesen. Niemand möchte in den Mühlen Sozialer Netzwerke negativ auffallen oder gar einem Netztroll ins Visier geraten. Es geht viel um Einfluss, Währung des begehrten Erfolgs. Neben nützlichem Austausch stehen großangelegte Versuche der Manipulation und Täuschung. Berühmtheit und Macht mögen sich.

Ein erfolgreiches Computerspiel endet nicht, es zieht in den Bann. Der Zweck, zu unterhalten verblasst schnell vor der Absicht, den User nicht loszulassen, damit zum Beispiel Werbeblöcke konsumiert werden und somit die Kasse stimmt.

Das alles passt nicht zum Auftrag der Kirche. Wir wollen nicht beeinflussen, sondern Fragen deutlich werden lassen. Wir wollen nicht in den Bann ziehen, sondern verkünden Freiheit.

Kirchengemeinden haben schnell gelernt, soziale Netzwerke für sich zu nutzen. Dagegen ist wenig einzuwenden. Auch ist eine verhaltene Präsenz der Kirche im Netz in mehrfacher Hinsicht hilfreich. Dennoch gilt es, gegenüber dieser Art von Medien auch auf Abstand zu gehen. Wenn zum Beispiel die Mitarbeiter einer Gemeinde zum halbwegs anonymen Team werden oder für sich ein künstliches Bild nach den Mustern von Firmenpräsentation basteln, verändert sich Kirche merklich.

Die Gesetze der Medien und das Wirken Gottes sind sehr verschiedene Dinge. Das Evangelium lässt sich nicht in die Sprache der Digitalen Kultur übersetzen. Das ist zwar eine banale Erkenntnis, aber wir denken und leben zunehmend in ihr und verstehen immer weniger die so andere Sprache der Evangelien und der Liturgie.

Gott ist nicht in der Unendlichkeit der Gedankenspiele und wissenschaftlichen Untersuchungen zu finden. Entgegen allgemeiner Ansicht, will Glauben nicht Menschen auf ihre Seite ziehen.

Abstand zu wahren hat nicht nur die Kirche als Institution nötig, sondern wir als Menschen überhaupt. So wie die Kirche Kunst nur in bestimmter Weise in sich zulassen kann, auf Staatlichkeit um den Erhalt ihres Wesens willen weitgehend verzichten muss, hat sie sich gegenüber der digitalen Kultur zu verhalten. Kirchenrecht im Sinne des Verwaltungsrechts ist darum höchst anspruchsvoll, weil es minimal bleiben muss. Der Bereich, um dessen willen es dieses Recht überhaupt gibt, ist unverfügbar und kostbar. Kirchenrecht und Ordnungen innerhalb der Kirche im weitesten Sinn dürfen nicht versuchen, daran zu rühren. Sie müssen diesen Schatz vielmehr bewahren und vor Verfremdungen und Verwandlungen schützen.

Ein Gottesdienst mit einfachem Gesang, biblischen Lesungen und Gebet zu gebotener Stunde in all seiner Unbekümmertheit und Unauffälligkeit, jenseits aller Medienprofessionalität lobt Gott wohl mehr, als eine geplante, im Sinne der Kulturwissenschaft perfekte Veranstaltung mit öffentlicher Ausstrahlung. Mission ist keine Propaganda, keine Mitgliedervermehrung nach Plan, kein bei Laune Halten von eher Uninteressierten. Wir wollen nicht wie bei der Reklame Bedürfnisse einreden, die man zuvor nicht hatte. Kirche ist kein Verein ähnlich Denkender. Alles muss hier von Gott her gedacht werden, der sich uns in unserer Verschiedenheit zuwendet. Der Eine Gott befindet sich jenseits vom Universum und doch mitten drin, auffindbar in seinem Rufen und Sagen. Um Gottes Gegenwart steht es grundsätzlich anders als um Zeitplanungen und abrufbaren Informationen. Gott hat keinen

Plan. Er ist nicht verrückt, nur weil er der Welt eine Torheit ist. Sein „Ort" gibt unserer Verortung Grund. Dafür stehen Kirchen in Dorf und Stadt. Sie sind wie Anker, die ein Schiff im wankenden Meer fest machen, für eine gewisse Zeit, bis für jeden einmal sein Schiff angekommen sein wird.

Sünde

Im unüberschaubaren digital gesteuerten, bzw. verwalteten und geordneten Universum ist es unvermeidbar, in Sünde zu fallen, noch in weit komplexeren Maße, als es zum Beispiel im 16. Jahrhundert für viele erschien. Andererseits ist sehr viel von dem, was damals als gut, billig und richtig erschien, in unseren Augen schwere Sünde: Luthers Urteile zu den Juden, Hexenverfolgung, Folter als gerichtliche Anordnung, Missachtung der Frauen und vieles mehr. Wir dürfen sicher sein, dass man über uns ähnlich urteilen wird, nur in Bezug auf andere Schwächen. Und im Grunde wissen wir es jetzt schon.

Die Reformatoren waren besorgt um ihr Seelenheil und ob zum Beispiel ein Regent oder Soldat ohne Sünde überhaupt agieren könne. Sie schlossen zumindest für Richter und Regenten, dass sie im Zuge ihres Amtes nicht sündigen würden, wenn sie für Ordnung sorgten und Bösem wehrten. Der Begriff der Sünde umfasste für die Menschen beides, den Verstoß gegen die geltende Moral, die man für durch und durch christlich hielt, sowie den Gesetzesverstoß, weil der Obrigkeit zu gehorchen war. Das Sündenzählen lehnte Luther nicht nur ab, es erwies sich entgegen römischer Bußpraxis unmöglich.

Heute, in einem Netz der Akteure, wo man kaum ein Produkt kaufen kann, ohne in Strukturen der Ungerechtigkeit verwickelt zu werden, ist das Gewissen einerseits noch unsicherer, andererseits ist das Gefühl verbreitet: Was ich nicht ändern kann, dafür trage ich keine Verantwortung. Die Logistik der Gesellschaft verteilt auch die Verantwortung. Erfülle ich Funktionen, und wessen Arbeit täte das nicht, hat seinem Gewissen schon fast Genüge getan. Irdische Gerechtigkeit im vollen Sinn kann es nicht geben. Moralische Vorstellungen erweisen sich im hohen Maß als zeitgebunden. Auf der anderen Seite ist es erstaunlich, mit welcher Vehemenz wir über unsere Zeitgenossen urteilen, wenn diese nicht tun, was man selbst für richtig, gut und nützlich hält. Auf der

Strecke bleibt eine Vorstellung davon, was Sünde ist und noch mehr, wer warum denn ein Sünder wäre. Auch der private Raum hat von jeher Regeln. Es gibt den weiten Bereich des Ungeschriebenen Rechts.

Bei alledem haben wir die Vorstellung, dass das, was unsere Normen verbieten nur ein Teil dessen ist, was gegenüber Gott als Sünde zu gelten habe. Auf der anderen Seite sehen wir, dass vieles, was unsere Normen uns gebieten, nahelegen oder erlauben nicht gerade mit den Geboten Gottes übereinstimmt.

Im Digitalen wird Recht nun auch mit unsichtbaren Algorithmen geschrieben. Es hat sich uns ein großes Spielfeld mit allen möglichen Regeln eröffnet. An die Stelle von Wert bewahrenden, verbindenden Traditionen treten informelle Wellen, im üblen Fall durch Shitstorm angetrieben. Zustimmung und Ablehnung sind gefragt. Richtig bedeutet oft nur Übereinstimmung mit Spielregeln. Erlaubt ist weit mehr als gut ist. Ethische Regeln verändern sich von Jahr zu Jahr, unterscheiden sich in den gesellschaftlichen Gruppen und auf den verschiedenen Ebenen, Schichten der Kommunikation.

Was sollen in diesem komplexen Gefüge noch Worte wie Sünde und Schuld?

Die Frage nach Gewissen, Sünde und Schuld ist zentral für das Christentum. Mochte sich Dante noch in seiner Vorstellung ausrechnen können, wer warum in welchem Kreis der Hölle oder des Fegefeuers landen würde, so entzieht sich vergleichbare Klarheit nun unserem Denken. Unser Kausaldenken fragt sich auch bei offenkundigen Verbrechern, warum sie so sind, wie sie sind. Und dann sagt man sich schon, sie halb entschuldigend: Er konnte wohl nicht anders. Auf der anderen Seite sind Menschen in ihrem Urteil unerbittlich und reagieren mit Hass, Gemeinheit und Gewalt auf das, was sie ablehnen und für böse halten. Sich fromm gebende Christen sind dabei nicht ausgeschlossen. Fanatiker sind oft die Schlimmsten, wenn sie genau zu wissen meinen, wie Gott urteilt. Ihr Gott ist engherzig wie sie selbst.

Die Rede von Sünde und Schuld, ohne die die Inkarnation Gottes schwerlich zu verkünden ist, stellt in unserer Zeit eine große Herausforderung für die Kirchen da, der sie sich äußerst unterschiedlich stellen. Den Menschen als Kirche ihre Sünden mahnend vorzuhalten, wirkt nahezu lächerlich. Vorwürfe aller Art erfüllen den digitalen Raum der Gesellschaft. Nicht zuletzt treffen sie auch die Kirchen als Institutionen, sie werden als erstes mit dem Maß gemessen, das sie aufrichten. Der Kirche als Institution fehlt die Heiligkeit, die sie glaubwürdig machen würde. Als „Kirche" zu sprechen, nimmt dem prophetischen Wort die Glaubwürdigkeit. Die Propheten des Alten Testamentes konnten sagen: „Gott spricht, …"

Das Jüngste Gericht wird von der Mehrheit vermutlich eher als Mythos angesehen, eine lehrreiche Geschichte, die bildlich von letzter Verantwortung erzählt. Auf der anderen Seite sind viele Verbrechen und ungerechtes Handeln so offenbare Verstöße gegen Gottes Gebot, dass man keinen Moment an der tiefsten Schuld zu zweifeln braucht, in die wir fallen. Verbrechen gegen die Menschlichkeit, Vergewaltigungen als Waffe, Völkermord, Brutalität, das steht außer Zweifel auf der Sündenseite und wiegt als Schuld unendlich schwer. Da mag man sich Vergebung auch durch Gott nicht mehr vorstellen. Aber der Fall Eichmann zeigt, dass man sich auch im Schein des persönlich unschuldigen Erfüllungsgehilfen brutalster Verbrechen schuldig machen kann. Wer versuchen würde, in völliger Unschuld im 21. Jahrhundert leben zu wollen, ist Illusionist. Wie steht es um die Schwere an Schuld, denken wir allein an die Zerstörung der Umwelt? Das Wort Kollektivschuld greift noch viel zu kurz. Auch die Kirche als Institution vermag sich nicht aus der ständig neu in Schuld fallenden Gesellschaft und Menschheit herauszuhalten. Die verfasste Kirche, so verantwortlich zu handeln sie sich auch bemühen mag, wird in diesem Sinn niemals heilig sein.

Die heilige christliche Kirche ist also nicht die unsichtbare Kirche der 36 Gerechten, die nach jüdischer Haggada die Daseinsberechtigung der Welt gerade noch rettet. Die Heilige Allgemeine Kirche des Glaubensbekenntnisses ist die um Vergebung bittende Gottesdienstgemeinde, die in Sünde eingebunden mit Güte Böses zu überwinden sucht, und so auch gegen die Welt und sich selbst aufbegehrt und darin nicht müde wird.

Schlussfolgerung aus der Erkenntnis unserer Sündenverfallenheit sollte nicht sein, dass es eh egal ist, was man tut. Die Rede von Sünde soll die Verantwortung stärken, die immer höher ist als unsere Fähigkeit, sie zu meiden.

Von Sünde muss die Kirche reden und liturgisch Beichte pflegen, wenn sie Vergebung und Versöhnung in den Mund nimmt und an sie glaubt. Vergebung durch Gott aber wird nicht einer Gesellschaft zuteil, sondern nur dem Einzelnen. Vergebung der Sünde dürfen wir einander im Namen Gottes zusprechen. Aber dieses Geschehen ist und bleibt analog. Es bedarf des gemeinsamen Gottesdienstes. Das ist nicht abrufbar durch Einschalten eines Programms, ebenso wenig das Wissen und die dogmatische Erkenntnis der Sündenvergebung schon Absolution bewirken. Die Absolution und die Vollmacht dazu sich logisch zu erklären, versuche man erst gar nicht. Wichtig ist es, dabei leibhaftig zu sprechen und zu hören.

Kopie und Echtheit

Um uralte Bibeltexte oder Gesänge in dieser Zeit annehmbar und „verständlich" zu machen, werden Gottesdienste schon seit längerem auch nach dem Muster der Collage gestaltet. Man setzt alte und neue Texte, alten und neuen Sprachgebrauch wie Musikstile nebeneinander und bringt somit etwas Neues hervor. Digitale Kultur verfährt jedoch noch weitergehend. Felix Stadler spricht von der im Digitalen üblichen Referentialität. „Nicht die Brüche zwischen den Elementen der alten Ordnung stehen im Vordergrund, sondern deren Synthese in der Gegenwart." Die verschiedenen Texte (im weitesten Sinn) werden als gleichrangige Elemente nebeneinander gesetzt, miteinander vermischt, als miteinander spielende Bausteine verwendet, temporär und in weitestgehender Beliebigkeit. Es muss sich nur alles auf eine bestimmte Art zueinander reimen. So ist ein Nenner gefunden, der den „neuen" Ausdruck hervorbringt, zumeist für den Moment bestimmt. Bei einer Collage sind die Elemente noch in ihrer eigenen Bedeutung erkennbar. Für die neuere Art der Synthese tritt die Eigenbedeutung der verwendeten Elemente weitgehend in den Hintergrund.

Auch dieses Verfahren ist bei unseren modernen Gottesdiensten in Gebrauch. Die liturgische Ordnung, die z.B. das Evangelium hervorhebt und im Rang von der Epistel abhebt, verschwimmt.

Für den Gottesdienst bedeutet diese Methode zunehmenden Abstand vom Kanon, oder er wird gar zum Alibi für eine von ihm nahezu losgelöste Eigenaussage im Namen Gottes. Das Recht zur öffentlichen Wortverkündigung durch den „Profi" und Experten mit Theologiestudium und Examina verführt dazu. Der Talar macht kein Gotteswort. Die Predigt ist mit Abstand der ausführlichste Teil des Gottesdienstes. Liturgisch ist sie zumeist kaum noch zu nennen. Zerlegt man Glauben und Bibel gar ins Twitterformat, kann man damit nahezu alles begründen, was einem in den Sinn flattert. Gottes Wort und Nachbars Meinung stehen nebeneinander wie Gleichberechtigte, man kann es eben so oder auch anders sehen.

Im Internet vermag man endlos zu kopieren. Für den Programmablauf einer für den Moment konzipierten Liturgie nutzt man oft bedenkenlos copy & paste. Man nutzt Bibeltexte oder theologische Prämissen, um z.B. gegen Rassismus oder für Frauenrechte einzutreten, ohne lange auf das Besondere dieses oder jenes Bibeltextes einzugehen. Im Grunde bedarf es der Bibel dabei nicht so sehr, es geht eher um Bestätigung der eigenen Ansichten. So gilt die einfache Regel: Ich gehöre zu den Guten, also kann ich von der Kanzel das auch predigen, was wir in der Gesellschaft gerade für gut und recht halten, schließlich ist Gott auch gut und vernünftig.

Schon im Zeitalter der Aufklärung setzten Prediger die „Vernunft" über die Bibeltexte, die ihrer Ansicht nach zwangsläufig der Ratio unterzuordnen waren, denn was wäre diese, wenn sie nicht Gottes Willen entspräche. Zwar hält und hielt man die Bibel in Kirchenkreisen für die Entwicklung der Vernunft mit für verantwortlich, aber neue Erkenntnisse erwartet man aus der Bibel eher nicht mehr. Bibeltexte erschienen als kulturelle Vorformen modernen Christentums.

So kann man die Forderung verstehen, dass auch politisch korrekt gepredigt werde, gendergerecht, in den von der Gesellschaft (zur Zeit) anerkannten Begriffen und zu den Themen, die in der öffentlichen Debatte gerade gefragt sind. Es ist schwer, dem nicht zuzustimmen, obgleich dabei sich auch ein schales Gefühl einstellt. Wenn wir nichts anderes zu sagen haben, als die Gesellschaft sich in ihren besten Stimmen zur Zeit äußert, warum predigen wir dann überhaupt? Nur zur Bestätigung und mit dem Nachsatz, dass Gott das auch so sieht, wie wir im Allgemeinen? Der Konflikt löst sich, wenn wir uns von dem digitalen Denken trennen, der alle Texte auf eine Ebene nebeneinander stellt. Es geht nicht um diese oder jene Formulierung, sondern um die liturgische Grundeinstellung. Und die macht entscheidende Unterschiede.

Informationsflut

Im Digitalen wird alles zur Information. Sie sollte schon Fakten entsprechen, aber die Grenzen von Fantasy und klarer Argumentation geraten auch ins Fließen. Im offenen Netz kann jeder nahezu alles behaupten und geschickt um Zustimmung werben. Für jegliches Wissen gibt es zwar Experten, die das zu prüfen haben und ihr Urteil bei Bedarf sprechen, aber auch Expertentum lässt sich vortäuschen.

Die Inkarnation Gottes in Christus ist weder Information, noch ein Fakt im naturwissenschaftlichen oder üblich historischen Sinn. Wird sie als Information oder als Fakt angesehen, verwickelt man sich in Widersprüche. Das Problem besteht nun darin, dass im Digitalen alles als Information gehandelt wird und den Faktencheck als Wahrheitskriterium hat. Der Rest ist Fantasy, gehört ins Feld der Beliebigkeit.

Gerät dieses Denken in den Gottesdienst, versperrt man sich das Fenster zu Gott. Predigt man die Faktizität der Inkarnation oder der Auferstehung, geht man zwangsläufig fehl. Sie sind keine Fakten im irdischen Sinn. Aber sie sind auch nicht nur ausgedachte Behauptungen, Fake News. Sie erzählen von Gott. Damit sind sie auch keine Information, denn hier geht es um Glauben, nicht um Wissen. Es ist eine gefährliche Versuchung im Digitalen, den Glauben im Strom der Informationsflut als nachprüfbares Wissen um einen Ausnahmefakt einzuschleusen. In diesem Denkmuster ist für Gott kein Platz.

Innerhalb einer Informationsflut kommt viel daher. Man muss sich darin behaupten und in den Vordergrund drängen. Wie bei den Nachrichten ist das Meiste für den Moment bestimmt. Kirche sollte gar nicht erst versuchen, ihre Botschaft da unterzumischen. Sie sollte vielmehr auf den analogen Gottesdienst verweisen. Dort ist das Evangelium weder Information noch Fantasy. Lösen wir unseren Glauben aus dem gottesdienstlichen Geschehen, geben wir ihn preis. Kirche ohne beständig geschehende Liturgie ist wie eine Ehe auf bloßem Papier. Glaube im Digitalen bewegt sich in der Fremde, in dieser Sprache wird er vor allem missverstanden.

Gemeinschaft

Eine Internetgemeinschaft ist etwas völlig anderes als die communio sanctorum, wie eben auch eine digitale „Freundschaft" etwas ganz anderes ist als das, was der Theologie und Philosophie von Pavel Florenskij mit diesem Wort nach dem Johannesevangelium verband. Jünger und Getaufte sind etwas vollkommen anderes als „Follower" Jesu oder seiner Ideen. Die Abendmahlsgesellschaft und die, die im Gottesdienst gemeinsam ihren Glauben bekennen und das Vaterunser beten, das ist mit einer temporären Schnittmenge von Usern nicht vergleichbar, auch wenn dieses äußerlich so zu sein scheint. Immer schon bestand die Gefahr, Ähnliches für Gleiches zu halten. Man kann vieles nicht so oder so sagen, ohne es zu verändern. Der Glaube hängt mehr als anderes an dem, wie es gesagt wird. Im Islam ist es der Koran, im Judentum die Tora, im Christentum ist es die Inkarnation Gottes in Christus. Und dem entsprechen dann auch die jeweiligen Gottesdienstformen in Moschee, Synagoge oder Kirche.

Feiern wir Gottesdienst, sind wir Kirche zusammen auch mit all denen, die irgendwann und irgendwo mit uns beten. Dennoch handelt es sich nicht um eine Massenveranstaltung. Den Friedensgruß gibt man nur einigen Menschen um sich herum.

Äußerlich betrachtet gleichen Digitalgemeinschaften mit ihrer Mischung aus Virtualität und Realität der Unsichtbaren Kirche. Man könnte auch Kirche in diesem Sinn verstehen: Sie scheint zu existieren und ist institutionell nicht zu fassen. Sie existiert mehr der Möglichkeit nach, bzw. eben nur gedacht, ohne dass alle einander kennen. Menschen, die annähernd Gleiches tun oder denken, sind jedoch keine Gemeinschaft, ebenso wenig wie „Freunde" im Netz wirkliche Freunde sind. Das Verbindende entsteht dort durch Datensicht, die jemand oder eine Maschine nach einem Muster oder Algorithmus in einen Zusammenhang bringt, zusammenrechnet, aneinander reiht.

In Gottes Augen, und damit im Glauben bildet sich dagegen eine Gemeinschaft ganz anderer Art. Ihre Lebensader ist Liebe zu Gott und ihrem Nächsten. Sie ist keine Weltanschauungsgemeinschaft. Ich kann nur meinen jeweils Nächsten lieben, zwei, drei oder eine klar überschaubare Gruppe von Menschen, und das auf Zeit. Liebe zu und von Gott verbindet mich mit anderen, das ist aber keine Datenübereinstimmung. Da ist nichts dem anderen gleich.

Niemand glaubt wie ein anderer, und Gott liebt jede, jeden in einziger Weise. Er beruft mich in der Taufe bei meinem Namen und dich bei deinem Namen. Der Einzigkeit Gottes entspricht, dass wir uns im Gegenüber zu Gott nicht summieren können. Wir sind nicht eine Anzahl der Glaubenden, sondern eine Gemeinschaft von Gott Geliebten.

In der Verwaltung der Kirche zählt, „wer zur Kirche gehört". Nun ließe sich das Paradigma Kirchensteuer oder institutionelle Mitgliedschaft durch andere Kriterien ersetzen, wie: der Kirche zugewandt, so oder so glaubend, moralisch einem gewissen Maß genügend,... Bei diesen Überlegungen wird der Mensch nach Eigenschaften oder gleichen Handlungen gezählt. Die Kirche als Institution rechnet nicht nach wahrem Glauben, das vermag sie nicht. Uns bringt das Gericht Gottes zusammen.

Somit täuscht der Gemeinschaftsbegriff des Digitalen in Bezug auf die Gemeinschaft der Heiligen ebenso wie die Definition der Kirche nach Kirchensteuerzahlern. In Bezug auf das Gericht Gottes lässt sich kein Algorithmus erstellen. Gott denkt und handelt nicht algorithmisch. Juristisch ausgedrückt: Gott kennt nur die Einzelfallentscheidung. So ist das unter Freunden und Liebenden. „Liebt einander, wie ich euch geliebt habe." Poetisch ausgedrückt: Die Zwölf Tore Jerusalems bleiben offen.

Fragt man nach einem geistlichen Wert einer digitalen Gemeinschaft, ist grundsätzlich Skepsis angesagt. Was hilft es, Küsse oder Umarmungen zu zählen und zu bewerten? Es ginge um Daten, und die scheren sich um nichts. Siebzig Menschen können miteinander das Glaubensbekenntnis sprechen, und das besagt alles und nichts. Glaube lässt sich nicht in Daten einlösen oder ablesen. Wer am Abendmahl „teilnimmt", wird nicht im Himmel abgezählt oder abgehakt.

Sensationelle Kirche

Sensationen sind fester Bestandteil unseres Lebens. Wir brauchen sie, sie geben uns Sinn. Was wäre das Leben, würden wir nicht Interessantes erleben, etwas, was unsere Sinne einfängt, anrührt, aufrührt, erregt? Das Internet lebt neben seinen schier unendlichen Archiven von Sensationen. In der Medienwelt muss alles wie eine Nachricht klingen, aufregen und überraschen. Was für die Zeitung galt, gilt umso mehr für das Netz, in dem weit mehr „Anbieter" um Aufmerksamkeit rangeln.

Sensationelles suchen wir nicht nur, es wird uns geboten, ist ein entscheidender Motor des Marktes. Geld ermöglicht uns, die Sinne zu befriedigen, zumindest potentiell. Einerseits wollen wir Sicherheit, auf der anderen Weise empfänden wir die Welt öde und leer, würde da nicht Leben toben und tanzen, es an Sensationen mangeln, die man nicht verpassen möchte.

In den Filmen hat das Tempo zugenommen. Technomusik passt gut zum Lebensrhythmus einer ruhelosen Existenz. Die Droge Speed drängt zu handeln, sich zu bewegen, verändert das Zeitempfinden, beschleunigt das Denken. Nicht mehr nur die Morgenzeitung, sondern stündliche Nachrichten eilen um die Welt. Schneller als man denken kann, ändern sich die Kurse an den Börsen. Nichts ist älter als die Zeitung von gestern? Das gilt nun bisweilen schon von der letzten Stunde.

„Lost in perfection" ist der lehrreiche Titel einer (kritischen) Aufsatzsammlung. Es gilt beständig, sich und seine Unternehmungen zu optimieren, die Effizienz zu steigern.

Gottesdienste dagegen? Auch sie lassen sich zu Sensationen machen, zumindest im Kleinen, aber halt noch analog. Sie sind immerhin Ereignisse, die wie Direktwerbung auf besondere Weise Wirkung zeigen. Sie schaffen es trotz zugegebener Langeweile, die sie bisweilen produzieren und weswegen sie eigentlich mega out sind, dass tausende Menschen es noch nicht lassen können, wiederzukommen und ihre Kinder in den Konfirmandenunterricht zu schicken.

Interessant sollten Gottesdienste sein, den Hör- und Verstehensgewohnheiten der Menschen von heute angepasst, sonst erreicht man sie nicht. Warum nicht einen Technogottesdienst? Bei Youtube kann man sich einen ansehen. „Das ist so Klasse, dass Jesus Menschen so einfach einlädt,…", spricht der Pfarrer in seiner Predigt zu der geduldig hockenden Zuhörerschar in halbleerer Kirche und allen, die sich möglicherweise irgendwann, irgendwo zuschalteten. Da erklingt dann Technomusik und die Gemeinde sieht dem (katholischen) Pfarrer in Lembeck-Rhade vom Oktober 2021 zu, wie er bei der entsprechenden Musik sich locker hin und her bewegt. Er hat es gut gemeint. Er will die erreichen, die nicht bei ihm in der Kirche sind. Auf Technofreaks wirkt das eher lächerlich. Immerhin: Eine professionelle Lichtshow verwandelt den Kirchraum in einen Erlebnisraum, fast wie in einer echten Discothek.

Auf andere Weise bewegen Evangelikale ihre Gemeinden. In der Regel hört und singt man ziemlich kitschige Lieder mit einfachen, aber eindringlichen Worten. Mit Hilfe von eintrainierten Überzeugungsmethoden redet man einander ins Gewissen, wobei dieses sich vor allem emotional versteht. Schlagworte wiederholen sich, das Gewissen erscheint als Gefühlsmacht, die dir sagt: Du musst unbedingt zu den Guten gehören. Doch dann geht es fast nur um den persönlichen, gesellschaftlich eher unerheblichen Privatbereich. Befreiung und Reue muss man spüren können, und dafür muss der Gottesdienst „ansprechend" sein, die Leute herausfordern. Dieser Gottesdienst soll zum unvergesslichen Ereignis werden, bis zum nächsten Mal. Ist das der Weg, mit dem wir die Kirche retten? Die Welt rennt, und wir rennen mit. Dabei rufen wir den Leuten noch schnell die Botschaft der Erlösung durch Gott hinterher. Da muss man schon beständig äußerst einfallsreich sein. Das ruft nach Eventprofis. Gottesdienstmacher stehen unter Erfolgsdruck.

Szenenwechsel: Gregorianische Gesänge in einem Kloster. Aber bitte nur als Sondererlebnis, kurze, willkommene Unterbrechung? Zudem verstehen die wenigsten, was sie da hören.

Das Sensationelle hat eine große Geschichte, wie sie Christoph Türcke entfaltet. In dem, was aufregt spiegelt sich unsere Zeit und wie wir sie erleben und gestalten, was mit uns geschieht, warum wir so etwas suchen. Wer nicht in Erscheinung tritt, den gibt es nicht. Es geht darum, was auffällt, sich uns in den Weg stellt. Wir sind miteinander zu Richtern geworden über das, was zählt. Wir entscheiden, was stört, was uns voranbringt, wohin auch immer, was gefällt und nützt. Auf der anderen Seite sehen wir uns medialen Mächten gegenüber, die eine bislang unbekannte Überzeugungskraft besitzen. Der Mensch hat den Menschen ausgeforscht, er weiß besser als jeder Satan, wo unsere Schwächen und Stärken liegen. Wir sind darum weithin bestochene Richter. Und die uns beeinflussen, tun das häufig genug schon allein darum, weil sie Befriedigung erfahren, wenn sie Erfolg haben. Tiefere Absichten verfolgen viele von ihnen nicht. Pfarrer als Influencer? Das Wort „Multiplikator" klang noch etwas neutraler.

Wir scheinen im Spiel der „Postmoderne" völlig gefangen zu sein und haben mitzuspielen, auch als Kirche. Uns gibt es nach der Logik der Gesellschaft nur, wenn wir uns anpassen, einpassen, doch noch wahrgenommen werden.

Es ist schon beschämend, vergleicht man den Ernst und die Größe Gottes, wie es uns die Evangelien verkünden mit dem bisweilen verzagten Hampeln der Kirchen. Doch wie ändert man das? Durch

Großtun sicher nicht. Das Evangelium in die wettstreitende Sensationswelt hinein bugsieren? Auch mal auffallen? Das ist nur peinlich.

Sensationen sind für den Moment bestimmt. Sie hallen bestenfalls ein wenig nach. Der sehr aufwändige Kirchentag ist nach wenigen Monaten – als Sensation gesehen – nur noch eine nette Erinnerung unter vielen anderen. Wie beschämend wäre es, wenn wir uns daran machten, die Inkarnation Gottes und die Botschaft mit den Mitteln der Moderne „aktualisieren" zu wollen, sie als eine um 2000 Jahre verspätete Sensationsnachricht zu behandeln. Das wirkt wie noch einmal und noch einmal aufgewärmt.

Die Gottesdienste der Frühen Christenheit fanden in Katakomben statt. Dann wurden sie dank der Protektion des Kaisers fast über Nacht zu prachtvollen Ereignissen. Aus den Ältesten der Gemeinde wurden Priester mit Beamtengewändern. Doch dann bildeten sich Klöster, dahin zog man sich aus der Welt zurück. Karge Mahlzeiten und Leben in Höhlen erschienen einigen Männern und Frauen angebrachter als ein Staatsbankett. Die Reformation verzichtete in nur wenigen Monaten auf den gesamten prunkvollen und mächtigen Stand der Kleriker.

Die meisten der geistlichen Schätze der Kirchengeschichte wurden auf unspektakuläre Weise gewonnen. Kirche gehört auf den Markt? Hin und wieder vielleicht, aber einrichten kann sie sich dort nicht, denn sie hat der Welt etwas entgegenzuhalten, und da darf sie sich nicht zu sehr untermischen, sich als Teil einbringen. Ein Kreuz auf dem Verkaufstisch ist eine Ware, an der Wand ist es Schmuck, erst in Gebet und Gottesdienst zieht es die Blicke himmelwärts.

Neben einer Kultur, die am Tropf der Sensation hängt, könnte Kirche ihren Raum suchen und behaupten. In einer Zeit, in der nichts geschieht als Trübsal, möge sie Feste feiern. Wo die Sprache Ausdruck der geltenden Strukturen ist, mag sie anders reden, nahezu unbeeindruckt von gängigen Mustern, im Widerspruch. Gott ist in Christus Stein des Anstoßes, nicht Spektakel. Er hat keine Hysterien verursacht, und wenn er gelegentlich Wunder vollbrachte, gebot er Schweigen darüber. Weltlich gesehen, hat er völlig versagt. In der Menge, die „Kreuzige ihn!" rief, könnten auch die Enttäuschten vom Einzug in Jerusalem zu finden sein.

Man braucht nur die wenigen Sätze der Seligpreisungen lesen, um sich klar zu werden, dass eine Kirche, die sich mit Sensationen retten will, völlig daneben liegt. Salz ist unscheinbar. Licht will nicht selbst angesehen werden, sondern dient der Klarheit. Eine Stadt auf dem Berg wird die Christenheit durch gute Werke, nicht durch Riesenplakate, die rufen: Schaut her, wie toll wir sind! Wir haben die richtigen Ideen! Wir bekennen uns vielmehr als geistlich arm. Der Hunger nach Gerechtigkeit schmerzt. Demut ist angesagt und nicht publicity.

AIDA

Das AIDA-Modell (Attention – Interest – Desire – Action) könnte man auf die Geschichten von Jesus legen, doch dann kommt am Ende das Bild eines mehr oder weniger geschickten Wanderpredigers heraus. Auf Kirche angewandt: Wir erzeugen Aufmerksamkeit, wecken Interesse, lösen fromme Begehrlichkeit aus und fügen den Handlungsaufruf an: Sei doch bitte ein guter Mensch.

Das wusste freilich jeder schon zuvor, dafür bedurfte es den Aufwand nicht. Das ist langweilig. Ich muss nicht anstreben, was im Ergebnis nur lapidar sein wird, auch so schon klar ist. Ich müsste das schon künstlich verstärken und vielleicht am Betroffenheitsgrad arbeiten. Was erwartet man schon so im Allgemeinen von einem Gottesdienstbesuch? Und wenn man dann noch enttäuscht wird,...

Vielleicht ahnen wir an dieser Stelle, warum das Gebot aller Gebote mit Gottesliebe beginnt. Speed als Droge arbeitet andersherum: Sie stärkt zuerst das Selbstbewusstsein. Die Begegnung mit Gott aber geht mit Demut einher. Gott zu lieben bedeutet, seine Liebe wahrzunehmen, weniger als starkes Gefühl, vielmehr als eine Gnade, der sich mein Blick öffnen möge. Gnade, die Zugewandtheit Gottes, löst zwar auch Gefühle aus, aber das ist nur Nebenwirkung. Gottes Zuwendung entsprechen zu wollen, weckt den Wunsch nach guten Werken. Sein Segen ist nicht Glücksversprechen, sondern Zusage und Auftrag entsprechend meiner Möglichkeiten. Frömmigkeit misst sich nicht an starken Gefühlen, sondern an Einsicht und Vertrauen.

Im Gottesdienst geht es um Gottesliebe. Da muss das Machen und Produzieren sich zurücknehmen. Liebe ist, was man wieder und wieder erleben möchte.

Kirche und Gottesdienst sollten nicht nach Sensationen haschen. Wir sollten nicht versuchen, Gottes Wort irgendwie künstlich zu verstärken oder zu „aktualisieren". Nüchternheit und Schlichtheit sind vonnöten, um anders wach zu sein, als durch AIDA-Techniken oder Stimulatoren und Werbung.

Das Wort Jesu von der Stadt auf dem Berg gibt die Bedeutung des lateinischen Wortes templum wieder. Tempel war im Sprachgebrauch ein Ort auf einer Berg- oder Hügelspitze. Es ist seit Babel eine Versuchung, sich auf diese Spitze setzen zu wollen, Gott das Amt zu stehlen und so zu tun, als ob man selbst tun könne, was Gottes ist. Dann muss man freilich liefern: Sensationen, Organisationen, Leistungen, Ideen, den Laden am Laufen halten, sich mit seinen Ideen behaupten. Der Herr ist mal wieder außer Landes, und besser, er kommt nicht zurück und uns ins Gehege. Er bleibe besser, wo man ihn lieber hat, im Jenseits oder gar inexistent, als bloße Idee. Ist Gott nur eine Chiffre, sind wir Gott, so wir schlau, weise und nach neuesten Erkenntnissen gut sind. Und wenn der Sohn kommt? Dann muss man wohl oder übel die Funktion des Großinquisitors übernehmen und ihm klar machen, dass er halt aktuell nicht gefragt ist, der Zeit nicht entspricht.

Gottesdienst als Parodie

Als musikalische Parodie bezeichnet man ein verstellt gesungenes Lied. Unfreiwillig ist Parodie eine herabsetzende Bewertung: Sie überzeichnet und ahmt (nur) nach. Entsprechend wird sie als Mittel der Satire genutzt. Verwandt ist die literarische Parodie von daher mit der antiken Travestie, in der der Inhalt eines Mythos zwar beibehalten wurde, aber die sprachliche Form unangemessen war. Freundlicher ist die Erscheinung der Pastiche, eine offene Nachahmung eines Kunstwerks, aber eben nicht das Original. Das Mittel des Cento schließlich setzt wie in einem Flickenteppich Zitate und Versatzstücke eines Werkes neu zusammen.

Diese Begriffe bezeichnen Varianten der Intertextualität. Dazu gehört offenbar auch ein Gottesdienst, schließlich nimmt er Texte und Texturen verschiedener Jahrhunderte, Sprachen und Kulturen zusammen und bildet daraus einen neuen Text. Die oben genannten Begriffe sprechen Gefahren an, denen solch ein Unterfangen stets ausgesetzt ist. Die verschiedenen Methoden der Intertextualität können übertrieben oder unstimmig angewendet das Ganze gründlich verderben, bis hin zur unfreiwilligen Komik. Frei gestaltete, um nicht zu sagen: Am Computer zusammengebastelte Gottesdienste werden einer wirklichen Liturgie oft nicht gerecht.

Im Folgenden möchte ich nicht die „Gottesdienstkultur" unserer Zeit genüsslich verreißen oder mich als Besserwisser hinstellen, sondern für Missbrauch sensibel machen, um einen mittelalterlichen Sprachgebrauch zu bemühen, der besonders in der Reformationszeit beliebt war. In Bezug auf den Missbrauch (abusus) gibt es wie bei einer Parodie den beabsichtigten und unbeabsichtigten, in bestem Willen oder um bestimmte Ziele damit zu verfolgen, die nicht angemessen sind. Benutze ich zum Beispiel die Autorität Gottes, um dies oder jenes von mir und meiner Meinung zu sagen, verstoße ich gegen das Missbrauchsgebot von Gottes Namen.

Um im Folgenden nicht ständig in ein „man" zu fallen oder bestimmte Gruppen anzugreifen, wähle ich die Form der 1. Person Plural, auch in dem Wissen, dass niemand sich ganz frei machen kann von diesen Abwegen und im Verurteilung vorsichtig sein sollte. Den Balken im eigenen Auge übersieht man allzu leicht.

Wir möchten in unseren Gottesdiensten zeitgemäß sein, nicht aus der Zeit fallen. Also sagen wir die alte Botschaft mit unseren Worten, übersetzen alte Texte in unsere Denkgewohnheiten, auch wenn diese zum Beispiel die eines „Internauten" oder Cybernauten sind. Schon weil wir Texte niemals perfekt übersetzen können, übertragen wir sie gern „frei", paraphrasieren sie in der Predigt, legen sie erklärend aus. Das ist ein ambivalenter Vorgang, denn es handelt sich dabei um eine Gratwanderung. Allzu leicht landet man im Tal des Banalen, das die Andersheit Gottes ignoriert. Wir sind immer versucht, den wilden Adler des Gottesgeistes in unsere Tierparkkäfige sperren zu wollen.

Wir können unsere Sprachmöglichkeiten aber auch dazu nutzen, uns nicht nur intellektuell dem Originaltext anzunähern, sondern auch liturgisch. Das Judentum dachte dabei an den Geist, der in der Tora waltet und im Synagogengottesdienst zur Sprache kommen sollte. Die Alte Kirche sprach vom geistlichen Sinn. Und die Stunde dieses Geistes ist nicht die Studierstube, sondern der Gottesdienst, wie die Pfingstgeschichte deutlich macht. Er braucht den Kontext der Liebe. Ohne das erste Gebot fehlt dem Feiertagsgebot der Grund: Ich bin der Herr, *dein* Gott.

Wir neigen dazu, das Evangelium um seiner Verständlichkeit willen zu simplifizieren, platt erscheinen zu lassen. Wir binden es in unsere Paradigmen ein. So landen wir bei der Parodie und ihren Varianten. Wir lassen uns nur bestätigen in dem, was wir denken und für recht und billig halten und führen dabei Texte an, die das gerade nicht tun.

Wir haben die Gottesdienste in unsere Kalender geschrieben und machen sie zu unseren Veranstaltungen, die wir gestalten, ausrichten, besuchen, an ihnen teilnehmen. Wir laden zu uns ein, sie gehören zu unseren Vorhaben, unseren Plänen. Nicht der Herr ist der Einladende, sondern der Liturg lädt gar Gott ein, wie ich in einem Gottesdienst tatsächlich einmal jüngst zu hören bekam. Wir können Gottesdienste nahezu beliebig oder ganz ausfallen lassen oder nach unserem Geschmack oder Überzeugungen formen und ausfüllen, als wären sie Hüllen, die unserem frommem Selbstbewusstsein als Instrumente zur Verfügung stehen.

Hier verbirgt sich die vielleicht größte Gefahr einer unfreiwilligen Parodie des Gottesdienstes, wenn nicht der Heilige Geist als aktives Zentrum des Geschehens angesehen wird, sondern der kompetente Profi. Er sieht sich, wenn vielleicht auch eher unbewusst, entweder als Repräsentant des lieben Gottes an oder man spricht über ihn als abwesenden Dritten. Er verwechselt seine Bevollmächtigung zur freien Wortverkündigung damit, dass er sich zum Mitautor von Gottes Wort aufschwingt.

Der Gottesdienst wird halt von Experten angeboten, einem Sachkundigen mit überdurchschnittlichem Wissen auf diesem Fachgebiet. Er belehrt, führt ein, lässt (möglichst unterschwellig und einfach) die Laien an seinem Wissen teilhaben. Er hat zudem performative Fähigkeiten und steht einem Schauspieler zumindest vom Anspruch her in nichts nach. Er ist amtlich befugt, den Gottesdienst zu leiten. - Unser Sprachgebrauch verrät unser Denken.

Der Gottesdienst habe seelsorgerliche Qualitäten. Dazu ist der Prediger und Vorbeter halbwegs psychologisch vorgebildet worden. Sein therapeutisches Wissen kann er mit theologischen Formeln und biblischen Geschichten in Zusammenhang bringen. Das Problem liegt tiefer: Grundtext sei und bleibe nicht der aktuelle Stand psychologischer Forschung, sondern das Evangelium. Wir sind als Pastoren bestenfalls Assistenten des „pastor bonus" Christus, aber nur in dem Sinn, dass wir als predigende Gemeindeglieder erkennen und deutlich werden lassen, wo wir in unserer Zeit mit dem Wort Gottes gemeint sind. Wenn wir als Liturgen irgendwen repräsentieren, dann die Gemeinde. Meine „Kompetenz" ist in Demut, Zurückhaltung und Liebe stark, nicht im Knowhow. Gemeinde oder Öffentlichkeit sind nicht meine Missionsobjekte. Ein Seelsorger hilft auch nicht Gott, sondern seinem Nächsten, Trost, Hilfe uns Stärkung bei Gott zu finden. Er baut nicht seinen Klienten auf, sondern hilft ihm Hindernisse wegzuräumen, mit denen wir uns Gott fern halten. Dafür mögen uns dann auch psychologische Kenntnisse hilfreich sein. Ein Seelsorger unterscheidet sich vom Psychotherapeuten, denn der kennt Gott nicht, soweit es dessen Wissenschaft, seine Profession betrifft. Die Perspektiven vom Psychologen und Seelsorger sind unterschiedlich ausgerichtet. Keine von beiden ersetzt die andere. Die Reformatoren waren skeptisch nicht nur den vielen Bildern in den Kirchen gegenüber, sondern auch schon einem Übergewicht prachtvoller Musik im Gottesdienst. Sie forderten Schlichtheit, damit die Musik selbst nicht mehr Aufmerksamkeit erlange als das Wort Gottes. Man mag auf Heinrich Schütz lauschen, will man den Unterschied erspüren, um den es hier geht.

Wir bewundern unsere grandiosen Organisten und fähigen Kirchenbands, die mit populärer Kirchenmusik ein bestimmtes Publikum ansprechen und in die Kirche locken. Solche tiefgehenden Gedanken wie Schütz sind uns eher fremd, erscheinen uns überflüssig.

Gesucht sind anziehende Prediger, die es verstehen, die Gottesdienstbesucher mit ihren geistreichen Einfällen und auch Humor in den Bann zu ziehen. Wir versuchen, Events zu bereiten, die man gern wieder besucht und freuen uns, wenn wir etwas hören und erleben, was wir so zuvor nicht kannten, ganz wie die Athener in Apg 17, die vor allem darauf aus waren, Neues zu erleben. Und wie enttäuscht mögen sie gewesen sein, als Paulus ihnen daraufhin nur den „unbekannten Gott" bot. Die Welt des Internets tickt im Puls des Anregenden, Aufregenden, Neuen. Sie bestätigt gern, provoziert auch, aber immer geht es darum, dem User zu dienen und ihn hervorzulocken, an der Stange zu halten. Er soll so viel und lange wie möglich On sein.

In den Gebeten bringen wir unsere Botschaften unter, äußern und entfalten eigene fromme Gedanken coram publico, weniger unsere Nöte und Hoffnungen coram Deo. So produziert sich der Betende als frommer Mensch vor aller Welt. Wir machen uns interessant, und sollten doch Gott interessant machen? Nein, auch das nicht. Interesse für ihn wecken vielleicht, aufmerken lassen. Aber das Ziel liegt nicht darin. Glaube ist mehr als Begeisterung. Das wäre dann die schnell aufschießende Saat, die keine Wurzeln schlägt, bzw. alle ihre Kraft in die sichtbaren Blätter gibt, aber kaum Wurzeln ausbildet.

Ich habe bis zum Überdruss gehört, dass Kirche ihre Mitglieder an sich binden möchte. Glaube befreit und bindet nicht. Gott ist nicht an sich selbst interessiert, er bindet uns nicht an ihn. Er liebt. Kirche ist nicht Gottes Einschaltquote.

Liturgen machen gern Ansagen, wie sich das für eine Gemeindeveranstaltung gehört. Bekanntmachungen aber gehören nicht in die Liturgie. Freilich sind sie bisweilen unterhaltsam und bilden eine Brücke zwischen Moderator und Publikum. Sie dienen der community, freilich nicht der zwischen Gott und Mensch. Mit Ansagen schiebt sich der Liturg zwischen Gott und Mensch, er unterbricht den Gottesdienst, in der Regel sogar mittendrin. Das Gefühl dafür, dass hier etwas gestört wird, ist verlorengegangen. Gottesdienst ist zur Gemeindeveranstaltung verkommen, es sind nicht nur die Liturgen vorn, die das Wesen einer Liturgie offenbar nicht mehr recht kennen.

Bei einer Kommunikation zwischen Menschen stellt sich die Frage der Verstehens anders als zwischen Gott und Mensch. Für das Verhältnis von Gott und Mensch ist grundlegend, dass es viel gibt, was ich nicht verstehen kann. In unserem Miteinander möchte man hingegen alles verständlich oder zumindest zustimmungstauglich machen, wie es unter Internauten üblich ist. Das tut man am besten, wenn alle alles verstehen, man emotional gefangen ist. Niemand darf verärgert werden, wir brauchen viele Follower, damit sich Kirche rechnet.

Für die Predigt ist es grundlegend, ob Gott für uns im Raum ist oder nicht. Sonst gilt: Die Predigt, Verkündigung, ist eine Rede, in der ich meine frommen Ansichten ausbreite. Das Amen am Ende bedeutet nicht etwa: Darin steht mein Gottvertrauen, sondern: Das sage ich euch mit bestem Gewissen, wie Jesus es tat, als er „Amen, Amen, ich sage euch" sagte. Und meine Prophetie sieht so aus, dass ich mir sicher bin, Gott würde mir zustimmen. – Was ist das für eine Vermessenheit! Erst habe ich Theologie studiert, und jetzt weiß ich über Gott und die Bibel Bescheid und bin einer seiner professionellen Experten, die ihn in der Welt publik machen? So eine Haltung würde wohl kein Pastor zugeben, aber viele von uns verhalten sich so.

Wir versuchen, den Gottesdienst schön und würdig zu gestalten, er soll den Gästen gefallen, ja vielleicht auch ein wenig Spaß machen. Sie sollen ja wiederkommen. Und wie es Fernsehshows tun, man muss die Leute mitnehmen, sie auf keinen Fall überfordern. Mitmachgottesdienste sind gut. Drei Lesungen (Altes Testament / Epistel / Evangelium) erscheinen unzumutbar.

Ein Problem ist, dass nicht alles allen gefällt. Also machen wir es wie die Medien: Wir richten uns nach der Mehrheit wegen der Einschaltquoten. Aber das ist schwierig. Künstler halten unsere Gottesdienste für trivial und wenig anregend. Intellektuelle fühlen sich unterfordert. Der Nachbar nebenan sieht lieber fern oder hört Schlager. Jugendliche treibt etwas völlig anderes um. Wie macht man es nur allen recht und bietet trotzdem einen Gottesdienst an, wie die Tradition es erfordert? Entweder verwandelt man ihn, führt ihn parodistisch auf oder lässt es gleich ganz sein. Für das

Letztere entscheidet sich zur Zeit die Mehrheit der Bevölkerung. Das ist zumindest ehrlicher als eine der üblichen pseudoliturgischen Parodien.

Gott hatte es schon dem wandernden Volk in der Wüste kaum recht gemacht. Aaron tat, was er konnte mit seinem goldenen Kälbchen. Immerhin begann das Volk zu tanzen und murrte nicht mehr.

Theologisch lässt sich übrigens so ziemlich alles begründen. Theologie lässt sich wenden und drehen, solange man die Liturgie als „praktische" Theologie, als Anwendung einer theologischen Systematik ansieht.

Beim Abendmahl vermeiden wir die Spendeformel: „Christi Blut, für dich gegeben." Wir sagen lieber: „Kelch des Heils". Das erregt keinen Anstoß, ist auch ein passender Bibelvers und wirkt vor allem einladender. Die alten Streitereien um Realpräsenz haben sich praktisch – nicht theologisch oder dogmengeschichtlich – eh erledigt. Sie interessieren keinen mehr, weil niemand mehr das Problem versteht. Was Theologen umgetrieben hat, Kirchen zur Verzweiflung trieb, ist im digitalen Denken nebensächlich, beliebig. Die Verfolgung von Häresien ist umgeschlagen in Beliebigkeit: Werde selig, wie es dir bequem erscheint. Damit hat sich jedoch nur der Bewertungsmaßstab geändert.

Eisern streitet man um die Einhaltung und Beachtung von Grundsätzen der Mediengesetze, da verstehen die Profis keinen Spaß. Der Erfolg zählt. Per Kirchengesetz werden Pastoren zur Weiter- und Fortbildung verpflichtet, die sich mehr und mehr solchen Themen widmet. Zum Gebet nicht. Ob sie zur eigenen Belehrung in der Bibel lesen, interessiert weniger. In ihrem Dienstplan ist das nicht vorgesehen. Das können sie nach Feierabend oder in einem Sabbatical tun, wenn sie Lust dazu haben. Oder Segeln gehen. Als ich fragte, ob ich dann an einem geistlichen Buch arbeiten könne, wurde mir gesagt, dafür sei ein Sabbatical nicht vorgesehen.

Der (schwarze) Talar ist liturgische Berufsbekleidung, gehört dazu und hebt das Expertentum der (evangelischen) Pfarrer hervor, bekundet seine Ordination. Geistlich-symbolisch ist da nichts mehr. Überhaupt: Leicht nachvollziehbare und jedem verständliche Symbole als Sprachergänzung sind noch opportun, schon die Aufklärung hatte kein Verständnis mehr für solche Kapriolen wie die mittelalterlichen Liturgiker, die jedem Teil der liturgischen Kleidung eine geistliche Bedeutung zumaßen. Vielschichtige Symbole sind einfachen Zeichen gewichen.

Die Beichte gibt es praktisch kaum noch, von Sünde reden wir lieber nicht viel. Dafür sprechen wir viel von Vergebung, Versöhnung und Segen: Jesus hat dich lieb, Gott ist gütig und voller Gnade.

Die alten Hymnen und Kirchenlieder überfordern die Gemeinden. Sie sind nicht nur musikalisch zu anspruchsvoll und lassen sich nicht gut für einen modernen Menschen singen, sondern auch ihre Inhalte sind unverständlich geworden. Also: Simple Songs? Vergleicht man den Bedeutungsreichtum und die poetische Qualität eines ambrosianischen Hymnus mit durchschnittlichem Neuem Liedgut, kann man diesen Eindruck gewinnen. Einfach machen es sich Lobpreislieder, die lediglich Bibelverse mit viel Gefühl unterlegen. Können wir nicht mehr dichten wie Prudentius oder Ephraim der Syrer?

Die religiöse Erziehung haben wir, abgesehen von einem Glaubenskurs in Vorbereitung zur Konfirmation outgesourct an das öffentliche Bildungswesen. Damit haben wir ihnen den liturgischen Kontext genommen. Das trifft auch weitgehend für das Theologiestudium und die Ausbildung der Pastoren zu. Das Schleiermachersche, anderen Wissenschaften entlehnte Denkmodell der Anwendung setzt die Liturgie in den Kontext der Theologie, bzw. gegenwärtigen Kultur und nicht umgekehrt, wie es sein sollte.

Konfirmation, Trauungen und Taufe sind in erster Linie „Amtshandlungen", die zu beurkunden sind und mit Kirchenmitgliedschaft zu tun haben. Wir scheuen uns auch nicht, von Übergangsriten zu sprechen. Sie gelten als Handlungen der Kirche an den Menschen (und dadurch dann wohl irgendwie auch Gottes an uns).

Das Singen im Gottesdienst hat bei uns wenig tiefere Bedeutung. Es soll Freude machen, Trauer auszudrücken helfen und Gemeinschaft befestigen. Dazu eignet sich Populärmusik besonders gut, denn sie ist per Definition gefällig.

Oder aber wir sehen das mit dem Gottesdienst als Verkündigung so: Wir indoktrinieren die Heiden. Die Bibel ist uns als Buch Wort Gottes. Unsere Auslegung ist bindend: So muss man das heute verstehen. Die Botschaft ist im Buchstaben zu finden, und zwar gemäß unserer Auslegung und Deutung. Bibelstellen, die uns nicht passen, drücken wir mit guten Argumenten weg.

Wir segnen gern und viel. Dass Segen Bindung an Gottes Wort bedeutet und mit Gericht zu tun hat, tritt da eher in den Hintergrund. Schließlich ist im Alten Testament das Gegenwort zum Segen der Fluch. Wer sagt nicht gern etwas Gutes und nimmt dafür Gottes Autorität in Anspruch?

Diese Aufzählung dieser Missverständnisse, bzw. Missbräuche mag zeigen, wie tief die Krise der Kirche ist. Wenn ich so unsere Kirche beschreibe, mag man sagen: Das ist jetzt aber eine Parodie. So schlimm steht es nicht um uns. Noch nicht so ganz.

Das verbindet alle Missbräuche: Fehlende Demut vor Gottes Wirken. Es ist der Bruch des Gebotes aller Gebote: Wir lieben Gott nicht von ganzem Herzen, von ganzer Seele, von ganzem Gemüt und mit all unserer Kraft. Wir halten Auslese. Wir nehmen von Gottes Wort, was uns passt. Unser Glaube macht es wie unser Verhalten im Internet: Ich bin Richter über das mir Dargebotene. Das ist Liebe mit Vorbedingungen. Sicher sollen wir alles prüfen und das Gute behalten, aber das Maß dieses Prüfens ist nach Paulus der Geist Gottes und nicht unser beschränkter Verstand. Den definiert man im Allgemeinen als Summe des uns stets und up to date zur Verfügung stehenden Expertenwissens.

Theaterkirche

Theater ist religiösen Ursprungs. Das Theater der Neuzeit entsprang dem Mysterienspiel, das wiederum sich der Entfaltung liturgischer Elemente verdankte. Lässt sich nicht der Gottesdienst überhaupt als ein Theater begreifen? Das liegt nahe, denn er wirkt wie eine Performance und lässt sich als eine solche ausgestalten. Nach einem Grundmuster ausgeführt werden alte Texte oder Melodien aktualisiert, es gibt Darsteller und Publikum, Akteure und mehr oder minder beteiligte Zuschauende.

Anhand eines Buchs zum Thema von Erika Fischer-Lichte möchte ich jedoch nicht den Gottesdienst als Theaterperformance beschreiben, sondern die dort dargestellten und diskutierten Techniken als Spiegel nutzen, um zu zeigen, was Gottesdienst im Unterschied zum Theater kennzeichnet. Vielfach wird die Nähe zu modernen Theatererfahrungen von Seiten der Praktischen Theologie als Chancenpool angesehen und meine Bedenken wohl als übertriebene Vorsicht und Berührungsangst gedeutet.

Performance

Der Begriff des Performativen wurde von John L. Austin 1955 geprägt und bezeichnet. Das hatte Eugen Rosenstock-Huessy schon Jahre zuvor auch im Hinblick auf Liturgie betont: Geäußerte Worte sind Ereignis, Sprachhandlung. Im Zuge sprachphilosophischer Überlegungen hat man inzwischen vieles auch historisch in diesem Sinn untersucht, so zum Beispiel Gesten und Riten vergangener Jahrhunderte. Glaube und Liturgie erscheinen als Worthandlungen par excellence, schaue nur auf die ersten Verse des Johannesevangeliums, aber auch den Begriff von Religion, der sich antiken Auspizien, der Deutung göttlicher Zeichen verdankt. Riten gehören nicht nur auch zur Religion, sie sind ihre ureigenste Sprache.

Im Unterschied zur performance ist in der Liturgie Gott der Wirkende, nicht ein Schauspieler. Das ist das Wesen sakramentaler Vorgänge. Gestritten wurde nur darum, ob der Priester stellvertretend oder in Vollmacht handelt. Das schränkt den Spielraum deutlich ein. Der Liturg verkörpert nicht Christus oder in einer Lesung einen Psalmisten. Das Evangelium wird verlesen, der Segen gesprochen, aber als Worthandeln Gottes. Der Lesende drückt nicht sich aus, er nimmt sich im Gegenteil weitgehend zurück. Er verhält sich als Glaubender, Hörender, Wahrnehmender, nicht als jemand, der überzeugen möchte. Er spielt nicht den Autoren. Seine Körperlichkeit tritt weitgehend zurück, das sollte sich auch im Ausdruck widerspiegeln. Im Schauspieler geht der Akteur eine besondere Art Verbindung mit Rolle und Autor ein, der Lektor vernimmt seinen Text. Auch Prediger sollten sich vor allem als Lektoren verstehen, als lauschende Gemeindeglieder, nicht so sehr als Vortragende. Die Albe verdeckt seinen Körper, hebt ihn nicht hervor, wie es modische Kleidung weithin tut. Zurückhaltung ist bei aller erforderlichen Deutlichkeit angemessen. Er tritt nicht auf. Er „schreitet", bewegt sich gemessen gleich einem Butler. Der Liturg verzichtet also weitgehend auf Mittel dessen, was eine Theaterperformance ausmacht. Wenn er irgendjemanden vertritt, dann nicht Gott, sondern die wahrnehmende Gemeinde, die zwei, drei oder hundert, die mit ihm den Gottesdienst feiern. Eine angemessene Stimmführung war für einen Lesenden darum rezitativer Gesang. Der Rhythmus der Worte herrscht, es ist auf den Text hörende Melodie. Der gregorianische Choral folgt dieser Ausrichtung.

Maß einer Performance ist ihr Gelingen, das heißt, ob die Botschaft, wie auch immer sie geartet ist, ankommt. Das Gelingen der Liturgie in die eigene Hand zu nehmen, ist dagegen vermessen. Das gilt auch für die Predigt. Es gibt keine abschließende Lehre darüber, wie sie recht ist, nur ihr Scheitern lässt sich vielfach beschreiben. Man kann sie leicht verderben, aber sie lebt immer im Schatten der Heiligen Schrift, des Kanons aller Liturgie. Darum lässt sich ein Gelingen nicht feststellen. Hier liegt die Antwort auf die alte, nicht zu entscheidende Frage, ob es der Geist Gottes ist, der wirkt, oder der Liturg, bzw. Prediger. Es geht um die gesuchte Übereinstimmung von Gott und Gemeinde im Glauben. Besonders gute Lehrmeister des Predigens sind von daher die altkirchlichen Hymnen. Es geht nicht um eine magische, esoterische Macht, die sich in den Worten des Verkündenden versteckt, sondern darum, ob das Gesagte nicht den Rahmen der Botschaft sprengt. Spricht der Liturg „selbst" und von sich aus zur Gemeinde, ist er seinem beschränkten Botenamt untreu geworden. Ein Engel handelt vollmächtig, aber er sagt nichts von sich aus. Wir können uns nicht verleugnen, aber zurücknehmen können wir uns durchaus, wie es Diplomaten tun. Es kommt also alles auf die Person des Liturgen an, und zugleich nichts. Botschafter sind bisweilen beeindruckende Persönlichkeiten, aber sie produzieren sich nicht.

Die Evangelische Kirche nimmt die selbst vorbereitete Predigt heute extrem wichtig. Sie reduziert die Pfarrstellen entsprechend dem Pfarrermangel und macht dies an der theologischen Ausbildung fest, der Befähigung zur freien Wortverkündigung. Für diesen Anspruch opfert sie zahllose Gottesdienste. Das ist seltsam, denn es stellt überhaupt keine Schwierigkeit dar, Lesepredigten halten zu lassen, die für jeden Sonntag reichlich vorhanden sind. Nimmt man die vorbereitete Liturgie, für die im Gottesdienstbuch entsprechenden Gebete als „Vorschlag" abgedruckt sind, können Laien einen Gottesdienst mit ihrer Gemeinde gut feiern. Sie sind freilich nicht so gut in der hierarchischen Verwaltungsstruktur zu lenken.

Ein Theaterstück wird aufgeführt, inszeniert, Gottesdienst nicht. Er wird nicht auf eine Bühne gebracht. Im Mittelalter diente der Ort vor dem Lettner den Mysterienspielen. Das war Schauspiel, aber als Ergänzung zur Liturgie.

Im Paradigma des Theaters ist Gottesdienst ein schlecht gespieltes Stück, laienhaft, redelastig und wenig überzeugend. Versuche, es in den Kirchen im Theatersinn professioneller ablaufen zu lassen, ziehen die Sache jedoch eher ins Lächerliche. Gutes Theater wird ein Gottesdienst beim besten Willen nicht.

Nun gibt es ja eine Bühnenversion des Gottesdienstes auf Weltklasseniveau, Parsifal von Richard Wagner. Man kann daran gut analysieren, was Gottesdienst nicht ist. Er ist kein „Gesamtkunstwerk". Auch ein durchgestylter Gottesdienst, und natürlich sollte er schön und wohlgestaltet sein, bleibt in dieser Beziehung bruchstückhaft. Vor allem ist der Gottesdienst keine Aufführung oder Mitmachtheater. Er ist reales Geschehen, nicht etwas, was anderes bedeutet. Wir beten nicht als ob. Eine Parsifalaufführung strebt Perfektion an, Gottesdienste nicht, das ist nicht ihr Ziel. Es kommt nicht darauf an, Hochkultur zu produzieren, Schlichtheit passt gut zum Geschehen. Man darf auch schräg singen, wenn man es nicht besser kann.

Das Lügensignal der Dichtung kehrt sich hier um: In einer Geschichte oder im Theater wissen wir, es ist Fiktion, auf welche Art und Weise auch immer. Gott ist jedoch keine Chiffre, wie Karl Jaspers es ausdrückte, kein, als wäre da nur ein Gott.

Die Evangelien sind in diesem Sinn keine Literatur, oder wie Karlheinz Deschner sie einst in seinem Büchlein „Kitsch, Konvention und Kunst" klassifizierte: Trivialliteratur, sondern einzigartig der Form und damit auch der Art und Weise eines Textes nach. Sie sind durch keine Literatur zu übertreffen, denn aus ihnen spricht Gott. Parsifal übertrifft nicht den einfachen Gottesdienst, denn dieser spiegelt Himmlisches Geschehen wider und nicht nur das Genie eines Künstlers.

Das Theater würde umgekehrt sein Wesen verleugnen, würde es sich als Gottesdienst gebärden. Wir haben noch gut im Gedächtnis, wie lächerlich und bedrohlich zugleich die staatssozialistischen Riten waren und andernorts noch sind, wenn sie eine Mischung aus Religion und Theater organisierten. Wir sollten nicht versuchen, das andersherum auch so zu machen und Gottesdienste zu geschickt, professionell veranstalteten Publicity für eine bestimmte Theologie werden zu lassen. Liturgie ist keine PR-Aktion für Gott. Sie sollte nicht versuchen, gutes Theater zu machen.

Theater, Film, Kunst und Medien haben in der Gesellschaft allerdings viele Funktionen des Gottesdienstes auf ihre Weise übernommen: Wertevermittlung, Identitätsstiftung, Rhythmisierung des Lebens. Sie sind auch als säkularisierte Kinder der Liturgie anzusehen. Das bedeutet nicht, dass Kunst Gottesdienst überflüssig machen würde, auch wenn das für die Mehrheit so aussieht. Dem Theater und den Medien, vom Gedicht, Roman bis hin zu Filmen und künstlerischen Happenings fehlt etwas, bzw. sie können nur Ersatz für wirklichen Gottesdienst sein,

Hin- oder Weiterführung, bzw. etwas drumherum. Genies sind eben nicht Gott, sondern nur besonders begabte Leute. Gebet ist unersetzbar, sowohl das des Einzelnen als auch das einer Gemeinschaft.

Präsenz

Bühnenzeit ist streng bemessen. Sie ist eine Zeit, in die das Publikum hineinversetzt wird, eine künstliche Zeit. in Romanen sind es Erzählzeiten, in Filmen ist es eine Art Zeitmosaik. Gottesdienst konfrontiert uns mit der Ewigkeit. In ihr herrscht Echtzeit, mehr noch, wir lassen uns mit dem A und O aller Dinge verknüpfen.

Die Zeiten der Medien nehmen den Betrachter auf irgendeine Weise aus der laufenden Zeit und lassen ihn berühren, was nicht zu berühren ist. Sie sind eben medial, vermittelnd. Im ersten Blick erscheint auch Gottesdienst medial zu sein, nun aber Gott gegenüber. Doch der Schein trügt.

Der Feiertag, ob nun Sabbat oder Sonntag, gehört in die Schöpfungstage. Der Arbeit gegenüber erscheint er als Unterbrechung, in Bezug auf die gelebte Zeit ist er es nicht, sondern eben der siebente Tag der Schöpfungsordnung, bzw. aus der Perspektive der Auferstehung der Achte Tag. Es geht um unsere Vollendung. In dieser Zeit tritt der Mensch vor Gott, konfrontiert sich mit der Ewigkeit, der „Zeit ohne Zeit" (Augustinus). Wir treten dabei nicht imaginär aus der Zeit, sondern wir haben es mit der Erfüllung von Zeit zu tun. Es geht nicht um eine künstliche, erdachte, geträumte, aus den Fugen geratene Zeit, sondern im höchsten Maß um eine Ordnung der Zeit. Das Abschließende ordnet, aber auf andere Art als es unsere Ordnungen vermögen. Ewigkeit sortiert nicht, listet nicht auf, sondern erfüllt, vollendet. Wer glaubt, ist schon gerichtet, lesen wir im Johannesevangelium, das mit der Schöpfung der Welt durch das Wort, durch Christus anhebt.

Das geschieht im groben Kalender, der nach Tagen, Stunden und ihrem Licht geht, nicht aber in Sekunden und Planabläufen. Seine „Uhr" tickt mit Gesang und Worten, Gesten, Schritten und Begegnung. Ihr Takt entspricht Atemzügen und Herzschlag. Die Planzeit, die der Arbeit zugrunde liegt, ist ausgesetzt. In der dritten Stunde des Tages (Apg 2, 5) feiert die Orthodoxe Christenheit die Göttliche Liturgie, unser 10 Uhr Gottesdienst entspricht traditionell noch dieser Symbolik der Alten Kirche. Es ist Zeit und Stunde des

Heiligen Geistes, natürlich nicht im esoterisch punktuellen Sinn.
An der Grenze der Zeit ist uns ein Ausblick auf die Ewigkeit
gegeben, damit wir vom Himmel her zu leben lernen.
Die wahrgenommene Zeit der Liturgie knüpft unsere Lebenszeit an
den Himmel, die erwartete Vollkommenheit. In diesem Sinn ist
Gottesdienst eschatologisch, das Reich Gottes wird in uns gesät.
Dieses Reich ist nicht von dieser Welt, aber es wirkt durch uns in
sie hinein. Wir werden dadurch jedoch nicht zum Medium von
Gottes Wort, so wenig es der Liturg vorn am Altar oder auf der
Kanzel in Bezug auf die Verkündigung ist. Wir selbst sind mit
unserer Person Salz und Licht der Welt, Himmelsbürger auf Erden.
Dazu bestimmt uns der Gottesdienst mit all unserer
Unbeholfenheit, die wir besser nicht verstecken oder zu
überspielen versuchen. Ein bewunderter Prediger sein zu wollen,
ist einfach absurd. Heiligkeit ist alles andere als Perfektion. Selig ist
der im Geist bedürftige.
Daran erinnern uns auch die schwierigen Helden in den
Evangelien, von dem reuigen Sünder gegenüber dem frommen
Pharisäer, dem Verlorenen Sohn über den Zöllner Matthäus bis hin
zum untreuen Petrus und Paulus, dem Geringsten unter den
Aposteln. Nicht aber zählt dazu Judas, der Jesus verriet.
Unsere Kirchen sind mit ihrer Ausrichtung gen Osten, der
aufgehenden Sonne entgegen, in die Zeit eingeordnet, folgen darin
der Schöpfungsanordnung. Der Gottesdienst erweist unsere Zeit
als von Gott gegebenen, anvertraut. Es geht nicht um eine
verabredete Zeit, sondern um geschenkte Zeit, den Zeitengeber.
Liturgie ist nicht Teil unseres Planens, sondern Anteilnahme. Wir
veranstalten keine Gottesdienste, sondern feiern sie. Feste fallen,
man macht sie nicht.
Wie absurd erscheint dagegen der Versuche, Liturgen eine den
Schauspielern entlehnte „Liturgische Präsenz" zu lehren. Diese
schauspielerische Leistung geht davon aus, dass einstudierte
Verhaltensweisen eine persönliche Präsenz des Akteurs vermitteln,
die beeindrucken und in den Bann ziehen soll. Damit schiebt sich
der Liturg zwischen Gott und Gemeinde. Nicht der Liturg soll
Präsenz zeigen, sondern Christus möge bei uns sein, versammeln
wir uns in seinem Namen.

Kirchenschiff und Bühne

Mit der Gestaltung von Räumen ordnen wir unser Leben. Es gibt
Räume verschiedenster Art: Museen, Parlamente, öffentliche

Plätze, Landschaften, Straßen, Schulen, Kindergärten. „Räume"
besonderer Art sind Plattformen im Internet oder auch Filme, in
denen wir uns virtuell bewegen, wie schon zuvor in erzählten
Geschichten, die wir uns von Sprache geleitet „vorstellen".
Theater ist auch Experimentierraum, da fließen Imagination und
Realität ineinander. Räume haben auch besondere Gerüche, die wie
Licht ein Zimmer erfüllen. Sie werden erspürt, erschritten.
Weihrauch in Kirchen machte Raum spürbar, ebenso Kerzenlicht.
Bilder erweitern Räume. Musik, Klänge, lassen sie auf ihre eigene
Weise erleben. Ein Kirchenschiff kann sehr unterschiedlich
wahrgenommen werden. Es ist allerdings schon von der
Architektur und seiner Bestimmung her auch mit Bedeutung
versehen. Eine gotische Kirche verstand man als Vorraum des
Himmels. Hier tummelten sich in der Vorstellung mittelalterlicher
Liturgen die Engel.
Auch hier wieder gibt es den bezeichnenden Unterschied: Im
Theater macht der Geist einen Ausflug, begibt sich fort aus seiner
sonstigen Realität. In der Kirche ist er angekommen. Er ist nicht für
anderthalb Stunden ein anderer, identifiziert sich mit einer oder
mehr Rollen. Er wird bei seinem Namen angesprochen und ist kein
anonymes Publikum.
Bühnen sind Spielräume. Sie werden von Akt zu Akt verändert,
dienen Illusionen, sind Erzählräume. Sie bilden andere Räume ab,
aber auf durchschaubare Weise, um den Spielcharakter deutlich
bleiben zu lassen. Im Theater ist es nahezu Regel, dass der
Bühnenraum doppelt verfremdet wird, er ist nie, was er ist, weder
leere Fläche noch vollständige Illusion. Die Bühne ist dazu da, um
Welten zueinander zu bringen, auch die verschiedener Zeiten.
Wird Faust gegeben, haben wir es mit mindestens drei Zeiten zu
tun, der erzählten, dem Anfang des 19. Jahrhunderts und der
Gegenwart. Man spricht (gern und ungenau) dann von
Aktualisierung, wenn z.B. Faust einen Laptop bei sich trägt.
Unterschiedlich gut und überzeugend gelingt solch
Gegenwartsbezug. Einerseits bringt man alte Stücke heutigen
Menschen damit nahe, andererseits waren z.B. Soldaten der Antike
etwas vollkommen anderes als im Mittelalter, der Neuzeit oder in
heutigen Armeen. Solche Überschneidungen bilden schillernde
Aussagen, die zwar Betroffenheit wecken können, oder aber auch
in die Irre führen und bisweilen schlicht unsinnig sind.
Um was für eine Art von Raum handelt es sich bei Kirchen?
Gerade wenn sie sehr alt sind, hat sich ihr Charakter mehrfach
stark verändert. Das beginnt mit den Bänken, die es über viele
Jahrhunderte nicht in ihnen gab, führt über die unterschiedliche

Platzierung von Altären bis hin zu Kirchenkonzerten, einem gesonderten „Raum der Stille", touristischer Nutzung oder Geschichtsunterricht vor Ort.

Für mittelalterliche Vorstellungen war der Kirchraum um den Altar herum mit Engeln gefüllt. Hier „wohnte" nicht Gott, sondern schwebten zumindest zu Messzeiten Engel des Himmels. In modernen Kirchen versuchte man oft eine besondere, religiöse Atmosphäre zu schaffen mit buntem Licht in der Tradition von „Kirchenfenstern", durch die man nicht hindurchsieht, die aber den Raum mit Farben gestalten. Eine schöne und die Regel bestätigende Ausnahme bildet ein kleines Kloster in Litauen, wo man durch ein großes Fenster hinter dem Altar auf den „Berg der Kreuze" schaut.

Kirchen strahlte man früher nicht aus. Abgesehen vom praktischen Zweck des Gesangbuchlesens muss man nicht alles tun, nur weil man es kann oder vom Kaufhaus so gewohnt ist. Das gilt auch für Dauerbeschallungen in Kirchen mit Gregorianik oder Barockmusik. Die beste Musik in der Kirche neben „Livemusik" ist und bleibt Stille.

In Orthodoxen Kirchen bewegt man sich bis heute und steht vor Gott. Bei uns sitzt man mehr oder weniger bequem, auch um eine lange Predigt auszuhalten. Das Sitzen vor Gott ist nicht unbedingt angemessen, darum stehen wir während des Gottesdienstes an unterschiedlichen Stellen auch auf. Die Sitzreihen schaffen bei weniger stark „besuchten" Gottesdiensten eher Distanz als Nähe. Das erweckt den Eindruck einer Lückengemeinschaft. Auf der anderen Seite ist es vielen auch unangenehm, aufgefordert zu werden, zueinander zu rücken.

In Russisch-Orthodoxen Kirchen Russlands bleibt der Altarraum durch die Ikonostase noch mehr als hinter mittelalterlichen Lettnern den Laien verborgen, und ist in der Regel relativ schmucklos und nüchtern, im Gegensatz zu der Pracht der durch Kerzen erleuchteten Ikonenwand. Da öffnet sich dann die Königstür nur zu besonderen Zeiten und gibt den Blick auf den Altartisch frei in einen Raum, den zu betreten gewöhnlichen Laien nicht gestattet ist. Der Altarraum, der „Hohe Chor" ist ein Raum im Raum, Stufe zu jenem anderen Raum, der nur im Glauben zu schauen ist, der Himmel und Gottes Thron.

All diese Überlegungen zeigen, wie sehr schon das Denken im Paradigma Theater sich vom Gottesdienst unterscheidet. Um wie viel mehr unterscheidet sich Liturgie dann von dem, wie wir uns gerade im Digitalen zu denken angewöhnen. Näher erscheint uns das Medium Film, denn die Kamera scheint nur wiederzugeben, was tatsächlich geschieht.

Doch wir wissen, dass auch die Kamera uns in Positionen bringt. Man fliegt gewissermaßen von einer Position in die andere, mehr als wir den Blick wenden können. Ein Medium hat sich zwischen Zuschauer - zu dem wir durch diese Medium werden – und Gottesdienst geschoben. Das färbt auf das Gottesdienstverständnis selbst ab. Er erscheint dann selbst als Medium zwischen Gott und Mensch. Ein filmisch aufgenommener Gottesdienst verdoppelt die Distanz. Um in den Gottesdienst selbst zu gelangen, müsste ich mich völlig der Illusion hingeben, dort zu sein, wo ich nicht bin.

Mich verwirren zudem in höchster Weise Sendungen wie „Wort zum Sonntag". Wer spricht da mit welcher Vollmacht und wie verhält sich dieses mediale Geschehen zu Gott? Predigt als journalistischer Kommentar, Meinungsbeitrag? Medien sind nicht nur äußere Verpackungen, in die man beliebig Inhalte füllen könnte.

Ich habe große Unterschiede wahrgenommen in der Raumerfahrung von Kirchen, in denen ich regelmäßig Gottesdienste gefeiert habe. Man beginnt, in ihnen zu wohnen, jeweils auf sehr besondere Art. Nicht jede Kirche leistet dem Vorschub, manche führen auch in Richtungen, die meinem Glauben wenig entsprechen oder sogar widersprechen. „Herzlich lieb habe ich die Stätte, da deine Ehre wohnt." (Ps 26, 8) Das nachzuvollziehen fällt in manchen Kirchen leichter, in anderen schwerer, aus verschiedensten Gründen, die nicht nur an der Gestaltung des Raumes selbst liegen, sondern auch an dem, der hierher kommt. In Florenz hat die adventistische Gemeinde eine der Kirchen des 18. Jahrhunderts übernommen. Der Raum wirkt nun plötzlich (auf mich) wie säkularisiert, gleich einem Kino. Der Vortragende hält eine Propagandarede, biblisch auf seine Weise freilich fundiert, aber er verhält sich wie ein Showmaster im Fernsehen. Wenn schon verschiedene reale Räume so unterschiedlich wirken und eigene Gesetze mit sich bringen, um wie viel mehr tut es die Welt der von Algorithmen bestimmte Internauten!

Digitale „Räume" haben einen eigenen Charakter. Als man begann, vor einem halben Jahrtausend räumliche Bilder zu erschaffen, ging das auch mit einer neuen Weltsicht und einer neuen Art des Glaubens einher. Sehen wir heute auf die Bilder des Manierismus, erfüllt uns das zumeist nicht mit frommen Gefühlen, damals die Leute offenbar schon. Die Begeisterung der illusionistischen Darstellungsmöglichkeiten können wir in barocken

Deckenmalereien vorzüglich mit gigantischen Gerichtsbildern
ablesen. So das Weltgericht zu „erleben", ist uns fremd. Und wir
haben eine Menge Kritik daran: So glauben wir aus gutem Grund
nicht an das Jüngste Gericht.
Um zu beurteilen, wie sich Glauben im Internet zeigen kann,
stehen wir noch am Anfang. Tiefgreifend sind diese
Veränderungen allemal. Mit fliegenden Fahnen und Begeisterung
sich auf sie einzulassen, nur weil man die Möglichkeit dazu hat,
erscheint naiv und höchst fragwürdig.
Theater waren oft als Guckkästen mit Publikum konzipiert,
gewissermaßen eine Puppenbühne auf dem Jahrmarkt. Der so
geschaffene Abstand signalisierte eine bestimmte Art von Theater.
Ein Konzertsaal hingegen ist auf das Zusehen der Musiker hin
konzipiert. Licht spielt eine bestimmte Rolle, z.B. wird es im
Zuhörerraum gern gedimmt, denn man konzentriert sich auf das
Dargebotene. Anders im möglichst engen Jazzklub, da soll es sein,
als würde man mit den Musikern gemeinsam improvisieren.
Entsprechend benimmt man sich hier sehr informell, dort dagegen
hat niemand etwas gegen Anzug und Abendkleid. Formen und
Äußerlichkeiten sind alles andere als austauschbar.
Kirche im Internet? Was wird sie dann sein? Und was bewirken
unsere dort gewonnenen Gewohnheiten bei uns Internauten, wenn
wir auch mal in eine Kirche gehen und Gottesdienste gestalten?
Unbewusst tragen wir unsere Raumgewohnheiten mit in Kirchen
und Gottesdienste. Das bestimmt unser Verhalten und unser
„Verstehen", das stets am Gewohnten anknüpft. Anders lernen wir
nicht. Es ist nicht dasselbe, ob wir den Kirchraum bildlich sehen
oder uns in ihm bewegen. Es ist etwas anderes, ob er uns von
Kameras nahe gebracht wird und man uns virtuell herumführt,
oder ob ich und mit wem gemeinsam einen Gottesdienst wo auch
immer unvermittelt „erlebe". Wir sollten uns nicht so sehr
wundern, wenn Liturgie den Menschen unserer Zeit fremd
vorkommt. Das bedeutet jedoch keinesfalls, ihnen diese Fremdheit
zu nehmen, nur damit sie kommen. Die wir von Gott reden, der
anders ist als alles, was wir so tun und denken, wollen ihn nicht zu
einem von uns machen. Liebe ist Wechselspiel von Fremdheit und
Vertrautheit. Letztere muss man gewinnen, sie wird einem nicht
frei Haus geliefert. Man kann sie weder planen noch kaufen.
Gute mediale Vermittlung versucht, Unterschiede jedoch möglichst
unauffällig zu halten. Sie versucht, die Illusion zu stärken, dabei zu
sein, das Erlebnis u.U. sogar zu verstärken, bzw. die Illusion so zu
perfektionieren, dass man erlebt, was real gar nicht erlebbar ist.
Überraschung wird immer nur punktweise zugemutet, das geht

nur mit einer großen Portion Illusion. Medien sind stets pädagogisch, sie vermitteln. Geschichtsdokus täuschen am laufenden Band, aber es scheint doch der Allgemeinbildung zu dienen.

In der Liturgie bewusst mit Täuschungen zu arbeiten, und wenn sie noch so pädagogisch sein mögen, ist ein gefährliches Spiel. Im Kindergottesdienst mag das in überschaubarem Maß durchgehen, aber mit uns selbst?

Bei einem Livekonzert einer berühmten Band ist man in hundert Meter Abstand eigentlich kaum noch dabei, aber Lautsprecher, Spots und gleichzeitige Übertragung auf Leinwänden suggerieren Nähe. Auch bei einer kleinen Bühne wäre man den Musikern nicht so nahe wie es eine geschickte Kameraführung ermöglicht. Wie beim Kino soll ich eine Gegenwart spüren, die ich sonst nicht hätte oder haben könnte.

Wenn Gottes Gegenwart eh so etwas wie illusionär ist, kann man da nicht auch locker von Medium zu Medium springen? Es geht ja nur um Zeichen?

Wäre nicht auch ein Gottesdienst denkbar, den ich im Extremfall in einem Computerhelm erleben würde? Es ist durchaus machbar, auf diese Weise äußerst wirksam starke religiöse Erlebnissen zu vermitteln, d.h. zu produzieren. Viele fromme Jesus People waren vor einem halben Jahrhundert schon schwer begeistert von „Jesus Christ Superstar". Für sie war der Musicalfilm bereits so etwas wie Gottesdienst. Und dann erst The Passion of the Christ von Mel Gibson!

Unsere Gottesdienste sollten keinen Schritt in diese Richtung gehen, auch wenn es Exerzitien seit Jahrhunderten gibt, die methodisch an dem Hervorrufen von Gefühlen, also Erfahrungen von Gegenwart arbeiteten. Die Exerzitien des Ignatius von Loyola entstanden in der Zeit der übersteigerten religiösen Gemälde des Manierismus. Doch die Gegenwart Christi im Gottesdienst ist keine Gefühlsangelegenheit. Die ließe sich medial wirksam vortäuschen. Und weil man das so perfekt kann, erscheint nun reales Erleben leicht auch als mangelhaft und unvollkommen. Wer erlebt schon so etwas wie James Bond im Kino! Dagegen scheint der Gottesdienst der Inbegriff von mangelndem Erleben zu sein. Und doch ist das eine nur Spiel mit Gefühlen, bei dem anderen geht es um mich ganz und gar. Es ist kein Wunder, wenn Kirche Geduld mit den Kindern unserer Zeit aufbringen muss. Auch Elia musste warten, bis das Säuseln kam. In seiner Zeit schien das ganze Volk nichts mehr von Gott zu wollen.

Die Gegenwart Gottes ist weder produzierbar, noch verstärkbar. Bestenfalls kann man auf sie hinweisen. Sie ist hinzunehmen wie die Gegenwart des Nächsten, der mit mir betet. Gottes Zuwendung, seine Gnade lässt sich nicht beschwören, provozieren, festhalten noch diagnostizieren.

Im Mittelalter suchte man, alle Elemente liturgischer Äußerlichkeiten mit einem frommen Sinn zu versehen und war darin auch tolerant. Das gleiche Ding durfte unterschiedlich gedeutet werden, solange es auf das Zentrum von allem, auf Christus irgendwie hindeutete.

Im ersten Jahrtausend gab es keine Kerzen auf dem Altar, was stimmig war, denn der Altartisch hatte sein Vorbild in der Steinplatte der Kirche aller Kirchen in Jerusalem, der Grabplatte des Auferstandenen. Später symbolisierten Kerzen auf dem Altar das Licht Christi. Heute sieht man auch Blumentöpfe dort, für einige „Konservative" immer noch ein Sakrileg. Andere verbinden damit schlicht Schöpferlob. Entscheidend ist, was Beten stört, ob sich etwas zwischen Gott und Mensch drängt. In der Liturgie gibt es nicht das Korrekte, aber das Angemessene.

Der Bildersturm der Reformation wird bis heute bedauert, denn viel Kultur und Glaubenszeugnisse gingen dadurch unwiederbringlich verloren, wurden in Zorn und Unverständnis zerstört. Auf der anderen Seite muss man konstatieren: Hier wehrten sich Glaubenden gegen eine Überfremdung ihrer Kirchen durch eine Kultur, die für sie mehr verdeckte als offenbarte. In der Kirche heute gibt es ebenfalls sehr viel Ablenkung. Es gibt viel frömmelnde Unterhaltung. Kitsch hat Eigendynamik. Eine kitschige Madonna verfremdet, verniedlicht und überstülpt die Gottesmutter mit Süßlichkeit. Aber auch eine Technisierung einer Show verhindert Gebet oder fälscht es zumindest ab. Medien verbinden nicht nur, sie schieben sich auch dazwischen.

Gottesdienst live

Jüngst wollte jemand einen Live-Fernsehgottesdienst mit einer Aktion stören. Er kam am Sonntagvormittag um Stunden zu spät, denn alles war bereits aufgezeichnet. Für das englische Wort „live" fehlt uns wie bei vielen anderen jetzt so wichtigen und viel benutzten Worten ein deutsches Äquivalent. Als live bezeichnen wir auch, was uns nur teilhaben lässt an einem Ereignis, an dem wir nur medial beteiligt sind und z.B. lange zurückliegen kann. Ist der Unterschied noch wichtig? Am Bildschirm kann ich wie auf einem Foto einiges genauer beobachten, so als säße ich nicht nur in der ersten Bankreihe, sondern schaute auch dem Organisten auf die Finger und dem Pastor aus nächster Distanz in die Augen. Um dabei zu sein, bedarf es nicht, auch dort zu sein. Nachrichten von der anderen Seite der Erde erreichen mich, sofern Medien es für wichtig oder geeignet ansehen, in kürzester Zeit, bzw. wann und wie es bestimmte Einrichtungen für opportun halten. Es ist nicht alles Propaganda, nur weil die Informationen kanalisiert und aufgearbeitet werden. Die Bearbeitung soll dafür sorgen, dass nicht falsche Eindrücke entstehen. Ohne Kommentar oder Lenkung versteht man am Ende etwas falsch. In Filmen ist ein ganzes Team damit beschäftigt, eine Filmsequenz von wenigen Minuten so perfekt zu inszenieren, dass wir glauben, das wäre alles vollkommen natürlich und genauso wirklich geschehen. Für die größte Unmittelbarkeit ist der mediale Aufwand oft besonders umfangreich.

Für Gottesdienstaufzeichnungen geht man damit nicht ohne Grund sparsam um, denn die Medienprofis haben noch ein Gefühl dafür, dass so ein Aufwand stören würde. Es soll ruhig sichtbar bleiben, dass man hier nicht so viel inszeniert, sondern nur die Kamera hingehalten hat. Sie verstehen zumeist mehr als kirchliche Institutionen, dass wirklicher Gottesdienst mediale Verstärkungen meiden sollte.

Unsere Kultur ist komplex und vielstimmig. Beständig werden auch neue Muster kreiert.

Kunst sucht Provokation, Veränderung, treibt die Dinge vorwärts, will unbedingt anders, originell sein. Technik und der Willen von Gruppen oder Mächten unserer Gesellschaft sind mit beständiger Veränderung befasst. Einerseits gehen unsere Möglichkeiten ins Unermessliche, andererseits wird es uns gerade darum unmöglich, auch nur einen Teilbereich dessen völlig zu verstehen. Niemand vermag es, auf mehreren Ebenen zugleich up to date zu sein.

So eine bunt zusammengesetzte Gemeinschaft, wie es Kirchengemeinden sind, ist niemals auf einem Level des Verstehens. Altersstufen, gesellschaftliche Rollen, verschieden Bildungsgebiete, eine Kirchengemeinde ist extrem vielfältig, denn ihr Anspruch ist es, offen zu sein für jedes Gotteskind. Alle leben sie in ihrer eigenen Zeit. Kinder erleben Zeit anders als Manager oder Rentner. Doch Gleichzeitigkeit ist fundamental für Gemeinschaft.

Gottesdienst ist ein die Menschen verbindender Ritus, weit mehr als eine Verabredung oder offenes Angebot von Agierenden. Er ist über Jahrtausende – wenn auch in Veränderung begriffen – in seiner Grundstruktur gleich geblieben. Es handelt es sich also um eine der ältesten analogen Reproduktionen, kopiert und wieder kopiert, wenn auch angereichert und bereinigt, oder auch vernachlässigt und hier und da gar verdorben. In ihm kommt alles darauf an, ihn „live", körperlich zu erleben, ihm beizuwohnen, zu besuchen, Anteil an ihm zu haben, ihn zu vollziehen. Es geht bei diesem Ereignis um unsere leibhaftige Einbindung in den Himmel. Wir feiern den Gottesdienst an einem Sonntag, dem kleinen Osterfest der Woche.

In der aktuellen Fülle des Vielen in unserer Gesellschaft scheint Einzelnes unwichtiger und beliebiger zu werden. Gottesdienst ist nicht mehr das zentrale Ereignis in Stadt und Dorf. Dass er in unseren Tagen also weniger Beachtung findet, darf nicht verwundern, aber das sagt nichts über seine Wichtigkeit oder Notwendigkeit aus. In einer Zeit, wo ein Ereignis das andere jagt, wir schier unendlich viele Fernseh-, Radio- und Internetkanäle haben, sich die Werbung um unsere Aufmerksamkeit streitet, geht Etliches einfach auch unter, was absolut wertvoll ist.

Gottesdienste scheinen da echt überflüssig zu sein und versprechen dem Konsumenten kaum etwas. Ihnen geht es wie Studiokinos neben den großen Kinokonzernen. Also: Ruhe bewahren oder mitmischen? Das bedeutete, die Gestalt zu wechseln. Zu welchem Preis? Dann geht es dem Gottesdienst unter Umständen wie einem Grimm´schen Märchen in den Händen von Hollywood Regisseuren. Es steht für kurze Zeit im Rampenlicht, in Wahrheit wurde es jedoch von seiner Verwandlung verschlungen.

Viva vox

In mittelalterlichen Kirchen wurde gesungen, auch die Lesungen, alle Gebete. Predigten wurden daneben gehalten, zunächst noch als Homilie wie eingestreut in die Lesungen, dann - wie noch heute in Orthodoxen Kirchen üblich - außerhalb des Messformulars. Mit der Reformation brach gewissermaßen die Prosa der Predigt in den Gottesdienst ein und bildete in dieser sonst gesungenen, poetischen Gestalt zumindest zeitlich das Schwergewicht. Die Predigt schob sich zwischen zwei Liturgien, geht man nach dem altkirchlichen Muster der Göttlichen Liturgie, der für die Ungläubigen und der für die Gläubigen, zwischen Wortgottesdienst und Abendmahlsgottesdienst. In den Folgejahrhunderten ging man „zur Predigt", umrahmt von

Kirchenliedern und Gebeten. Beichte und Abendmahl wurden ausgelagert in separate Veranstaltungen für Wenige. Die Beichte geschah samstags oder vor dem Gottesdienst, wer „gebeichtet" war, nahm im Anschluss an den Predigtgottesdienst an der Abendmahlsliturgie teil, während die anderen schon heimgegangen waren. Heute feiern evangelische Gemeinden selten Abendmahl, oft nur einmal monatlich. Die Beichte ist mehr oder weniger ganz verschwunden. In manchen Landeskirchen ist davon ein offenes Schuldbekenntnis mit Bitte um Vergebung übrig geblieben. Die Absolution bleibt aus, und niemanden stört es, denn man ist sich der Gnade Gottes offenbar eh gewiss. Gottes Gnade wird offenbar als ein Sachverhalt verstanden, an den man glauben kann, ein Ereignis ist das nicht mehr.

Gottesdienst ohne Abendmahl ist jedoch nur halb. Kirche braucht sonntäglich nicht nur Wortverkündigung und Gebet, sondern auch das Sakrament ihrer Gemeinschaft. Die viva vox der Abendmahlsverheißung von der Vergebung der Sünden wird nicht so wichtig genommen wie die Predigt eines wissenschaftlich ausgebildeten Theologen, des zugeteilten Glaubensexperten der Kirchengemeinde.

Abgesehen vom Gemeindegesang setzte sich vor allem in Reformierten Kirchen das Sprechen in der Liturgie durch. Dazu kamen allerorten Predigten von einer geschlagenen Stunde, auch mal aufrüttelnd, doch zumeist gemessen und nüchtern bis hin zur einschläfernden Wirkung. In vielen Kirchen gab es im 18. Jahrhundert das Amt der Aufweckers, bei der Länge der Predigten nicht verwunderlich.

Theatersprache geht, vor allem im 20. Jahrhundert und bis heute, ganz andere Wege. Artikulationen werden bis hin zu Schreien Ausdrucksmittel. Körperlich spürbar sollen die Dialoge werden, nicht abgehoben von Leiblichkeit, wie man zuvor den „Geist" verstanden hatte. Längere Sequenzen werden in einzelne Sprechaktionen aufgelöst, so kann man einem guten Schauspieler auch eine Stunde lang gebannt folgen.

Auch Predigten lassen sich dramatisch sprechen, regelrecht aufführen, als Performance verstanden eindrücklich gestalten. Schauspieler lesen aus der Bibel vor, und das können sie wirklich gut. Zu besonderen Anlässen engagiert man diese Sprechprofis, z.B. für einen voll gefüllten Weihnachtsgottesdienst. Wir wollen unbedingt gut sein, denn in der Medienwelt sieht es schlecht aus für alle, die nicht „gut" sind. Aber noch bleibt liturgische Schlichtheit bestimmend, auch wenn man wie in evangelischen Kirchen Deutschlands bereits Pastoren Schauspielunterricht gibt.

Der Lektor stehe am Pult und hält seine Stimmgewalt zurück. Er emotionalisiert nicht, was den Text ja bereits kommentieren würde. Der Predigende will nicht beeindrucken, sondern aufmerken lassen. Nicht seine Ansicht zählt, sondern er will zum Verstehen der biblischen Botschaft hinführen. Oder aber er ist ein eitler Tropf und hält sich und seine Ideen für gewichtiger als Gottes Wort.

Evangelikale Prediger bieten regelrechte Redevorstellungen, versuchen mit Eindringlichkeit oder bestimmtem Sound Gefühle zu erzeugen. Sie wollen ihre Begeisterung für Gottes Wort teilen und hoffen, dass ihr Engagement für Jesus überspringt. Sie werben für den Herrn und den Glauben, machen Reklame für den lieben Gott.

Warum die Nüchternheit unserer Gottesdienste in ihrem Sprachduktus, wo es doch immerhin um Gottes Stimme geht? Und die ist voller innerem Feuer, denn gewaltig spricht Gott. Doch bei Elia ist es das leichte Säuseln, weniger als Windhauch, wie übrigens auch gekonntes Singen kaum Atem braucht. Es geht um hörendes Sprechen. Ich brauche weder meine Begeisterung vorführen, noch für Gott Reklame zu machen. Ich sollte seinem Wort als Prediger nur dienen.

Bedeutendes Reden

Es muss bei aller Verflechtung ein wesentlicher Unterschied anerkannt werden zwischen Liturgie und Predigt. Die nähere (säkulare) Verwandte der Predigt ist nicht das Theater, sondern die politische Rede. Diesen Unterschied markieren schon die ältesten Kirchen. Mit der Verbreitung der Predigt kamen zum Ambon, dem zentralen Lesepult der Kirchen, die erhobenen Redenischen an den Seiten im Mauerwerk zwischen Hohem Chor und Kirchenschiff. Auch predigte man vor dem Lettner, und schließlich von Kanzeln seitlich im Kirchenschiff. Dadurch freilich rutschte die Predigt mit der Zeit auch aus der Liturgie hinaus, zumal das eigentliche Abendmahl jenseits der Öffentlichkeit hinter Chorschranken nur noch innerhalb des Klerus gefeiert wurde. Das konsekrierte Brot brachte man anschließend hinaus zum Volk und verteilte es in einer abgekürzten Liturgie.

Luther, der das änderte, hatte aber nicht im Sinn, was heute zu oft geschieht: Dass die Predigt durch Argumentationen das Beten mächtig unterbricht, sich Prosa als Klartext zwischen Poesie schiebt und dieser so den Zauber nimmt. Seine Predigten geschahen nicht nur coram publico, sondern auch coram Deo. Luther predigte im

Kontext der Liturgie. Besonders in Freikirchen erlebt man dagegen heute Predigten mit populärer Begleitmusik und theatralischer Vorführung „freier" Gebete. Die Fähigkeit dazu fließt weniger aus dem Heiligen Geistes, sondern eher aus eingeübter, stereotypischer Rhetorik, Beredsamkeit. Statt Geistesstärke erleben wir da eher einfache Prosa mit sich ständig wiederholenden Formeln. Man macht gerne viele Worte. Bisweilen hat man gar den Eindruck, hier schwatzt jemand laut mit Gott und lässt sich gern dabei belauschen.

Politische Rede verwendet seit der Antike Rhetorik, denn sie will überzeugen. Der Redner vertritt seine Meinung und sucht Unterstützer, Anhänger. Er will die Gegner überreden, sie zu sich herüberziehen oder sie unmöglich machen, ihnen Fehler nachweisen. Er argumentiert, täuscht u.U. auch, ist aber zumindest vorgeblich der Wahrheit, dem Staatswohl und der Ordnung verpflichtet.

Die Kanzelrede, wie man in der Aufklärung die Predigt auch nannte, kann ebenso leicht mit politischer Weltanschauungsrede verwechselt werden wie die Liturgie mit dem Theater. Vorschub leistet dem auch die universitäre Bildung der Theologen. Er weiß so einiges, was die Zuhörer nicht wissen. Er weiß viel über den Bibeltext, wie er entstanden ist, welche Auslegungen es gibt. Er sollte auf der anderen Seite verstehen, wie es um die Welt um ihn herum steht und was das Leben der Zuhörer angeht. Und ganz sicher hat er sich so etwas wie eine Meinung gebildet, sowohl in Bezug auf den Bibeltext, wie über die Situation seiner Zuhörer. Da seine professionelle Bildung sich auf die Theologie konzentriert, hat er eine grundsätzliche Schwierigkeit. Sein Predigtauftrag verlangt, sich der komplexen Realität unserer Zeit zu stellen, und da ist er blutiger Laie. Er hat wenig Erfahrung mit der Arbeitswelt, ist in der Regel politisch wenig gebildet und versteht viele Zusammenhänge kaum, obgleich er vollmundig darüber urteilt. Es ist kein Wunder, dass darum viele die voreilige Schlussfolgerung ziehen, die Botschaft Christi habe der Welt wenig zu sagen, sie sei geradezu bedeutungslos.

Besonders unter der Rubrik der Evangelisation scheinen Prediger politischen Rednern nahe zu sein: Er will überzeugen, zum Glauben überreden und die Zuhörer auf seine Seite ziehen. Er wirbt für Christus, argumentiert für die Lehren von Kirche und Bibel, die er studiert hat und bestens zu kennen glaubt. Sein Ziel ist Überzeugung und nicht Bezeugung. Er will Antworten geben, wo Gott uns allen Fragen stellt. Er will Anhänger gewinnen und ermutigt nur nebenher zur schwierigen Nachfolge Christi, die alles andere als eine innerkirchliche Angelegenheit ist.

Welch ein Irrweg!

Es geht nicht darum, der Gemeinde seine Glaubensüberzeugung oder Meinung nahezubringen, sondern Gottes Wort, das Evangelium zu verkünden. Nicht der Politiker spreche hier, sondern der Diplomat. Glaube ist nicht eine bestimmte Meinung zu Gott, Welt und Leben, sondern in erster Linie Gegenüber zu Gott. Evangelien oder Psalmen sind keine Evangelisationsaufrufe. Die katholische Wortvariante Neuevangelisierung macht die Sache nicht besser. Die Völker zu lehren, bedeutet nicht sie zu belehren, sondern sie zur Nachfolge zu rufen.

Predigt ist weder Monolog, noch dialogisch, sondern trialogisch. Gottes Sprechen ist Ausgangs- und Zielpunkt dieser Rede. Unsere Kirchen sind keine Vereinslokale. Wir sind nicht nur eine „Gesellschaft Jesu". Sich unter Gottes Namen zu versammeln und dabei unsere Stimme zu erheben, erfordert mehr Hören als Reden. Darum reden wir bei der Verkündigung besser nicht noch durcheinander, und nicht weil einer mehr zu sagen hätte, als die anderen. Das ist die große Herausforderung für den Prediger: Er muss als Hörender zu sprechen wissen, lauschend auf Gottes so andere Weisheit und liebend seiner Gemeinde zuhörend, deren Teil er ist. Er steht der Gemeinde nicht außen vor. Er teilt ihr Leben. Sie sind einander Schwestern und Brüder als Kinder Gottes in einer ständig neu aus den Fugen geratenen Welt.

Gottes Gegenwart nach Plan

„Gott ist gegenwärtig. Lasset uns anbeten und in Ehrfurcht vor ihn treten. Gott ist in der Mitte. Alles in uns schweige und sich innigst vor ihm beuge." So dichtete der Mystiker Gerhard Teerstegen vor 1727, und so steht es in unserem Gesangbuch als ein Lied für den Anfang eines Gottesdienstes. In den folgenden Strophen entfaltet er den Gedanken der Gegenwart Gottes auf die gesamte Schöpfung einerseits und andererseits auf die unio mystica im Glaubenden hin. Gemäß des Denkens der Neuzeit wird die Gegenwart Gottes als allgemeine Tatsache angesehen. Seine Gegenwart im Gottesdienst wäre dann entweder als eine besonders intensive anzusehen, oder dass wir uns ihrer zu dieser Stunde nur besonders bewusst würden. Man geht nicht in den Gottesdienst, weil dann die Stunde ist, in der Gott sich offenbart, sondern es handelt sich in unserer Vorstellung um eine Art Verabredung, um seinen Glauben zu pflegen.

Die Vorstellung von Zeit hat sich geändert. Unseren Vorstellungen entspricht das Mittel der Meditation, das Bedenken von Sachverhalten. Wir setzen den Termin dafür an, freilich gemäß der Tradition, aber nicht weil Gott dafür vielleicht den Tag gesetzt hat. In meiner Vikariatsausbildung versuchte der Rektor tatsächlich, aus praktischen Gründen den Studienablauf in Dekaden abzuhalten. Er löste eben mal den Sonntag auf und machte ihn zum Studientag für angehende Pastoren.

Wir verstehen das Gebot, also können wir es frei anwenden: Sonntag ist, wann wir ihn ansetzen. Der Meister des Verstands kann jede Form zerbrechen.

Gottes Gegenwart ist ja stets vorhanden. Sie würde einem durch besonderes Verhalten, dem Lied nach mit geschlossenen Augen und in tiefer Demut, nur bewusster werden. Wir brauchen nicht der Pfingststunde zu harren. Gottes Gegenwart ist ebenso eine Gegebenheit wie Luft und Erde, Zeit ist den Menschen ein messbarer Raum geworden.

Das Feiertagsgebot ist ein Zeitgebot, und auch die Verschiebung vom Sabbat auf den Sonntag ändert nichts an dieser Grundsätzlichkeit: Gott lässt sich nicht herbeirufen wie ein Geist aus der Flasche. Lukas legt Wert darauf, zu erwähnen, dass die Jünger von Emmaus noch am Tag der Auferstehung ihren Herren sahen und er hernach aus ihren Augen verschwand. Es geht darum, dass Gottes Gegenwart nicht verfügbar ist. Der Geist weht, wo (und wann) er will. Indem wir uns dem Zeitgebot fügen, erkennen wir dies an.

Die Bibel sieht es auch sonst so: Im Alten Testament „wohnt" Gott zunächst im Tempel, aus dem er auch „ausziehen kann". Zumindest musste man dorthin gehen. Christi Gegenwart ist dort, wo man ihn gemeinsam anruft, auch ohne Beschwörung oder religiöse Einübung, nüchtern und einfach wird das gesagt, kein Wort von Meditationsmethoden, weder Training, noch einfaches Einschalten oder Vorfinden. Gott wartet nicht in der Kirche wie am Bahnhof und wird nicht abgeholt. Die Glocke ist kein Instrument der Kirchenleitung, sondern gehört zur Befolgung des Feiertagsgebots.

Dies besagt natürlich nicht, dass Gott sonst „nicht da wäre". Doch es war immer etwas anderes, ob man sich in Tempel, Synagoge oder Kirche befand, oder wie der Mönch am Meer, der Beter in seinem Kämmerchen oder der Einzelne in den verschiedensten

Situationen seines Lebens. Die Erlösung des Menschen separiert uns nicht, sondern versöhnt uns, führt uns zusammen.

Das Gebet des Einzelnen ist Fortführung des Gottesdienstes und nicht umgekehrt ein Treffen der Betenden, die aus ihren Kämmerlein heraus sich auch mal versammeln, um gemeinsam Gott zu loben, was man auch hätte sein lassen können.

Liturgie bietet also keine besondere Gegenwart Gottes, sondern darin kommen wir der Zusage Christi nach. Nicht wir üben uns in den Gottesdienst ein, wie man Dinge erst mal lernen muss, sondern er übt uns in den Glauben ein.

Wir beschwören Gott nicht im Gottesdienst, damit er uns gegenwärtig würde. Wir feiern Gottesdienst, um unserer Berufung gerecht zu werden. Er hat uns zuerst in der Taufe bei unserem Namen gerufen. Und so ist die Voraussetzung für den Dialog gegeben, Namen spricht zum Namen.

Man lese dazu Psalm 139.

Wer wir sind, das sind wir nicht für uns allein. Individualität entsteht im Kontext des Nächsten, Anderen. Zum Glauben gehört das Volk Gottes, die Kirche. Als die Engel Abraham und Sarah besuchten, verhießen sie ihnen ein Volk. Dem trägt die Versammlung der Glaubenden Rechnung, denn Gott liebt nicht vor allem mich, sondern uns, meinen Nächsten wie mich.

Wie steht es um die Präsenz der Liturgen? Im Theater unterscheidet man zwischen Präsenz und Repräsentation, doch diese Unterscheidung ist nach Erika Fischer-Lichte nicht aufrecht zu erhalten, weil beides nicht voneinander zu trennen ist. Der Schauspieler schafft in seinem Spiel etwas Einzigartiges. Seiner Verwandlung entspricht die Wahrnehmung der Zuschauer, er ist dann diese Person, von der man weiß, es ist ein Spiel, er ist es nicht „wirklich". Nun wird auch für den Gottesdienst darüber nachgedacht, wie es um die Gegenwart des Liturgen und seine Rolle steht. Talar oder Albe scheinen ihn ja in eine zu spielende Rolle zu bringen. Er könnte Gott, Christus oder Engel repräsentieren. Die Reformation hat so einem Ansinnen widersprochen. Der Pastor ist nicht Klerus, sondern mit speziellem Dienst betrautes Gemeindeglied. Er repräsentiert niemanden anderen als sich selbst mit seinem Amt. Er ist ein Glied am Leib Christi wie alle anderen auch, nur mit besonderen Aufgaben betraut. Er übertrifft nicht mit besonderer Präsenz die anderen Liturgen, die Gemeinde. In unseren Gottesdiensten steht nicht ein Liturg dem Volk, den Laien gegenüber. Wir sind gemeinsam Liturgen, auch wenn einer oder ein paar Menschen aus der Gemeinde mehr sagen oder singen als andere. In der neuen

Gottesdienstordnung von Thomas Müntzer ließ sich auch der Priester vom Volk zu Beginn des Gottesdienstes die Vergebung zusprechen. Das gehört zur Bedeutung des „allgemeinen Priestertums", von dem in der Evangelischen Kirche gern geredet wird. Dies wird freilich bei uns in der Regel nur rechtlich verstanden, als grundsätzliche Berechtigung der Laien gemeint, auch diese oder jene Funktion übernehmen zu können. Über die besondere Berechtigung dann entscheidet die Behörde. Ordination und Einsetzung erteilt sie mehr als dass sie sie nur erlaubt, denn der wahre Beauftragende für die Liturgie ist Christus. Auch hier schlagen unsere Denkgewohnheiten durch. Gott lässt sich rechtlich nicht fassen, also gerät er aus dem Blick. Eine persönlich erfahrene Berufung macht das nicht wett. Es ist die versammelte Gemeinde der Glaubenden, die aus ihren Reihen jemanden bevollmächtigen muss. Die Behörde hat Vorschlagsrecht. Die Gemeinde muss ihren Pastor annehmen, aber im tieferen Sinn, als es Wahlen tun. Und der Pastor muss sich auf die Gemeinde einlassen und in ihr aufgehen. Er ist nicht ihr „Vor-Gesetzter".

Das allgemeine Priestertum sieht den Pastor mitten in seiner Gemeinde, alle sind Liturgen. Sie sind miteinander Glaubende vor Gott, ihrem gemeinsamen Haupt zugewandt. Der Gottesdienst lässt sie zu einer Gemeinschaft besonderer Art werden, denn sie definiert sich dadurch, dass sie hier und jetzt auf ihr Haupt, Christus hört. So sind sie hier und jetzt Kirche im eigentlichen Sinn. Aus dem Gottesdienst heraus gehen sie wieder in die Welt, wo sie das nicht mehr in diesem schlichten und direkten Sinn sein können, sondern sich auch ganz anders definieren lassen müssen. Christ sein in der Welt bedeutet, sich aus dem Gottesdienst heraus zu verstehen. Sie führen nicht als Glaubende Versammlungen durch, wie sich Vereine mit definierter Grundlage treffen und wo man denn auch mal betet, wenn es sich ergibt. Das tun sie außerdem, aber Kirche im Vollsinn sind sie nur im Gebet und Hören, in ihrer gemeinsamen Zugewandtheit Gott gegenüber. Dann sind sie Gemeinschaft der Heiligen, Kirche entsprechend dem Glaubensbekenntnis.

Wenn wir danach fragen, was Kirche ist, laufen wir in die Irre, wenn wir sie nach fremden Mustern definieren. Sie muss aus sich selbst, von der Inkarnation Gottes her verstanden werden. Alle anderen Deutungen und Bestimmungen von außen her, sind nicht „falsch", aber sie sind unangemessen in dem Sinn, dass ihr Wesen nicht verstehen. Solange es sich nur um Beurteilungen und andere Sicht handelt, mag es hingehen, aber wenn diese anderen Sichten in der Kirche zu regieren anheben, wird es gefährlich.

Die sich als Höflichkeit verstehende Formeländerung verrät vieles: „Lassen Sie uns beten" versus „lasst uns beten." Im ersten Fall fragt man (mit bürgerlicher Distanziertheit) die Gruppe von Menschen in den Bänken nach der Zulassung, ob wir denn jetzt beten dürften. Im anderen Fall ist es der einfache Hortativ, der voraussetzt, dass wir uns zum Gebet versammelt haben und das jetzt mit den dann folgenden Worten tun. Bis in diese Kleinigkeiten hinein zeigt sich unser allgemeines Unverständnis dessen, was Gottesdienst und Kirche sind. Nicht das Desinteresse und Unverständnis der Massen sind unser erstes Problem, sondern wir selbst, die wir vieles von dem nicht mehr recht verstehen, was und wer wir als Kirche sind. Und oft versteht es das theologisch wenig gebildete Volk besser als ihre Experten in den Ämtern. Die „einfachen Gemeindeglieder" haben oft ein klares Gefühl dafür, dass da etwas mit uns als Kirche nicht stimmt.

Unbeholfenes Beten

Ich erinnere, dass in der Liturgischen Konferenz einmal gefragt wurde: An welche Stelle im Gottesdienst passen die Abkündigungen und Ansagen? Die Antwort war einfach: An überhaupt keine. Diese Ansagen stören das Beten, reißen uns aus der Liturgie. Doch es sind nicht nur Veranstaltungsansagen, die so wirken. Dazu gehören alle möglichen Kommentare und Regieanweisungen. Und irgendwie gehört dazu auch das von frömmerer Seite häufig erwartete „freie Beten". Wer das kennt, weiß, wie formelhaft dies zumeist geschieht. Der Vorbeter bringt sich mit seiner Persönlichkeit ein: Er kann das, demonstriert seine Frömmigkeit, wenn nicht gar seinen angeblichen Geistbesitz. Ein guter Prediger ist, wer nicht sich produziert und seine Frömmigkeit vorführt.
Es gibt gelungenes freies Gebet, das ist keine Frage, aber die Ungebundenheit an einen geschriebenen, bzw. wohl vorbereiteten Text ist kein Wert, der irgendetwas in der Liturgie gelten kann.
Bezeichnend für Verirrung im Liturgischen ist auch, wenn man Gott im Beten die Weltlage erklärt. Seine eigene Befindlichkeit zur Sprache bringen, ist durchaus möglich und angemessen, auch kann man im Gebet argumentieren, wie Abraham es tat, als er Mitleid mit Sodom und Gomorrha hatte. Aber er tat es Gott, nicht Mitbetenden gegenüber. Um die Gemeinde zu belehren, ist das Gebet nicht geeignet. Überhaupt: Ansagen scheren aus der liturgischen Richtung.

Solche fragwürdigen Gewohnheiten verraten viel über die Grundeinstellung der Liturgen. Gottesdienst ist vielfach eine fromme Veranstaltung geworden, in der man dann auch dem lieben Gott ein wenig zunickt, aber eigentlich genau Bescheid weiß, was als Kirche zu tun ist. Pastoren sehen sich als amtliche Macher an und stehen unter dem Erwartungsdruck, er solle es gut machen, man soll ihn mögen. Der Theologe oder Absolvent einer Bibelschule hat es halt begriffen und gibt nun pädagogisch seine Erkenntnisse weiter. Welch ein Hochmut, der sich in vorgespielter Demut kleidet!

Das unbeholfene Beten betrifft auch das Predigen. Da stellt sich der Prediger hin, gern direkt vor den Altar und erklärt dem unwissenden oder im Glauben zu bestärkenden Volk, wie das Evangelium zu verstehen sei. Die in der Reformation abgelegte Priesterschaft als Vermittler, Medium zwischen Gott und Mensch lebt neu im theologischen und seelsorgerlichen Expertentum auf. Predigt geschieht im Unterschied zur leider vielfach aus dem Gebrauch geratenen außerliturgischen „Bibelarbeit" (besser: Bibelgespräch) coram deo. Predigt ist nicht Gebet im direkten Sinn, aber es geht um dasselbe, um den Dialog unseres Denkens und Verhaltens mit Gottes Wort. Verkündigung ist Gericht und Segen, unter die sich der Prediger mit der Gemeinde gemeinsam stellt, und nicht etwa der Prediger über die ihm zuhörende Öffentlichkeit.

Unter dem Schein des Gebets, anderen ins Gewissen zu reden, ist in manchen Kreisen durchaus üblich. Sie müssten vor Scham vergehen. Das gilt auch für entsprechende Predigten: Der Heilige Geist ermahnt uns, nicht der Pastor die Gemeinde.

Am Hof eines Königs benahm man sich formell. Der mich regiert, ist nicht mein Kumpel. Legere Kleidung mag ich anhaben, nicht aber leger, d.h. lässig, leichtsinnig, unbedacht, unbeständig reden. Gottesdienst ist zudem auch Weltöffentlichkeit. Der Horizont des Sonntagsgottesdienstes ist unsere Zeit im vollen Sinn der Geschichte. Horizont der Liturgie ist die Menschheit, die Ökumene aller Zeiten. Da kommen die Völker zusammen. Entsprechend sollten wir gerade in der Kirche die massiven Veränderungen, die uns alle betreffen, ernst nehmen und kritisch betrachten, nicht aber einfach mal mitschwimmen und gern die ersten sein wollen, obgleich wir kaum ahnen, wohin uns das Schiff des Fortschritts führen wird.

Man sollte entsprechend bescheiden, klar und offen in der Predigt reden. Unbeholfen im Sinne eigener Unmündigkeit zu agieren ist Gott genehm, nicht aber in Nachlässigkeit, wie das im Gleichnis vom Großen Gastmahl beschrieben wird. Die von den Zäunen sind hochwillkommen, doch nur, wenn sie den Unterschied von Straße und Festtafel akzeptieren. Im Gleichnis trägt der Herr die Festtafel nicht auf die Straße.

Zu predigen ist anspruchsvoll, niemand halte sich selbst für einen „guten" Prediger. Gute Predigt ist allein der biblische Kanon. Ich darf als Prediger diesen Schatz mit der Gemeinde betrachten, das ist Privileg genug. Auch hier gilt: Man kann vieles falsch machen, aber Perfektion ist unmöglich, so geschliffen klar, überlegt und richtig mir mein Reden auch vorkommen mag.

Ein sehr seltsames Stilmittel gebrauchen Prediger unserer Tage und machen es gewissen Fernsehgewohnheiten nach: Sie erzählen nicht nur von sich selbst, sondern führen fiktive oder echte Beispiele von ihren Nächsten vor, die sie gerade erlebt haben. Sie führen Andere vor, oft ohne sie zuvor um Erlaubnis gefragt zu haben. Sie erheben sie auf die Kanzel wie auf einen roten Sessel vor der Kamera. Und irgendwie wird das zugleich fiktiv. Das klingt vielleicht überzeugend, aber sie machen damit strukturell Ähnliches wie reality-shows. Das verbietet sich schlicht für den Gottesdienst. Das Signal geht auf diese Weise auch in die Richtung: Schaut mich an. Ich predige ja damit auch meine Person, die das gut oder schlecht findet, die Vertrauen genießt, seelsorgerlich tätig ist,... Ich möchte dafür jetzt (indirekt) Beifall, Zustimmung erhaschen. Wir beurteilen hier öffentlich diese oder jene Person. Doch wenn jemand das als Pastor macht, gilt, was Jesus sagt: Danach beurteilt mich auch. So zeigt sich mit Bescheidenheit und Harmlosigkeit verhüllte Eitelkeit. Auch hier ist etwas von der Digitalen Kultur zu erkennen: Man postet irgendwas, um sich interessant zu machen, dabei darf man sich auch dessen bedienen, der einem gerade begegnet ist. Ich benutze ihn für meine Zwecke. In Theater und Film, dem Reich der Fiktion geht das, aber Predigt spreche nicht in diesen Welten.

Ich habe dies hier angeführt, weil auch dies zeigt: Kirche und Gottesdienst verändern sich in der Digitalen Kultur auf erhebliche Weise, und häufig genug wissen wir dabei nicht, was wir tun. Wer nicht weiß, was er tut, agiert automatisch nach Gewohnheit und Ordnung auch dort, wo es eine höhere, andere Ordnung gibt, die er nicht anerkennt. Die Soldaten beim Kreuz Christi waren gehorsame Leute. Jesus hatte Verständnis für sie, aber dennoch töteten sie den Messias. Wir wissen nicht, was wir tun, wenn wir Gottesdienst in Mustern unserer sonstigen Veranstaltungen und Events halten. Wir begehen Fehler gerade dann, wenn wir meines, es besonders gut und richtig zu machen.

Auch das gehört ins Theater, aber nicht in den Gottesdienst: Etwas bewusst bewirken wollen. Ich will mich nicht an die Stelle des Geistes Gottes setzen. Wenn es mir gelingt, Missverständnissen aus dem Weg zu gehen, sie auszuräumen, habe ich getan, was ich konnte. Ist nicht auch die gesamte Dogmatik im Grunde Apologetik? Fromme Gefühle hervorzurufen, Eindruck zu schinden, Erkenntnisse zu produzieren, die ich mir zuvor erarbeitet habe, Schlauheit und Bildung demonstrieren, Neues zu gestalten, Frömmigkeit präsentieren, vorzuspielen, all das gehört nicht hierher.

Die grundsätzliche Scheu, die „Göttliche Liturgie" in der Ostkirche zu verändern und die Predigt lieber hinten anzuhängen, hat auch guten Grund. Wir wagen die Predigt mitten im liturgischen Geschehen, wie es die altkirchliche Homilie tat. Wir verändern fortlaufend die Liturgie. Wir sollten das nicht als Pflicht betrachten, modern und zeitgemäß zu sein, sondern als Wagnis ansehen.

Gottes Wort ist von Ewigkeit zu Ewigkeit. Es gibt unzählig viel daran zu entdecken. Erfinden kann ich in der Woche. Predigt und Gottesdienst sind keine Kunst*werke*.

„Mache mich einfältig, innig, abgeschieden, / sanft und still in deinem Frieden; / mach mich reinen Herzens, dass ich deine Klarheit / schauen mag in Geist und Wahrheit; / lass mein Herz / überwärts / wie ein' Adler schweben / und in dir nur leben."

Gott spricht

Im Ausdrucksspiel des Theaters bedeuten manche performances nichts anderes als sich selbst. Verstehen ist für den Moment des Erlebens weniger als Reflexion gefragt, sondern seine Unmittelbarkeit ist schlicht Begegnung, Eindruck. Verstehen im Sinn von Reflexion und Einordnung in ein Wissen kann folgen.

Die Allegorielehre der Kirchenväter reflektierte die Bedeutungsebenen von Gottes Wort. Der historische, buchstäbliche Sinn der Bibeltexte war ihnen eine Ebene, die wir bedenkenlos bis heute mit ihnen annehmen. Da lässt sich viel erklären, ins vorhandene Wissen einordnen, unseren Wissenshorizont erweitern oder Bekanntes bestätigen. Da kann man argumentieren, systematisieren und diskutieren. Es ist kein Zufall, dass diese Ebene im Universitätsstudium der Theologen breiten Raum als die Fächer Altes und Neues Testament einnehmen. Da ist Wissenschaftlichkeit keine Frage.

Anders steht es schon um die anderen Ebenen altkirchlicher Auslegung. Der geistliche Sinn wird in der Systematischen Theologie abgehandelt, der tropologische in der Ethik als Teilfach der Systematischen Theologie, dem anagogischen Sinn könnte man am ehesten Kirchengeschichte und Praktische Theologie zuweisen, aber an diesen Mustern sehen wir, wie sehr sich unser Verständnis gewandelt hat.

Für den historischen Sinn sind unsere Gottesdienste in Bezug auf die Bibeltexte in der Predigt bis zu einem gewissen Grund ersprießlich, aber Liturgie ist kein Fortbildungsunternehmen. Historisches Wissen in dieser Beziehung ist eher helfende Voraussetzung. Für den spirituellen Sinn gibt es zunächst den „anagogischen" Sinn. Er bringt uns dem Himmel näher, erhebt unsere Herzen. In dem modernen Muster von Wissen und Gefühl ist man verführt, diesen im Bereich der Gefühle oder inneren Einstellung anzusiedeln. Dafür eignet sich der Ansicht mancher nach eher eine meditative Übung. Man sucht, sich in Gott, bzw. seinen Glauben zu versenken, spirituelle Nähe wahrzunehmen. Das geschehe dann mit starkem Gefühl oder auch intensiver „Gelassenheit", erleichterndem Vertrauen. Religiosität, Spiritualität heißen die entsprechenden Zauberworte, in Richtung des „Heiligen" als mysterium tremendum nach Rudolf Otto.

Eine andere Art von Deutung ist dogmatische Theologie. Der Predigttext wird in eine Glaubenslehre eingeordnet, ihr zugeordnet. In der Aufklärungszeit galten bestimmte Bibelstellen als Beweise dogmatischer Wahrheiten. Letztere wurden an der Vernunft gemessen, bis sich schließlich die Bibelstellen selbst an ihr zu bewähren hatten. Unbequeme Texte lehnte man später als „zeitbedingt" auch von der Kanzel her und auf jeden Fall in der Philosophie offen ab, schließlich kann die höchste Vernunft nicht unvernünftig sein. Das Problem bestand nur darin, dass man die gerade erreichte menschliche Vernunft für das Höchste erachtete. Zur höchste Vernunft wurde nun das nur noch nicht Erkannte, eine Art Wissens-Eschatologie. Experten wissen so viel, wie man jetzt davon schon wissen kann, jeweils auf ihrem Gebiet.

Wir nehmen selbstverständlich die neue Digitale Denkweise als das Maß der Dinge, aber ihre Kritik steht noch aus. Oder wir nehmen sie im Stadium erster Begeisterung und neuer Gewohnheit nicht gerne wahr. Der Lack ist noch nicht ab. Außerdem gibt es ständig Neues, unüberschaubar Vieles ist zwar schon erfunden, aber noch nicht realisiert, das drängt und lässt wenig Zeit für Kritik.

Eine weitere Dimension der altkirchlichen Allegorie ist die tropologische, die ethisch-moralische Auslegung. Heute spricht man gern von christlichen, bzw. humanistischen Werten, und viele versuchen, so die Existenzberechtigung von Kirche zu retten, weil die Gebote eben umfassender erscheinen, als es Gesetze je sein können. Gottes Wort erscheint als Macht einer Tradition, die allem Dasein zugrunde läge. Freilich kann dem auch munter widersprochen werden, der Religionen gibt es viele, der Denkmöglichkeiten noch mehr. Immerhin haben wir mit den Geboten von Mose oder derer, die seine Figur für die Bibel erfunden haben, eine ehrenwerte Tradition, die für das Abendland immer noch grundlegend ist, bis sich etwas Besseres, Differenzierteres und wissenschaftlich Begründetes ergibt.

Auch der erste, historische Sinn, ist ins Wanken geraten, denn Wunder gibt es nicht und Auferstehung wie Inkarnation laufen allem nachprüfbar Faktischen entgegen. Alt- und Neutestamentler haben zudem mit zahlreichen Beispielen gezeigt, dass es in der Regel nicht so war, wie in der Bibel dargestellt. Wenn es aber die Arche nicht gab oder vielleicht eine Person des Salomo erfunden sein könnte, als was lesen wir dann in einem Gottesdienst diese Texte?

So bleibt in der Konsequenz, entweder den Gottesdienst zu lassen und für die einzelnen Dimensionen des Glaubens passendere Medien zu finden, oder den Gottesdienst anders zu fassen, als es üblichen Gewohnheiten unseres Verstehens entspricht.

Gleich im ersten Sinn der Allegorie, dem historischen, geraten wir in eine Konfrontation. Nehmen wir wieder das Theater als Spiegel, als Beispiel ein historisches Shakespeare-Stück. Historisches Verstehen unterscheidet zunächst aktuelles Wissen um Caesar von der Rezeption im 16. Jahrhundert und dann auch noch beim Dichter. Dazu kommt die Gegenwart der Aufführung im 21. Jahrhundert. Das sind drei Zeitebenen in einem Stück, zur gleichen (Spiel)zeit. Dazu kommen die unterschiedlichen Perspektiven von Regisseur, Schauspieler, Bühnenbildner, Besuchern und natürlich die vermutete Absicht des Autoren. Warum veranstaltet man diesen Aufwand? Das ist deutlich mehr als Wissensvermittlung.

Im Gottesdienst beten wir gar mit Worten, die drei- bis viermal so alt sind wie ein Shakespeare. Die Liturgie steht in einer ebenso langen Geschichte der Veränderung. Wollten wir auch nur ansatzweise in einem Gottesdienst diesen Prozess den Anwesenden erklären, wäre alles Beten dahin. Unser Glaube geht davon aus, dass Gott derselbe ist, auch wenn er Mose etwas anderes bedeutete als mir oder dir. Gott hat keine Geschichte.

Einerseits ist Liturgie demnach eine sehr veränderliche Geschichte mit etlichen Umbrüchen, andererseits Gleichheit, nicht als Nenner, sondern in der Person Gottes. Er spricht zu uns, wie er es zu Abraham und den Jüngern Jesu (auf andere Weise) getan hatte. Dichter gehören einer Zeit an, Gott spricht in alle Zeiten, und ganz konkret zu uns im gottesdienstlichen Geschehen mit (auszuwählenden) Worten der kanonischen Schriften. Nehmen wir den Exodus, das Gründungsereignis des Judentums: Das eigentliche „Wunder" ist uns nicht das gespaltene Meer, und ob es doch nur übertriebene Dichtung ist, sondern Gottes Gegenwart und Wirken in allen Zeiten, immer verborgen und doch offenbar. Missverstehen wäre es, wenn wir aus den Geschichten und damit auch unserem konkreten Leben durch Abstraktion nur Ideen, eine Theorie filtern würden. Der Gottesdienst behält alles in Konkretion. Der theoretische Glaube ist nicht die Brücke, sondern Gott. Der Gottesdienst rede nicht über Gott, auch nicht jemand aus unseren Reihen von ihm, sondern Gott spricht mit uns, jetzt und hier. Das kann man nicht inszenieren als einen Text oder organisieren wie ein Meeting. Wir laden nicht Gott ein, sondern er uns. Kirche ist kein religiöses Theater.

Es geht nicht um ewige Werte, sondern Wort Gottes an alle Generationen, in alle verschiedenen Realitäten hinein. Gott hält uns keine Werte vor, sondern im Gebot sagt er mir: Sei treu. Lüge du nicht. Die Gebote lassen sich zwar in ethischen Systemen entfalten, aber dann geht es ihnen wie den geschriebenen Gesetzen, sie werden unter Umständen auch ungerecht und hart, nehmen wir sie als differenzierbare Regel absolut. Ob die Frage der Ehescheidung oder der Berechtigung vom Töten, das Gebot ist gleich, nicht aber das jeweilige Gesetz der Zeiten. Es ist direkter Anspruch an uns. Gott spricht zu mir und uns. Darum wurde aus Abraham ein Volk, denn niemand ist für sich allein, auch nicht vor Gott. Darum kommt zur Taufe eines jeden die Kirche als Gemeinschaft der durch Gottes Wort und Vergebung Geheiligten. Gott spricht zu uns und mir. Das ist etwas anderes als eine Lehre oder ein Wertesystem. Der Taufbefehl vom Lehren der Völker setzt nicht eine vorhandene Lehre voraus. Eltern lehren ihre Kinder nicht nach Schulbuch, sondern auf ganz andere Weise.

Computer sprechen nicht, sie tun nur so. Sie funktionieren, ihr Herz ist nur tickende Elektrik, sie sind seelenlos. Wir wissen, dass hinter jeder Software Programmierer stehen, aber die sind wie Shakespeare ganz woanders und an mir nicht interessiert, sie kennen mich nicht. Und was wissen wir schon von dem Dichter! „Shakespeare" ist als historische Person ein nicht mehr zu lüftendes Geheimnis. Poeten verschanzen sich hinter ihrem Werk, ihren Worten, die in die Welt gesetzt werden, fast, als würde ein Troll etwas posten.

Darum ist Gottesdienst die angemessene Art, auf Gottes Wort zu hören, und alle Theologie oder Auslegung (erst recht von der Kanzel her) diene dem nur. Die Institution „Kirche" steht noch viel weiter hintenan.

Man muss sich die Gebote, die Ansprüche, die Jesus an seine Jünger stellt, immer wieder neu real sagen lassen, anders zu Herzen nehmen als vor ein paar Jahren. Die Gebote kann man zwar auswendig lernen, aber nicht nur wie einen Wissensschatz schwarz auf weiß nach Hause nehmen. Sie müssen mir jetzt wieder gesagt werden, wie es nicht reicht, wenn meine Frau mir einmal vor Jahren sagte, dass sie mich liebe.

Nachdem Anfang des letzten Jahrtausends sich der Papst anschickte, mit dem kanonischen (und antiken kaiserlichen) Recht der Welt ein einheitliches, von der Logik regiertes Denksystem zu geben, hat die Scholastik es auch unternommen, Gott und die Welt lückenlos zu erklären und möglichst alle Missverständnisse dem Glauben auszutreiben. Dabei verwandte sie ganz bestimmte Instrumente der Rhetorik, der Redeformen, die sich nahezu mathematisch exakt verwenden lassen. Die anderen, minder exakten Redeformen verwies die Kultur mit den Bildern in den Bereich der schönen Künste, die man nicht unbedingt immer so ernst nahm oder nimmt. Den Gipfel bildeten die beiden theologischen Summen von Thomas von Aquin. Alle folgenden theologischen Systematiken lassen sich auch als (freilich auch systematisierende) Einsprüche im besonderen Fall dazu verstehen. Solch theologische (oder dann säkularisiert philosophische) Summen des Wissens, in sich möglichst widerspruchslose Systeme des Denkens über das Sein, funktionieren wie Algorithmen. Sie abstrahieren, um über den Einzelfall hinaus gelten zu können. Das Wort Mensch kann man in den Plural setzen, einen Namen nicht. Gottesdienst hat es mit Namen zu tun. Ich bin etwas anderes als nur ein konkreter Mensch. Damit hat es zu tun, dass wir an Christus glauben, Sohn Gottes und Jesus von Nazareth in einem. Er ist nicht nur Bild Gottes, wie unser aller Bestimmung. Nur er ist Ebenbild des Vaters. So feiern wir unsere Gottesdienste im Namen Gottes, im Namen der Trinität.

Wissenschaft, wie wir sie lieben, testet alles auf Widersprüche. Alles sollte möglichst aufgehen wie Gleichungen, beruhend auf bestimmten Axiomen. Diese Art zu glauben ist eine andere als die des Gottesdienstes. Das Judentum verzichtete aus gutem Grund auf vergleichbare Theologiegedankengebäude. Für das Judentum ist der „Name" Synonym für Gott.

Viel Klarheit wurde durch die Scholastik gewonnen, zumindest in lateinischer Sprache. Die Reformation erhob dennoch zunächst grundsätzlich Einspruch gegen diese Art, den Glauben begrifflich fassen zu wollen.

Gottesdienst versagt auf der Ebene der Abstraktion. Er scheint nur zu zelebrieren, was man besser weiß.

Kirche live und direkt hat offensichtlich ihre große Zeit hinter sich und befindet sich auf geordnetem Rückzug. Das gilt dann wohl auch für Gott, zumindest für sein reales Vorkommen im Leben, misst man es am Grad der Aufmerksamkeit, die ihm zuteil wird. Gott ist Geschichte in dem Sinn, dass seine Zeit vorbei ist. Zugleich erleben wir eine Renaissance von Religion mit äußerst unangenehmen und gefährlichen Auswüchsen. Fundamentalismus hat kein Problem mit digitalen Techniken, im Gegenteil. Sie scheinen ihnen entgegen zu kommen. Unsere Gottesdienstkultur hat es wahrlich nicht leicht in diesen Zeiten.

Das Heil im Glück suchen

Das zu erstrebende Heil, um das es im Gottesdienst ja geht, wurde und wird für unser Verstehen übersetzt in Glück, Wohlstand, Vorteil, ausgleichende Gerechtigkeit oder psychische Gesundheit. Politisch wurde das Himmelreich zunächst in eine Utopie versetzt, eine unbestimmte Zukunft, die anmutet wie das Happyend europäischer Märchen. Das gute Ende gehört zu so einer Geschichte. In Wirklichkeit tritt es niemals ein, ohne dass vielleicht neues Unglück folgt. Populär sind Verklärungen der Wirklichkeit im Kitsch träumerischer Romantik, oder auch die vielen Fluchtmöglichkeiten in Sekten und Esoterik.

Dagegen nun muss sich Liturgie behaupten, gegen all diese Missverständnisse, und das ist nicht einfach. Im Allgemeinen versucht die Kirche, sich hier oder da anzupassen, einzufügen, auch mit dazu zu gehören. Doch die gesuchten Muster lassen nur zu, was sie selbst sind. Und es ist eigentlich auch völlig klar, dass das Heil, von dem Christus spricht, auch etwas grundsätzlich anderes ist. Der Himmel ist nicht das Reich unserer Wünsche.

Das Evangelium verkündet, was nicht von dieser Welt ist, aber nicht schwächer, sondern stärker, wenn überhaupt vergleichbar.

Gottesdienst ist die gesuchte und gewagte, der Verheißung entsprechende Begegnung mit Gott. In diesem Licht gibt es keine

Erklärung, sondern „nur" den Anspruch der Ganzheitlichkeit all der Ebenen unserer Wirklichkeit und Existenz. „Von ganzem Herzen, von ganzer Seele, von allen Kräften und von ganzem Gemüt liebe den Herren deinen Gott und deinen Nächsten wie dich selbst." Das ist der Anspruch des Gottesdienstes.
Ephraim der Syrer hat in seiner ersten Rede über den Glauben (Abschnitt 29) geschrieben: „Wer über Gott nachgrübelt, dessen Tollheit überschreitet die Grenzen der Natur. Er bekennt zwar seinen Glauben an das absolute Wesen, forscht aber doch darüber wie über ein Geschöpf. Er erhebt Gott überaus hoch dem Namen nach, aber durch das Grübeln erniedrigt er ihn wieder. Gib entweder die Benennung oder das Forschen auf... Zwischen dem Menschen und Gott gibt es nur Glaube und Gebet... Du hast das, was du glaubst nicht erfahren... Je mehr die Grübelei forscht, desto weiter entfernt sie sich vom Finden." „Der Glaube geht nicht irre, er findet die klare Wahrheit, da sie ihm ja entgegenkommt." (Abschnitt 39) Das ist kein Urteil gegen das Denkens oder die Theologie, weist aber auf ihre Grenzen hin. Dass wir in Bezug auf den Gottesdienst, die Begegnung mit Gott, unsere Grenzen in der Hauptsache akzeptieren, erscheint unzeitgemäß. Wir wollen zumindest potentiell alles wissen, selbst in die Hand nehmen, prüfen und entscheiden, was gut und richtig sei, um dieses dann für eine begrenzte Zeit beizubehalten. Man kann erkennen, was unangemessen ist, irrig und überhoben.
Liturgie macht uns eine Grenze der Erkenntnis auch des Guten und Nützlichen deutlich. Sie sucht das Gegenüber des lebendigen Gottes. Das lässt sich ebenso wenig durch Wissen ersetzen wie in der Liebe das Gegenüber zum Anderen. Für die Kommunikation unter Menschen haben wir alle möglichen Medien, mit denen wir sie vielfältig gestalten können. Zum Medium der Kommunikation mit Gott gehört zwar die Sprache, aber hier waren die drei sogenannten Buchreligionen stets äußerst vorsichtig. Im Judentum und Islam besteht man auf die durch Gottes Wort geheiligten Sprache Hebräisch, bzw. Arabisch mit den entsprechenden Heiligen Texten. Im Christentum ist es eine Person, Jesus Christus. Die liturgischen Medien, wenn man sie denn so nennen will, sind von daher anders eingeschränkt als im Judentum und Islam. Das Miteinander der Kirche versteht sich auf Grund des anders gearteten Gotteswortes als Gemeinschaft in einem besonderen Sinn, nicht nur geeint durch geschriebenes Wort. Kirche, Moschee und Synagoge lassen sich nicht vergleichen. Das hat seinen Grund darin, dass für uns Gottes Wort Christus ist, durch die Evangelien in einzigartiger Weise bezeugt.

Immer wenn wir etwas von einem Medium in ein anderes „übersetzen", verändern wir, was wir sagen. Medien sind nicht beliebig einsetzbar. Um es in einfacher Form mit den beiden uns verwandten Religionen zu sagen: Lesen wir das Neue Testament nach dem Inspirationsmuster des Korans, geraten wir schon allein wegen der fehlenden Urschrift in Widersprüche und drohen fundamentalistisch zu werden. Verstehen wir uns als Neues Israel, und nehmen diese geistlich-allegorische Aussage im buchstäblichen Sinn, sind Antisemitismus, religiös überhöhter Nationalismus und Fundamentalismus auf andere Art nahezu logische Folgen. Der radikale Unterschied zum Judentum als Volk Gottes besteht darin, dass die Kirche kein abgesondertes Volk unter Heiden ist, sondern wir zum Glauben berufene Heiden sind und bleiben. Entsprechend unterscheiden sich unsere Gottesdienste im Grundsatz.

Versetzten wir (zum Beispiel) das biblische Buch der Offenbarung in ein anderes Medium, ob nun Film, abstrakte Lehre, Gemälde, Computerspiel oder historische Betrachtung, liegen die Missverständnisse klar auf der Hand. Kein Medium ist ohne innere Gesetze. Wollen wir Kirche sein „auf moderne Weise", sollten wir wissen, was wir tun. Und wenn wir sehen, dass sich der Sinn verschiebt, verdunkelt oder erheblich modifiziert, sollten wir dieses Medium besser nicht nutzen, auf jeden Fall nicht in liturgischer Weise. Ein Filmemacher weiß, dass er nicht Theater spielt und ein Lyriker schreibt gerade keinen Roman, ohne dass er dies bedauern würde. Aber die Kirche versucht, unbedingt und mit erheblichem Aufwand auf verschiedenste Weise medial präsent zu sein oder sich auf dem Markt der Institutionen zu behaupten, weil sie um ihre Zukunft fürchtet. Dabei ist genau dies der sichere Weg zum Untergang durch Verfälschung. Die Kirche sollte all ihre Kraft darauf verwenden, in ihren Gemeinden Sonntag für Sonntag Gottesdienste zu feiern und danach zu trachten, in ihrer Liturgie auf Gottes Wort zu hören, sich in seinem Namen zu versammeln und getrost anders sein, als die sich ständig wandelnde Kulturszene. Die Kirche gehört nicht sich selbst, wir sind nur Haushalter, nicht eigenständige Unternehmer und schon gar kein kultureller Medienkonzern mit Generaldirektoren und Börsenkurs.

Eventkirche

Gottesdienste sind unglaublich, im Grunde unverantwortlich teuer. Riesige Gebäude werden erhalten, Heerscharen von Theologen werden ausgebildet und gut bezahlt, im Bereich der Evangelischen Kirchen in Deutschland kommen auf eine Pfarrstelle mehr als zwei Verwaltungsbeamte oder -angestellte. Es gibt außerdem Kirchenmusiker, Küster, viele Ehrenamtliche und dann sagt die Statistik: zwei bis drei Prozent der Mitglieder dieser Organisation sind an einem gewöhnlichen Sonntag im Gottesdienst. In Dörfern sitzen sie bisweilen zu Dritt oder Viert im Chorraum. Sicher haben wir mehr Kirchen als nötig, aber wir haben auch weniger Gottesdienste als möglich.

Der gleichzeitige mediale Gottesdienst im Fernsehen oder Radio bringt es auf etwa gleich viel oder gar mehr Einschaltende als im ganzen Bundesgebiet zugleich in Tausenden Kirchräumen sitzen. Finanziell ist also der Livegottesdienst an allen möglichen Orten - bisweilen nur ein paar hundert Meter voneinander entfernt - völlig unangemessen.

Wir leben in einer Eventkultur: Sind unsere regelmäßigen Gottesdienste noch nennenswerte Events, die diesen Aufwand lohnen? Bei Wikipedia ist Gottesdienst unter diesem Stichwort neben Freiluftkonzert und Kindergeburtstag aufgelistet. „Ereignis" hat von der Wortwurzel etwas mit dem Auge zu tun, es wird etwas vor Augen gestellt. Indem man den Gottesdienst so einem Begriff zuordnet, meint man, etwas erklären zu können. „Gott" ist dafür nicht mehr nötig.

Unser kulturelles Leben wird durch Events, Veranstaltungen besonderer Art am Laufen gehalten. Es muss etwas geschehen, sonst ist es nichts. Das gilt auch für das „kirchliche Leben". Im Begriff des kirchlichen „Angebots" schwingt zwar vornehme Zurückhaltung mit, aber es handelt sich in Wahrheit um einen Marktbegriff.

Gottesdienste fallen aus der Zeit, sie rechnen sich nicht. Man stellt auch keine Förderanträge für sie, weil sie vielleicht für Minderheitenpflege wichtig wären.

Abgesehen von der Predigt ändert sich diese Veranstaltung für Außenstehende nur unmerklich, aber auch in der Predigt hört man selten Neues und schon gar nicht Aufregendes, Bemerkenswertes. Viele unserer Gottesdienste sind regelrecht langweilig, betrachtet man sie aus dem Blickwinkel des hervorstechenden Ereignisses. Vor ein paar hundert Jahren war ein Gottesdienst das Ereignis der

Dorfgemeinschaft, heute werben Veranstaltungskalender um Teilnahme.

Die üblichen Rezepte der Verbesserung im modernen Sinn jedoch scheinen nach dem, was ich hier zusammengetragen habe, alles eher noch zu verschlimmern. Um den Gottesdienst als Institution zu erhalten, sucht man darum nach Ersatzlösungen: Mitmachgottesdienste, Steigerung des Unterhaltungswertes, medialen Ersatz, Aktualisierungen der biblischen Botschaft, die zwar nicht ohne empfindliche Abfälschungen möglich ist, aber verstärkte Teilnahme versprechen. Beim Fußball gibt man durch Berührung dem fliegendem Ball eine neue Richtung, fälscht ihn ab. Das ist ein treffendes Bild dafür, wie wir bisweilen mit dem Wort Gottes umgehen. Wir verwenden es in unserem Sinn. Man sucht nach Abwechslung, versucht Aufmerksamkeit zu erregen, die Besucherzahlen zu „verbessern", indem man sich der Technik der Feedbackschleife bedient. Damit gleicht man sich dem Durchschnitt an: Wir machen, was gefällt und Zustimmung bekommt, das andere streichen wir aus dem Programm.

Reklame funktioniert wie Abfälschen: Du möchtest schön sein, so modifizieren wir deinen Wunsch dahingehend, dass du diese oder jene Seife wünschst. Du suchst Glück und Seelenfrieden? Wir segnen dich. Segen bringt nun tatsächlich Frieden, aber wehe, wenn dieser Segen nur Glücksversprechen bleibt und nicht eingebunden ist in den Kontext der Gottesbegegnung. Es gab schon im Alten Testament Hofpropheten, die den Königen alles Mögliche im Namen Gottes versprachen. Und König von heute ist der Kunde.

Überhaupt: Mischt sich Kirche in die mediale Welt, gerät sie sofort in die Mühlen der Bewertung, wenn sie es überhaupt bis dahin schafft, dass man sich diese Mühe macht. Elia und Jeremia hatten übrigens ganz schlechte Bewertungen. Abraham, Isaak und ihre Frauen wurden eher gar nicht weiter in ihrer Zeit beachtet. Elf der zwölf Jünger brachte man der Legende nach gar gewaltsam ums Leben. Sie galten als Störfaktoren.

Statt nach Erfolg und Zustimmung zu trachten haben – oft erst posthum erfolgreiche – Reformen der Kirche getan, was das Wort sagt: Sich auf das besinnen, was ursprünglich mit Gottesdienst intendiert ist, ohne viel Rücksicht auf das, was im Moment wirksam erscheint.

Männer und Frauen haben sich in Klöster zurückgezogen. Die Reformation hat quasi über Nacht ihren gesamten Klerus aufgelöst und ganze Landschaften weltlichen Herren einfach überlassen. In Taizé hat eine kleine Gruppe Tagzeitgebete gehalten und ihre

Türen Jugendlichen geöffnet. In Barcelona hat ein abgedrehter Architekt zu Beginn des 20. Jahrhunderts eine gotische Kirche begonnen zu bauen, die er selbst unmöglich hätte vollenden können. Sie wird nun täglich von hunderten Leuten aus aller Welt für hohes Eintrittgeld bestaunt. Irgendein Büchlein, in einer Kammer unbemerkt verfasst und von Verlagen abgelehnt, bewegt plötzlich die Gesellschaft. Aber auch der letztliche Erfolg rechtfertigt nicht. In der Sowjetunion hatte eine überwachte, unterwanderte Kirche über Jahrzehnte ein überaus kümmerliches Dasein mit einer unverständlichen Liturgie überlebt. Die Anhänger der Bekennenden Kirche litten in ihren Gemeinden unter Spott und Hohn.

Der Wunsch nach Erfolg darf nicht Motor der Kirche sein. Als Pauschalentschuldigung muss dann immer der Satz herhalten: Wir wollen aber doch möglichst viele Menschen mit der Botschaft erreichen. Gerade dies jedoch ist nicht abrechenbar. Klöster gerieten allerdings immer dann in die Krise, wenn es ihnen äußerlich zu gut ging.

Theater und Medien sind erfolgsabhängig. Wenn der Erfolg sich nicht heute einstellt, muss er irgendwann folgen. Auch Erika Fischer-Lichte träumt am Ende ihres Buches von der „Wiederverzauberung der Welt". Sie verspricht sich das von der Autonomie der Künste, man müsse sie nur lassen. Ich nehme das mal als einen brauchbaren Tipp auch für die Kirche. Sie muss sich aus ihrem Zentrum heraus entfalten können. Modelt man sie nach Ratschlägen von außen um, wird das nichts.

Wir sollten dessen gewahr sein, dass das Evangelium uns etwas anderes lehrt als zeitgenössische Wissenschaft und uns anders leitet als irgendeine Leitkultur, gängige Erwartungshaltungen oder der Markt mit seinen Gesetzen. Eine Zukunft der Kirche lässt sich nicht errechnen. Man kann eine Institution durch geschickte Maßnahmen eine Weile weiter schleppen, kirchliches Vermögen verantwortungsvoll verwalten, aber das gibt der Kirche keine Zukunft. Um ihr eine Zukunft zu geben, muss man dem möglichst Freiheit lassen, der sie in Händen hält, und das sind nicht wir. Das Wort des Schöpfers aller Welt, ihr Richter und Erlöser trägt uns. Höher und gewichtiger kann man ein Event nicht schätzen, auch wenn nur Wenige es beachten. Als Van Gogh seine Sonnenblumen malte, interessierte das keinen Menschen. Heute ist das Bild jedem vor Augen. Wir hüten als Kirche mit unserer Liturgie volle Schatzkammern an geistlichen Gütern. Vielleicht sind wir zu unbeholfen im Umgang mit ihnen. Vieles muss einfach auch auf seine Zeit warten können. Versuchen wir sie jedoch zu vermarkten, wie man es mit Kunst und Ideen macht, verwandeln sie sich, lösen sie sich unter Umständen auf in bloße Kunst oder Ideen, die nicht einmal neu sind und keinen mehr aufregen.

Die Verschiebung des Zentrums

Gemeinden sollen regionalisiert werden, und dieser Prozess ist schon weit fortgeschritten. Im Allgemeinen wird dies mit Pastorenmangel begründet. Auch dort, wo dies noch nicht der Fall ist, werden solche Strukturen schon mal vorsorglich geschaffen. Das Wort Regionalisierung täuscht. Nicht eine Dezentralisierung ist im Fokus, sondern das Gegenteil, Zentralisierung. Damit entspricht man der Tendenz der Digitalisierung, bzw. der Verwaltung, für die Zentralisierung scheinbaren Fortschritt bedeutet und Vorgänge vereinfacht. Computer sind dafür gemacht, große Einheiten mit einem Programm zu verwalten. Das ist kybernetische Weisheit: Eine Ideallösung für möglichst viele erspart Zeit und Arbeit. Was heute alles verwaltet wird, war früher jenseits aller Dirigierbarkeit. Bäume und ihr Zustand um die Kirche herum sind digital erfasst, die Kirchengemeinde kann man einteilen nach allen möglichen Kriterien, weit mehr Informationen werden gesammelt und als Daten ausgewertet als jemals zuvor. Zentralisierung ist jedoch auch Verstärkung von Herrschaft, Machbarkeit von außen, von oben her. Sie täuscht Freiheit nur vor. Aktivitäten sollen möglichst konform sein, Mustern entsprechen, jeder Förderantrag beweist das. Macht entsteht nicht nur dort, wo jemand etwas besitzt oder reich wird. Entscheidungsgewalt, Prüfinstanz, Genehmigungsbehörde, Macht hat viele Gesichter. Gerade die Maschine ohne eigenen Willen kann Macht ausüben. Software ist eiskalt und prinzipiell perfekt, soweit ihre Programmierung reicht.

Gibt es nicht vielleicht auch einen Idealgottesdienst, natürlich den besonderen Umständen jeweils angepasst? Wer zum Gottesdienst kommen soll, mag in einer mobilen Welt den Aufwand der Reise nicht scheuen oder halt den Fernseher einschalten. Kirchliche Öffentlichkeitsarbeit wird das dann schon schönreden. So etwas wie eine Gemeinde, das Miteinander von wenigen Menschen in einem für sie überschaubaren Rahmen liegt nicht im Interesse kybernetischen Denkens, das auf Effektivität aus ist, wobei äußerliche Effektivität völlig ausreicht. Da kann man nach entsprechenden Investitionen viel Geld sparen. Und es gilt: Denke, was du willst, Hauptsache, du machst in dem mit, was wir verwalten. Du kannst mit dem Produkt machen, was dir behagt, aber kaufe es.

Der „Sozialismus" ist Lehrstück zum Begreifen dieser Mechanismen. Sozialismus als „Gesellschaftsordnung" ist eine Idee, die als Ersatz für soziales Miteinander fungierte und eine Gesellschaft vortäuschte, die sich in der Realität besser gar nicht erst ausbildete, weil sie nur die Einheit und Planwirtschaft gestört hätte. Die sozialistische Planwirtschaft war störanfällig, selbstbetrügerisch und stümperhaft. Wir können das heute deutlich besser. Und nun tut es auch die Kirche. Wir haben zwar keine Ideologie, aber (äußerlich betrachtet) so etwas Ähnliches. Ein lockeres Gaubenssystem bildet die Grundlage einer in Stufen zentral geleiteten, hierarchischen Struktur mit dem Namen „Kirche". Das noch relativ neue Kirchenkreisgesetz der Nordkirche erlaubt es Kirchenkreisen, Gemeinden unter bestimmten Bedingungen oder nach Überredungskünsten von oben her aufzulösen, sie einander neu zuzuordnen oder größere Gemeindegebilde zu schaffen.

Um es drastisch zu sagen, das Wort „Christen" fällt mit einem kollektivierenden, Gruppen bildenden Wortverständnis zusammen, mit dem ähnlich auch von Feministen, Sozialisten oder Grünen geredet wird. An der Taufe sich orientieren dagegen ist etwas völlig anderes. Unser Glaube ist kein Parteiprogramm, auch wenn er von Verwaltung und Ordnung ähnlich betrachtet und behandelt wird. Er bindet uns an eine Institution, die auf Erhalt bedacht ist und einen guten, gesellschaftlich (noch) anerkannten Zweck hat.

Ich mache den Synoden, die diesen Prozess noch befördern, keinen persönlichen Vorwurf. Man schwimmt halt mit und sucht nach praktischen Lösungen, und die haben Kybernetik, Wissenschaften und Beraterfirmen parat. Und warum sollte ein Laie Experten widersprechen?

Das Zentrum der Kirche aber ist Gott, und der ist eben nicht die höchste eine Instanz ganz weit oben, sondern er wendet sich uns zu, er ist gnädig. Das Zentrum der Kirche ist nicht die Kirchenleitung oder eine gewählte Synode. Das Kreuz Christi ist es. Kirche funktioniert zudem auch nicht. Dieses Wort und die damit verbundenen Vorstellungen sind schlichtweg unangemessen.

Die Kirchen vor Ort sind das Zentrum der „Kirche", indem sie sich nach Osten ausrichten, der Sonne der Gerechtigkeit entgegen. Sieht man allerdings in ihnen Filialen einer Zentrale, die in einem Bürogebäude sitzt und von einem parlamentsähnlichen Gremium mit Leitungsorganen regiert wird, kann man regionalisieren, zusammenlegen und nach wirtschaftlichen Erwägungen Kirchen mit ihren Pfarrhäusern und Gemeindehäusern als Marktimmobilien behandeln. Gottesdienst ist ihnen nur ein Handlungsformat unter anderen.

Gott und Mensch

Gott ist Mensch geboren in Christus. Wobei auch in Predigten oft lieber von Jesus als von Christus die Rede ist. Manchmal hört es sich an, als würde es heißen: Gott ist einer, und Jesus sein Prophet. „Gottes Sohn" verstehen viele als eine eher metaphorische, nachträgliche Übertreibung oder Deutung des Geschehens. Das Trinitätsdogma steht heutzutage selbst - wenn auch zumeist unausgesprochen - für Theologen wie alle Erkenntnis der Welt neu zur Disposition als eine theologische These unter anderen. Über sie sollte man mal reden, weil das ja keiner ernsthaft glauben könne. Die Trinität ist zwar eine Art Alleinstellungsmerkmal der Kirche, aber bei einem Begriff wie Gottesmutter in den alten Bekenntnissen sträuben sich manchem die Haare. Wer versteht das schon mit der Dreieinigkeit Gottes und der Inkarnation, und was man nicht versteht, was brauchen wir das noch? Bei all der Beweglichkeit unserer Zeit geht man schon mal auch so weit, die Kirche ihres Fundaments zu berauben. Warum sollte die Kirche nicht auch etwas flexibel in ihren Bekenntnissen sein? Wir wollen das in einer pluralen Welt doch nicht so eng sehen! Das Glaubensbekenntnis ist nicht in Stein gehauen, wir sagen das mal etwas anders, ähnlich und moderner?
Kirche versammle sich um das Kreuz im Hören und Beten der Gemeinde, nicht aber als Beitritt zu einer Organisation, die wie alle solche Gebilde stets den Drang hat, sich zu zentralisieren, zu vereinfachen, das Einzelne nur als Teil ihres größeren Ganzen zu sehen.
Es geht nicht nur darum, dass eine wahren unsichtbare Kirche einer etwas ungenaueren sichtbaren gegenübersteht, sondern darum, wo man das Ganze sucht. Sieht man es in einer Amts- und Verwaltungsstruktur, so demokratisch sie auch aufgebaut sein mag, oder im Geschehen der Verkündigung von Mensch zu Mensch im Angesicht Gottes „vor Ort" an jedem Sonntag neu und doch vertraut, also in Gott und Christus als dem Haupt. Das Ganze in diesem Sinn, was die Bedeutung des Wortes „katholisch" und in

unserer Fassung des Glaubensbekenntnis „christlich" ist, repräsentiert sich nicht im Papst, der EKD oder „der Kirche", sondern in den Herzen des Miteinanders der Getauften. Das Ganze steht mir und uns im Glauben lebendig gegenüber wie der Weinstock seinen Reben. Kirche ist nicht etwas, sondern geschieht oder geschieht nicht.

Jesus Christus hielt mit seinen Jüngern Abendmahl. Dann schliefen drei neben Jesus in Gethsemane ein, statt mit Jesus zu beten. Etwa später liefen sie alle erschreckt und ängstlich auseinander. Zwei Jünger bemerkten einige Tage später nicht gleich, dass Jesus gerade mit ihnen war. Dann zu Pfingsten brannte der Geist auf den Häuptern der Apostel und viele hörten zu. Sie waren miteinander Kirche. Oder zählten nur die, die täglich „hinzugetan wurden" und ihr Güter auch miteinander teilten?

Kirche und die Politische Theologie von Carl Schmitt

Kirche ist in Deutschland Körperschaft öffentlichen Rechts. Sie ist kein Verein, Gemeinnützigkeit nicht ihre Legitimation. Die verstehe sich bei ihr von allein.

Der Widerspruch in ihr zwischen Taufe, öffentlicher Wortverkündigung und Mitgliedschaft und Organisation scheint schwer lösbar. Kirche als Institution ist ein weltlich Ding, doch irgendwie auch nicht. Auf jeden Fall stehen diese beiden Perspektiven auch in Spannung zueinander und sind nicht einfach deckungsgleich.

Die immer noch polarisierende kleine Schrift von Carl Schmitt „Politische Theologie" (1922) vermag uns auf provozierende Weise helfen, Klarheit zu gewinnen.

Carl Schmitts Grundthese lautet:

„Souverän ist, wer über dem Ausnahmezustand entscheidet." (I) Souveränität macht den Staat aus, der nicht, wie Otto Giercke und andere lehren, nur der Wächter des Rechts ist, sondern Entscheidungsmacht innehat und dazu auch befugt ist. Entsprechend ist für Carl Schmitt das Gegenüber von Freund und Feind grundlegend. Er diskutierte in diesem Zusammenhang auch die in der Geschichte unterschiedlich beantwortete Frage, ob der Mensch von Natur aus gut, böse, oder unbeschriebenes Blatt sei. Das war über Jahrhunderte eine zentrale Frage in Theologie und Philosophie. Dabei kam bei Carl Schmitt auch die Reformation im Gegensatz zum Katholizismus zur Sprache. Wir bewegen uns mit diesem Thema bei dem, was Johann Oldendorps (1488-1567)

Rostocker Schriften betrifft, einem der wichtigsten Juristen jener Zeit auf lutherischer Seite. Wie ist es zu verstehen, dass Gott Herr der Welt ist, und wie wird Ordnung in ihr begründet? Im Deismus des 18. Jahrhunderts dann hat man Gott zwar als existent und Schöpfer von allem beibehalten, aber gewissermaßen aus dem Weltbetrieb herausgelöst. Das war ein großer Schritt in Richtung Atheismus.

Dieses Muster übertrage man auf „das Volk": Es ist ebenso wenig Garant für Wahrheit und Güte wie der einzelne Mensch. Das Volk ist zwar da, wie der liebe Gott im Himmel, aber es regiert nicht wirklich. Carl Schmitt diagnostizierte ähnliche Widersprüche in der parlamentarischen Grundordnung wie in der Monarchie, wenn der Souverän selbst sich der Ordnung unterzuordnen habe. Das beschränkt ihn.

Carl Schmitt wehrte mit diesem Argument grundsätzliche Kritik an das Institut eines Diktators ab. Entscheidung und Recht sollen nicht voneinander getrennt sein. Wie brennend aktuell diese Fragen sind, sehen wir an Polen, Ungarn, Israel, aber auch den USA, von Russland oder China ganz zu schweigen.

Recht und Gesetz verdankten sich im Übrigen nicht nur historisch und begrifflich der Theologie, sondern auch der Sache nach: Gott ist dem Begriff nach souverän, so Carl Schmitt. Er ist nicht einem Recht unterworfen. Entsprechend sollte es auch Instanzen geben, die auf Erden über dem Gesetz stehen.

Wie gefährlich diese Einstellungen dem Gemeinwohl sein können, ist vollauf bekannt. Doch bevor wir darauf zurückkommen und dabei die Sicht Johann Oldendorps ins Spiel bringen, wenden wir uns der Frage nach den Grundsätzen des Kirchenrechts, bzw. des rechtlichen Charakters der Kirche zu:

Auch für den Rechtscharakter der Kirche gibt es verschiedene Auffassungen. Oldendorp und Luther hatten der Kirche zunächst alle rechtliche Ordnung entzogen. Luther hatte nicht nur ein Buch der Kanonistik öffentlich verbrannt, die gesamte eigenständige Organisation der Kirche hatte er verworfen, weil er jede Hierarchie aus theologischen Gründen aus ihr verbannt sehen wollte. Innerhalb der Jüngerschar soll es nach Christi Wort keine Rangordnung geben. Ordnung im weltlichen Bereich ohne Herrschaft erschien ihm unmöglich.

Die dann doch entstandenen Kirchenordnungen wurden nicht von Bischöfen verantwortet, sondern es handelte sich dabei dann um weltliche Gesetze der jeweiligen Regierungen. Herzöge, Magistrate oder Könige erließen sie. Das gilt es zunächst also festzuhalten:

Kirchenrecht als Institutionsrecht ist grundsätzlich weltliche Ordnung. Innerhalb der Kirche als Gemeinde, und das ist nicht dasselbe wie unsere verwaltungstechnisch organisierte Institution „Kirche", gäbe es keinerlei Herrschaft. Der weltliche Herr, damals die „Obrigkeit" schützt mit den Ordnungen nur einen Bereich, der sich weltlicher Ordnung entziehe, das ist der Gottesdienst. So war der Herzog von Mecklenburg denn Bischof im administrativen Sinn, aber ohne geistliche Funktion und liturgisches Amt. Damit ist die einzige Kirchenordnung im geistlichen Sinn die geschehende Liturgie, abgegrenzt, definiert, umrissen vom Dogma, dem auch die Lehre nur zuarbeitet. In der Kirche ist nicht der Herzog, die weltliche Obrigkeit Herr, sondern Gott allein und direkt.

Dies ist im Sinn des Rechtes die sogenannte Unsichtbare Kirche, als Gottesdienst sichtbar und auch Tatsache, um einen Begriff des 18. Jahrhunderts zu gebrauchen.

Um im Bild der Souveränität zu sprechen: In der Kirche ist Gott der alleinige Souverän, Herr und König. Kein Parlament hat ihm zu sagen, was er zu tun hätte, kein Gesetz bindet ihn, selbst sein eigenes Gebot nicht. Sein Wort ist seine Entscheidung. Er entscheidet über Freund und Feind, er ist gnädig, wem er gnädig sein will, sein Wille ist allmächtig wie barmherzig. Kein Theologe hat Gott hineinzureden, keine Auslegung vermag nach neuestem Wissensstand den Geist Gottes zu erfassen. Dieser Souverän ist ungetrübt gut, er isst nicht vom Baum der Erkenntnis. Gott ist zuzutrauen, was man keinem weltlichen Herrscher als Verantwortung zumuten sollte, was niemand auf Erden für sich beanspruchen sollte, weil er es nicht erfüllen kann und höchstens mit so etwas täuscht und betrügt.

Gottesdienst ist unser Hören auf das Gottes Gebieten, Versammlung derer, die sich nach diesem Wort richten wollen. Im Bild von Johann Oldendorp: Dem Christenmenschen gibt der Gottesdienst - die Kirche in diesem Sinn - die Möglichkeit, so billig und gerecht wie möglich zu entscheiden, zu handeln, zu urteilen. Am Gebot dieses Souveräns können wir uns messen lassen und die Dinge der Welt, unsere Entscheidungen, unseren Willen prüfen und schulen.

Auch Heiden vermögen nach Oldendorps Ansicht gute Entscheidungen zu treffen und Ordnung halten, aber nicht in der Klarheit, die uns Gottes Wort gibt. Alle Menschen haben ein Gewissen, das sie lehrt. Oldendorp unterstellte übrigens allen Menschen, im Grunde Monotheisten zu sein, nur dass sie vielleicht nicht in der Lage wären, das so klar für sich zu erkennen. Doch gefährlich wird es, wenn sie meinen, nicht Gott, der allen Menschen auch ins Gewissen spricht, sondern sich selbst, ihren Menschenwitz (Luthers Ausdruck) zum zweiten Eckpunkt der Billigkeit zu erklären und somit „Gott das Amt zu stehlen" (Ausdruck bei Johannes Spreter, Reformator in Konstanz). Im Bild der Paradiesgeschichte gesprochen: Dann frage ich nicht danach, was letztlich in der Perspektive des Einen Gottes, wo es für uns keine Feindschaft mehr geben sollte, gut, recht und billig ist, sondern was meinem Gutdünken entspricht.

In dieser Perspektive überhob sich nach Ansicht der Reformatoren das Römische Kirchenrecht, weil es ausformuliert und systematisch ist, denn so schreibt es indirekt auch Gott ein Gesetz vor: So genau steht es um das Recht Gottes. Das können wir kirchenamtlich als göttliches Recht verkünden und ansehen. Gottes Wort ist aber nicht einfach eine Art Rohmasse für unser Recht, sondern aus ihm spricht vielmehr die Klarheit des Geistes Gottes, die wir nicht in Fülle wahrnehmen können und die sich nicht in Systematisierungen fangen lässt. Gesetze sind nicht die Präzisierung des Gottesrechts, sondern lassen es durch ihre Abstraktion scharf und ungerecht werden, weichen von der Klarheit des Geistes Gottes ab, der gnädig auch angesichts von Sünde und Schuld sein kann.

Diese Einsichten stellen somit einen grundsätzlichen Einwand gegenüber jeder irdischen Souveränität dar, die Carl Schmitt jedoch beiseite schiebt mit dem Argument, es könne nicht anders auf Erden zugehen. Versuche man das zu umgehen, täusche man sich nur. Es gibt immer Freund und Feind als Grundkategorie.

Entsprechend misstraute Carl Schmitt auch allen Ordnungen, die nicht dem Souverän unterzuordnen seien. Er hat in der Vorbemerkung zur zweiten Auflage der Politischen Theologie 1933 einige Bedenken mitgeteilt, die ernst zu nehmen sind. So sprach er in Anführungszeichen skeptisch von „institutionellen Garantien" und „Normativisten", die in „Entartung das Recht zum bloßen Funktionsmodus einer staatlichen Bürokratie macht". Ihm war bewusst, dass Formen erhebliche Macht ausüben können. Er sprach von rechtsblindem Positivismus, der an die Stelle echter Entscheidungen sich an die (von ihm selbst in Anführungsstriche gesetzte) „normative Kraft des Faktischen" hielte. Wir können heute ergänzend mit unseren reichlichen Erfahrungen mit Technokratie an die normativen Strukturen nun auch Digitaler Kultur erinnern, die mit ihren Gesetzlichkeiten längst auch in unsere Rechtsgestaltung eingreift. Sie entzieht sich der Kontrolle dadurch, dass sie selbst das Ruder in die Hand nimmt. Software

samt ihrem Missbrauch sind nicht nur darum so schwer durch das
Recht zu zügeln und zu beherrschen, weil es sich in einem Tempo
aktualisiert, dass kein Parlament der Welt hinterherkommen kann.
Wir denken und handeln in den Mustern von Algorithmen, uns
fehlt der Abstand. Wir sind in diese praktischen Programme
eingestrickt. Wenn jeder Handybesitzer mit Gesichtserkennung
arbeiten kann, warum dann nicht auch Firmen und Regierungen?
Wenn Church desk und Regionalisierungen verwaltungstechnisch
so wunderbar funktionieren und sich bewähren, was kann da ein
Bedenkenträger   ausrichten,   nur   weil   er   von   irgendeinem
Gottesdienstideal   träumt?   Wir   sind   mit   Software   vielfach
organisiert, von ihr abhängig, funktionieren in ihren Mustern, sind
Teil dieser intelligenten Maschinerie. Sie beherrscht uns mehr, als
dass wir sie regieren könnten.
Kirche ist aber verfassungsgemäß an den Verkündigungsauftrag
gebunden, der zunehmend jedoch in der Gefahr steht, als äußerst
knapper Verweis auf lange Texte vergangener Jahrhunderte in den
Hintergrund zu rücken. In praktischen Entscheidungen hält man
sich eher an Vorstellungen aus dem gesellschaftlichen Umfeld mit
Empfehlungen   der   Soziologen   oder   marktwirtschaftlichen
Erwägungen, der Haushalt muss stimmen und planbar sein, es gibt
Personalplanung und Statistiken. Das hat Vorrang, denn das bildet
abrechenbare Fakten. Ob und was die Menschen glauben, wer weiß
das schon. Das erschließt sich der Verwaltung höchstens den
Abfragen der Soziologen, die auf Kirchentreue abzielen. Und ist
das denn so wichtig, solange genügend Leute Kirchensteuer
zahlen?
Wie steht es um die Demokratie in der Kirche? Da wir Demokratie
für notwendig in der Gesellschaft halten, muss die Kirche auch
demokratisch sein. Aber in der Kirche ist allein Gott Gebieter.
Weder Synode noch Bischof ist souverän im Sinne von Carl
Schmitt. Darin unterscheidet sich göttliches vom säkularen Recht.
Über den Ausnahmezustand in der Kirche entscheide weder
Kirchenleitung   noch   Synode.   Und   ich   will   das   einmal
provokatorisch zuspitzen: Entscheiden sie, ob Gottesdienste in
unseren Kirchen, bzw. Parochien planmäßig wegfallen, ist die
Frage des Ausnahmezustandes für uns erreicht. Ausnahmezustand
ist im Staatsrecht ein Zustand, in dem die Existenz oder die
Erfüllung der Grundfunktion der Kirche akut bedroht wird. Die
Aufgabe   der   Kirche   hat   ihre   Grundlage   vor   allem   im
Feiertagsgebot. Die Institution „Kirche" nimmt sich heraus, damit
umzuspringen wie mit einem Veranstaltungskalender von
Vereinsaktivitäten. Um es klar zu sagen: Wenn ich nicht genug

studierte Pastoren habe, heißt das nicht, dass dort keine Gottesdienste mehr stattfinden könnten. Gottes Gebot hängt nicht an Zulassungsordnungen für Liturgen.

Warum brauchen wir Demokratie? Theoretisch kann auch ein Diktator einer Gesellschaft vorstehen und ihr gut tun. Aber die Erfahrung lehrt, dass das in der Regel schief geht, weil der Mensch ein Mensch ist. Es geht bei der Demokratie nicht nur darum, dass möglichst viele Menschen zu ihrem Recht kommen, an der Macht beteiligt werden, sondern darum, dass eine innere Ordnung geschaffen wird, in der die Menschen gern füreinander Verantwortung übernehmen. Politische Demokratie und kirchliche Entscheidungsgremien haben unterschiedliche Ziele. Von Demokratie in der Kirche kann man darum nur im übertragenen Sinn sprechen. Selbstverständlich heißt dies nicht, dass ein theologisches oder administratives Expertenteam an Stelle der Laien regieren sollte, von höheren Weihen ganz zu schweigen.

Herrschaft ist in der Kirche ausgeschlossen. Die Verantwortung, an der möglichst das Kirchenvolk breit beteiligt werden soll, ist die Ermöglichung von rechtem Gottesdienst. Möglichst viele sollen ihn wollen und darauf achten, dass Liturgie nicht aus dem Ruder (Gottes) läuft. Daneben ist es schön und hilfreich, wenn unter dem Dach der Kirche sich ein gesellschaftliches Leben unter Schwestern und Brüdern entfalten kann. Außerdem muss der Gottesdienst vorbereitet werden, und zwar nicht nur von den Liturgen vorn, sondern in Bezug auf das Verstehen dessen, was dort geschieht, Gemeindepädagogik.

Kirchenordnungen sind weltlich. Die Kirche ist darum jedoch nicht säkular, sondern sie hat die Aufgabe, die Geltung göttlichen Rechts in der Welt zu verkünden, ohne jeden Machtanspruch.

Das ist die Einsicht der lutherischen Bekenntnisschriften: Kirche ist die Versammlung der Gläubigen, nicht ihre Organisation, Institution. Es gibt für die Verwaltung der Kirche ein Organigramm, nicht aber für die Kirche selbst. Da sind nur Gott und Gemeinde vor Ort, da nimmt nicht einmal ein Pastor irgendeine besondere Stellung ein. Priestertum aller Gläubigen nach reformatorischem Verständnis bedeutet, dass alle Versammelten Liturgen sind, auch wenn einer es ist, der predigt oder die Einsetzungsworte singt. Schon aus diesem Grund war es für mich immer selbstverständlich, dass Frauen wie Männer ordiniert werden können und auch sollten.

Darum ist es grundlegend, dass in den Kirchen vor Ort die Gemeinde, und damit alle ihr zugeordneten (nicht etwa übergeordneten, nur weil sie allgemeiner erscheinen) Instanzen mit

Bischöfen, Ämtern und Synoden nur Haushalterfunktion haben. Sie sind nur Ökonomen, auch wenn man sie Kirchenamt, Oberkirchenräte oder Kirchenleitung nennt. Weder das liturgische Gebäude noch die Gemeinde als Organisation sind nach den Bekenntnisschriften Kirche im geistlichen Sinn. Sie kreisen um den Gottesdienst und halten ihn wach, das ist ihre Grundfunktion und Existenzberechtigung. Sie veranstalten den Gottesdienst nicht, sondern sorgen dafür, dass er nicht vermisst wird, wie es dem Feiertagsgebot gebührt. Der Sonntag ist kein Werk der Kirche als Institution oder organisierte Versammlung von Menschen, sondern Kirche gehorche dem Gebot und sorge dafür, dass der Sonntag gebührend wahrgenommen wird. Die besondere Aufgabe der Kirche ist die Befolgung des Feiertagsgebots. Sie sorgt als Institution nicht für die Befolgung der anderen Gebote, auch nicht des ersten und zweiten Gebots oder der moralischen Tafel der Gebote. Die Gebote vor dem Feiertagsgebot sind zwar für den Gottesdienst maßgebend, beschränken sich jedoch nicht auf eine fromme Sphäre. Auch alle anderen Gebote werden zwar im Gottesdienst gepredigt und ergänzend auch in der Woche gelehrt, aber nicht per Entscheidungen in der Welt durchgesetzt. Dafür müssen menschliche Ordnungen in Kraft treten mit allen ihren möglichen Irrtümern. Gottesdienst und Kirche aber sind damit beauftragt, das Feiertagsgebot zu erfüllen. Sie haben dafür zu sorgen, dass aus dem Sonntag für viele auch der Herrentag wird. Die in ihm gebotene Ruhe ist nicht mit dem notwendigen Ausschlafen oder ausreichend Muße gleichzusetzen. Dafür sollte man auch in den Tagen der Arbeit genügend Zeit finden dürfen.

So war die Unterscheidung von Kirche und Christenheit in der Reformation richtungsweisend. Kirche kümmert sich um das Feiertagsgebot, die Christenheit sorge sich in ihrem Leben um alle anderen Gebote, getragen von den Verheißungen Gottes durch Christus.

Kirche hält sich auf diese Weise weniger aus den Dingen der Welt heraus, als wenn sie sich als scheinbare Sachverwalterin des Gotteswortes in der Welt gebärdet. Weder Theologen noch die Institution Kirche sollten sich als Experten für Gottes Wort im Sinne des „Haltens" der Gebote präsentieren. Die Aufgabe, Frucht aus Gottes Wort zu tragen, ist Auftrag jedes Getauften.

Demokratie verlangt eine durch Mehrheitsklausel eingeschränkte Souveränität des Einzelnen gegenüber Gesellschaft und Gesetz. Die Verfassung Deutschlands gibt darum dem Gewissen des Einzelnen hohen Stellenwert, einem der zentralen Begriffe der Reformation. Die notwendige Trennung von Staat und Kirche soll nicht bedeuten, dass die Kirche selbst Staat für sich spielt. Dass man innerkirchliche Fragen ordentlich regelt, steht außer Frage. Aber sie muss sich davor hüten, Kirchengemeinden wie Kommunen zu behandeln und Pastoren als eine Art Bürgermeister anzusehen.

Die Kirchengemeinden und ihre neue Obrigkeit

In den Bekenntnisschriften steht: Kirche ist die „Versammlung (Singular!) aller Gläubigen, bei welchen das Evangelium rein gepredigt und die heiligen Sakrament lauts des Evangelii gereicht werden". Da steht nicht: aus Versammlungen zusammengesetzt. Und dass die Nordkirche nicht die Kirche der Welt ist, dürfte auch klar sein. Und als es in Artikel 28 des Augsburgischen Bekenntnisses um die Gewalt der Bischöfe ging, bezog man diese allein auf geistliche Aufgaben. Unsere Nordkirchenverfassung lässt darum die Bischöfe und Pröpste auch nicht die höchsten Chefs sein. Das wäre offenkundig wider das eigene Bekenntnis. Aber brauchen wir nicht Anweisungsbehörden? Verwaltungen und Synoden verwalten nur, „administrieren", gehen dem eigentlichen Dienst zur Hand. Doch der Unterschied ist schwer zu fassen. Schnell wird aus einer Dienstleistung aus der Zentrale eine Dienstanweisung. Die Zentrale passt auf und überwacht das Geschehen. Sie leitet, plant und genehmigt. Fürsorgepflicht schlägt um in Regulierung. Die Gemeinden haben Anträge zu schreiben. Bischöfe und noch mehr die Pröpste haben massiven Einfluss auf Entscheidungen und auch diese und jene Verwaltungsvollmachten. Sie sind so etwas wie geistlichen Experten, und was zählte mehr in der Kirche? Und schon ist die theoretische Gewaltenteilung mehr oder weniger wieder dahin. Gefährlich sind immer Instanzen, die zwar großen Einfluss haben, aber nicht verantwortlich gemacht werden können. Ihre Macht ist enorm. Doch genau solche Rolle spielen in der Nordkirche die Pröpste.
So haben wir denn nun doch wieder eine halbsäkulare Hierarchie auch in der Evangelischen Kirche. Pröpste und Kirchenämter haben zwar keine höheren Weihen, das aber machen kirchenrechtliche Befugnisse wett, und ihre Entscheidungen betreffen durchaus geistliche Fragen. Meine Kinder hätten - als sie klein waren - eingewandt: Sie sind aber nicht die Oberbestimmer. Die Rolle steht nur dem lieben Gott zu. Der entscheidet aber nicht, so übernehmen das die verschiedenen Instanzen.
Eigentlich war es auch nicht anders zu erwarten. Über Jahrhunderte erledigte das Geistliche Ministerium des Herzogs

zum Beispiel in Schwerin alle wichtigen Verwaltungsaufgaben der Kirche. Dann gab es die Superintendentur, sie arbeitete dem Ministerium mit Informationen zu, ansonsten nahm sie ihre klassischen geistlichen Aufgaben wahr: Der Landessuperintendent visitierte und ordinierte. Lediglich bei der Schulaufsicht war es so, dass der Staat der Kirche auch die Verwaltung zumutete. Dann kam es zur Trennung von Staat und Kirche, in mehreren Schritten seit 1848 bis hin zur Weimarer Republik, als man das Bischofsamt wieder einführte und Synoden wählte. Das legt auch unter evangelischem Bekenntnis die Versuchung nahe, die Ebenen zu verwechseln, schon weil Geistliche zunehmend weltliche Aufgaben in der Administration übernehmen. Und die Computertechnik macht Eingriffe einfach und mobilisiert ungeahnte Ordnungskräfte mit der Leichtigkeit eines Mausklicks. Und haben wir nicht gedacht, dass, wenn etwas geordnet wäre, es auch gut wäre? Ordnungen brauchen wir schließlich. Und da scheint die Menschheit auf die Rechenmaschinen nur gewartet zu haben. Nun wird alles gut, weil nahezu perfekt geplant und geordnet. Leider ist dem nicht immer so, wie es uns die Automatismen der Technik vorgaukeln.

Die Reformatoren hatten die Verwaltung outgesourct, um ihre evangelische Freiheit zu bewahren. Die Landesregierungen haben über die Jahrhunderte kaum einmal gewagt, zum Beispiel in die Pfarrgemeindestruktur verändernd einzugreifen. Die Synoden heute tun das bedenkenlos. Die Grenze von Kirche und Staatlichkeit ist nun eine innerkirchliche geworden, da fallen selbst grobe Grenzverletzungen nicht weiter auf.

Dieses Faktum hat man in den letzten hundert Jahren nicht genügend bedacht. Die Reformation hat den Trennungsstrich klar gezogen und alle Staatlichkeit dem überlassen, der dafür ihrer Ansicht nach grundsätzlich verantwortlich war, der Obrigkeit, die für äußere Ordnung insgesamt zu sorgen hat.

Der Einfluss der weltlichen Obrigkeit in das konkrete Gemeindeleben in den Jahrhunderten der Neuzeit war relativ gering. Da war nicht viel zu regieren und zu leiten. Gottesdienste, Amtshandlungen, Schule und Seelsorge. Heute sieht das deutlich anders aus. Es wird massiv Einfluss von „oben her" ausgeübt, wenn auch auf smarte Weise mit Arbeitshilfen, Drängen auf Erstellung von Leitbildern, Projektförderung, folgenreichen Abfragen, (digitalen) Verwaltungsmustern und vielem mehr.

Die Jahrhunderte nach der Reformation lehren, dass auch mit der Allianz von Thron und Altar die notwendige Scheidung nicht von Kirche im Sinne des Augsburgischen Bekenntnisses als

Versammlung der Glaubenden und weltlicher Ordnung gegeben war. Aus der Allianz im Sinne eines gleichberechtigten Bündnisses von Kirche und Staat wurde ein Bündnis der Abhängigkeit. Die von der Reformation geforderte Trennung von „göttlich und weltlich" war nicht gegeben, weil die staatliche Art der Ordnung der Kirche doch nicht nur äußerlich blieb. Umgekehrt band diese Aufgabe den Staat in die Kirche ein, weil auch eine nur weltliche Regierung der äußeren Kirche noch ein Kirchenamt ist. Und was haben solche Herren nicht alles getan, was bisweilen kaum mit den Geboten konform ist!

Unsere Kirchenverfassungen sehen eine innerkirchliche Trennung von Administration und Verkündigung zwar vor, aber ihr wird zur Zeit immer weniger Rechnung getragen. Die organisierte Kirche als Institution öffentlichen Rechtes regiert immer mehr in die Gottesdienstkirche hinein und hat sie spätestens dann zu ihrem Teil gemacht, wenn sie Gemeinden schließt, Gottesdienste zum Bestandteil nach wirtschaftlichem Kalkül wechselnder Pläne macht oder Druck auf Kirchengemeinden ausübt, um sie zu „regionalisieren". Das ist ein schwerer und folgenreicher Übergriff, der aber kaum bemerkt wird, auch weil es dafür keine echte Parallele in der „Welt", d.h. im gängigen Denken der Öffentlichkeit gibt.

Auf der anderen Seite geht es dabei um nichts Geringeres als um die Frage der Freiheit des Menschen überhaupt. Je mehr wir organisiert werden, bzw. uns organisieren lassen, werden auch unsere Beziehungen zueinander kanalisiert. Wie sehr dies ein Problemfeld Digitaler Kultur ist, zeigen aufs Deutlichste die Themen Überwachung und Manipulation, den mächtigsten Feinden der Demokratie. Ökonomie, Wirtschaft, Markt und Poltik, wovon wir alle profitieren, funktionieren auch nach Axiomen, die mit den Geboten Gottes kaum in Einklang zu bringen sind. Sich aus diesen Bereichen Regeln und Gewohnheiten zu entleihen, kann zu Konflikten führen. Viele haben dafür ein gesundes Empfinden, wenn sie daran Anstoß nehmen, wenn Kirche sich geschäftsmäßig oder anonym verhält.

Meine Zeit steht in Gottes Händen

Maschinen laufen in einem durch, sie brauchen höchstens mal eine Abkühlungsphase. Immer und überall zu sein, ist die Devise der digitalen Welt, und doch das ziemlich genaue Gegenteil der Ubiquität Gottes. Mit diesem lateinischen Begriff bezeichnete man im Reformationszeitalter die Gegenwart Gottes im Abendmahl. Durch die Transsubstantionslehre wurde die immerwährende Gegenwart Christi in der Kirche sogar fassbar: Überall in den Kirchen brannte das ewige Licht zum Zeichen der in Christi Leib verwandelten Hostie. Die irdische Kirche hütete und demonstrierte Gott vor der Welt.

Die Allgegenwärtigkeit Gottes zeigt sich anders im Feiertagsgebot. Nach Martin Luther ist Gott gegenwärtig, versammeln sich zwei oder drei im Namen Gottes und feiern Abendmahl. Brot und Wein sind Christi Leib und Blut „in usu", im Gebrauch der sakramentalen Weisung, nicht darüber hinaus. Die Gegenwart des Auferstandenen lässt sich nicht festhalten. Die Kirche als Gebäude ist nicht der Garant für Gottes Gegenwart. Es bedarf der sich jetzt im Namen Gottes versammelnden Gemeinde.

Im Gebot vom Feiertag und dem Sakrament verlinkt sich Gott mit dem Glaubenden, möchte man sagen, aber schon haben wir damit wieder ein Bild unseres zunehmend algorithmischen Denkens. Das Bild passt und passt zugleich überhaupt nicht, denn es handelt sich nicht um zwei gleiche Ebenen.

Gottes Ewigkeit ist nicht einfach eine lange Zeit. Sie löst sich nicht in Abschnitte auf. Die Schöpfung, nennen wir sie ruhig einmal Urknall, Big Bang, liegt 13, 8 Milliarden Jahre zurück, so hat man das heute errechnet. Das Schöpfungshandel endet jedoch nicht mit sieben Tagen, sondern vollendet sich im Feiertag, in der von Menschen wahrgenommenen Gegenwart Gottes. Die geschieht heutigen Tags und zugleich nach dieser Zeit. Die Ewigkeit Gottes ist ein Zugleich von Zeiten und ihrem Ende.

Irdische Zeit, an Raum gebunden, ist unendlich in seiner Ausdehnung. Meine begrenzte Lebenszeit lässt sich an Kalendern ablesen, zugleich aber auch nicht, denn Schlafenszeit ist etwas anderes als Arbeitszeit oder Momente von Zuneigung und Berührungen. Schmerz hat eine andere Zeit als Gelassenheit, man kann auch unter diesem Blickwinkel Koh 3 lesen. Das gesprochene Wort hat eine Zeit, die den Sprechenden mit dem Hörenden verbindet, das im Buch verborgen bleibende nicht. Die digitale Welt ist solange virtuell, bis jemand eine Seite öffnet und etwas von ihr wahrnimmt.

Liturgie hat eine ganz eigene Art von Zeit. Gemäß alter Vorstellungen nehmen wir dann teil am himmlischen Geschehen, wird im Feiertag unsere vergehende Zeit wie angeknüpft an die Ewigkeit des Himmlischen Jerusalems.

Es ist Absicht der Apokalypse, wenn zu Beginn des Buches eine himmlische Thronaudienz geschildert wird, es am Ende aber heißt,

Gott hat seine Hütte unter den Menschen in der Kommenden Stadt. Unsere Gottesdienste bewegen sich in diesem Spannungsbogen. Sie gleichen Brüchen im Zeitkontinuum, Oasen auf dem Weg durch die Wüste des immer Gleichen und immer Anderen. Sie gebieten Einhalt. Immer wird hier ein „neues Lied" gesungen, weil in der Liturgie Gottes Zeit aufleuchtet. Die Geschichte von der Verklärung Jesu erzählt davon.

Liturgie ist Poesie. Unsere Gottesdienste sind dagegen viel zu oft Popliteratur, wenn nicht gar triviales und wenig überzeugendes Sachbuch mit gesuchtem Unterhaltungswert.

Unsere Zeitvorstellungen spielen eine große Rolle dafür, wie wir unser Leben sehen. Bei einer Sanduhr läuft Zeit ab, bzw. häuft sich an. Eine kreisrunde Uhrscheibe wertet Zeit anders, als Wiederholung des immer Gleichen. Digitaluhren rechnen Zeit auf. Stellt man sie rückwärts, eilen sie auch mal einer Katastrophe entgegen. Zugleich tickende Uhren ermöglichen Gleichzeitigkeit von Leben und Arbeit. Zeit ist nicht einfach der Rahmen unseres Tuns, wie Raum es zu sein scheint. Wir werden zu Zeitgenossen, stellen wir uns gemeinsam unter das Diktat eines Kalenders oder der Uhr. Zum Gottesdienst verabreden nicht wir uns, sondern es ist Gottes Zeit.

Unser Leben versachlicht sich durch die Zeitmessung. Wir können gleich Maschinen funktionieren, wenn auch mit notwendigen Ruhephasen. Wir mögen ja Lebensziele außerhalb von Arbeit und Gewinn haben, dem Funktionskalender ist das völlig gleichgültig. Digitale Kultur hat an allem Möglichen ein programmatisches Interesse, an mir und dir nicht, nur an meinem Mitmachen. Das Internet ist nicht neutral, wir sind ihm gleichgültig, so herrscht seine Ordnung.

Ein Fest hat seine eigene Art von Zeit. Da geht es um dich und mich, um uns. Sie zeichnet sich durch Abwesenheit von Arbeit aus. Ein predigender Pastor arbeitet nicht. Was man da im Gottesdienst miteinander tut, geschieht wie in einer Auszeit. Man kann sie einplanen, aber wenn sie geschieht, muss der Plan schweigen und die Arbeit ist getan.

Geschickte Eventplaner optimieren Feiern, organisieren außergewöhnliche, überraschende Ereignisse. Sie verstecken ihre Arbeit, aber sie ist da, wenn auch im Hintergrund. Ihr Gegenteil ist Langeweile, verlorene Zeit, anders als Erholungsphasen. Medienunterhaltung ist gemachte, produzierte Feier. Gottesdienst darf so nicht sein. Dann würden wir Gott das Amt stehlen. Liturgen erfahren sich beschenkt, alle Vorbereitungsmühen sollten im Vollzug vergessen sein. Ich habe es immer als Geschenk erfahren, predigen zu dürfen. Liturgie gehört als Zeit vor Gott zum Glauben, der ja nicht nur eine in sich ruhende Grundeinstellung ist, sondern Geschehen. Gottesdienst ist Treffpunkt, Zusammenkommen. Da „nehmen" wir uns nicht nur Zeit, da ruht Arbeit um einer sehr besonderen Begegnung willen. Wir wenden uns im Glauben, in Wort und Gesang, in einem dafür bestimmten, gestifteten Raum Gott zu. Und dann wendet er sich uns zu, die Bibel spricht von Gnade und Segen.

Das sollten wir regelmäßig ermöglichen, das ist die Aufgabe von „Kirche". Die Zuwendung Gottes stiftet unter uns dann auch eine ganz eigene Art von Gemeinschaft unter Menschen, sie werden einander zu Geschwistern als Kinder Gottes. In der Abendmahlsliturgie erklären wir einander Frieden, in dem wir dem Anderen Gottes Frieden zusprechen. Das Doppelgebot der Liebe lässt sich auch umkehren: Gott liebt uns miteinander, so lieben wir einander, wie er jeden von uns zuvor geliebt hat. Und so verstehe ich mich als Getaufter anders, ich bin nicht nur ein Teil dieser Erde und vorübergehendes Leben, Adam und Eva. Ich bin in Christus eingesenkt. Dies zu verstehen, bedarf es der Liturgie und nicht so sehr eines Erwachsenenkatechismus, der zwar erhellend sein kann, aber nie Gottesdienst zu ersetzen vermag.

Wir gewinnen im Glauben etwas von der Perspektive Gottes, orientieren uns am Jüngsten Gericht, der Erfüllung unseres Lebens. Wir üben uns darin, A und O und Mitte unseres Lebens in Gott zu sehen. Das ist nicht mit Theorie getan, da müssen wir im Vorraum des Himmels auf unseren Füßen stehen und dann im Anschluss entsprechende Schritte zurück in die Welt wagen.

Aus „weltlichen" Perspektiven heraus lässt sich der Gottesdienst freilich auch beschreiben, aber herauskommen wird dann immer nur das, was innerhalb dieser Ordnungen auch sonst, nur in anderer Weise geschieht. Er wird als Variation von etwas anderem wahrgenommen. Entsprechend sehen wir dann Liturgie an als Veranstaltung, Seelentrost oder Langeweile, wenn nicht das geschieht, was ich für spannend oder lohnenswert erachte.

Ein Gottesdienst lässt sich zwar einplanen, aber Gott nicht. Diese Logik funktioniert nicht: Versammeln wir uns in Gottes Namen, ist er auch da. Gottes Gegenwart lässt sich nicht beschwören. Dass Gott uns den Termin, sprich: Sonntag vorgibt, macht deutlich, dass er der Einladende ist und nicht Pastor oder Kirchengemeinde. Wir bitten nur zum Kaffee anschließend.

In den Kirchengemeindekalendern steht der Termin, aber wer ihn nicht wahrnimmt, hatte diese Zeit nicht bekommen. Und wer da war, und es gab für ihn da nur Erklärungen, Verabredungen und unterhaltsame Musik, der hatte sie auch nicht. „Gottes Zeit ist die beste Zeit." Sie ist eine andere Art von Zeit. Sie wurzelt wie meine Seele im Himmel.

Bleibe ich in „meinen" Erwartungen, erlebe ich nur, was ich im positiven oder negativen Sinn erwartete. Die Knospe ließ sich nicht von ihrer Blüte überraschen. Die wirkliche Erwartung des Advents ist anders. Sie entspricht dem, was in der Liebe geschieht. Ich lasse mich nicht nur von etwas überraschen, sondern es geschieht etwas, was mit der Schöpfung in direktem Zusammenhang steht. Es ist derselbe Eine Gott, der mir hier begegnet, doch so, wie er will und mir oder uns gegenüber nun ist. Und es mag sein, dass so ein Erleben für mein Empfinden auch mal nahezu ausfällt. Wie oben gesagt, es geht nicht um ein Zittern und Beben, um ein besonders religiös „bewegendes" Erlebnis. Gottes Geist spricht bisweilen äußerst nüchtern. Auch die Apostel hatten zu Pfingsten keinen Alkohol getrunken. Ein Orthodoxer Priester soll sogar mit nüchternen Magen die Liturgie feiern. Und wir werden dennoch kaum sagen können: Das jetzt war der Geist Gottes. Er entzieht sich unserer Experimentiererwartung.

Perfektes Planen liegt dem Gottesdienst eher verquer. Es gibt keinen perfekten Gottesdienst, und wer einen solchen nach den besten Regeln plant, riskiert, zum Lügner auch sich selbst gegenüber zu werden. Beim Fernsehgottesdienst lässt man keine halbe Minute ungeplant. Mediengesetze sind unerbittlich. Schön, dass wir das in unserem Dorf nicht tun müssen.

Wir sollten uns prinzipiell nicht zu sehr auf eigene Worte verlassen, sondern demütig in den vielstimmigen Chor der Liturgen verschiedener Zeit einstimmen. Würde man äußerst geschickt nach medialen Maßstäben und erhoffter Wirksamkeit dieses „Event" planen, bestimmte psychologische Effekte erzielen wollen, rhetorisch überzeugen wollen, statt im besten Sinn nur Zeugnis zu geben von dem, was wir gehört und gesehen haben, dann könnte Gott bei dieser Gedächtnisveranstaltung auch lieber fern im Himmel bleiben. Wir würden das schon machen, - welch eine törichte Überheblichkeit, wenn es um Gottes Sprechen geht!

Gottes Zeit ist die allerbeste Zeit. Wir sollten sie nicht mit unseren Superideen am Klingen hindern. Professioneller Gottesdienst ist Liturgie der Berufenen, nicht der Spezialisten für perfekte Riten. Kompetent ist hier Gott allein, wir müssen nur acht geben, dass wir ihn dabei auch zu Wort kommen lassen und uns mit unseren Meinungen und Ideen nicht aus lauter Eifer vordrängeln. Darum verließ man sich über Jahrhunderte lieber auf Althergebrachtes. Und wenn dann doch so ein gesungenes Gebet wie das Große

Gloria in der Liturgie neu Einzug gehalten hatte, war das ein mutiges Ereignis und es musste bewiesen werden, dass es sich dabei nicht um eine erdachte Neuerung handelte. Wir dagegen gehen bisweilen mit der Liturgie um wie mit einem Spielbaukasten. Einige Evangelikale behaupten gar, wer nicht frei bete, könne im Grunde überhaupt nicht beten und hätte den rechten Glauben nicht. Man muss solche Gebete nur öfter gehört haben, um zu einzusehen, mit wie vielen Stereotypen da „frei" gesprochen wird. Dem Heiligen Geist scheint da nicht viel Neues eingefallen zu sein.

Freunde

Als Jesus verhaftet wurde, liefen die Jünger erschrocken und voller Angst auseinander. Die Auferstehung führte sie wieder zusammen. Sie brachte ihnen die andauernde Gegenwart ihres Herrn, nun nicht mehr nur ihr Rabbiner, sondern offenbarer Sohn Gottes. Jesus von Nazareth hatte sich ihnen als Christus erwiesen. Sie hatten zuvor nicht gesehen, was vor Augen war. Nun erst verstanden sie, wie es die Verklärungsgeschichte erzählt. Darum sind die Evangelien weder Biographie noch bloße Sprüchesammlung eines besonderen Wanderpredigers oder Religionsstifters. Nun konnte ihre Gemeinschaft unter anderem Vorzeichen weit über Israel hinaus wachsen.

Es ist viel über die Koinonia geschrieben worden als Begriff der Gemeinschaft der Kirche. Im Theologischen Wörterbuch von Kittel ist für diesen Begriff von gegenseitiger Verbundenheit und gemeinsamem Glauben die Rede. In wissenschaftlicher Redeweise lautet das dann so: „Im 1 Joh ist Koinonia Lieblingsausdruck zur Schilderung der religiösen Lebensverbindung, in der ein Christ steht. Das Wort hat auch hier den Ton innigster, religiös begründeter Gemeinschaft." (ThWbNT III, S. 808). So spricht, wer objektiv erscheinen möchte, sich selbst heraushalten und dennoch von Liebe reden will. Das ist so, als wäre man Pastor und predige munter von Liebe und Freundschaft, zieht sich aber nach Dienstschluss in sein Privatleben zurück und ist nur per Mail oder vermittels eines Büros in abgemessenen Sprechzeiten durch eine Sekretärin erreichbar.

Auch hier verraten die Worte viel. Das Wort „Büro" leitet sich vom Stoff der Amtsstube ab, auf dem man einst Geld auf seine Echtheit prüfen konnte. Das Schreckgespenst der „Bürokratie" sollte uns vorsichtig sein lassen, diesen Begriff in der Kirche zu selbstverständlich zu gebrauchen. „Sekretär" ist der Geheimschreiber. Das Wort ist aus dem lateinischen secretum abgeleitet: abscheiden, trennen, Abstand schaffen. Und in der Tat sind Pfarrbüros zwar Ansprechmöglichkeit, aber eben auch Schutzwall, Abstandhalter, vom anonymen bürokratischen „Team" (von Pferdegespann – Zaum –abgeleitet) ganz zu schweigen. Freundschaft kommt mit solcher Begrifflichkeit ganz sicher nicht auf, aber jede Menge Misstrauen und Erwartungshaltung. Das müssen dann die „Sekretärinnen" aushalten und regelmäßig die fehlende Präsenz, sprich: Zeit ihres Pastors entschuldigen. Wie kann er aber auch für 2000 oder noch viel mehr Menschen Zeit haben? Doch solche Verhältnisse entsprechen der Zukunftsplanung der Kirche. Die aktuellen Zusammenlegungen und Zukunftsplanungen haben sehr viel mit dem (fehlenden) Gemeindebild zu tun. Entscheidender erscheint den Planern zu sein, die Gemeindegrößen anhand verfügbarer Theologen zu berechnen. Und wenn man schon an Gemeindestrukturen denkt, was nicht identisch ist mit Verwaltungsgrößen, dann sind Zahlen entscheidend. Eine Gruppe von sechs, sieben Leuten kann man vernachlässigen. Zeitlich begrenzte Projektarbeit scheint wichtiger, das ist das Geschäft vor allem „übergemeindlicher" Arbeitsstellen. Bei der Begrifflichkeit allein sollte es uns kalt den Rücken herunterlaufen. Freundschaft und Miteinander, Lebensgemeinschaft der Kirchengemeinden rücken in den Hintergrund. Auch da orientiert sich Kirche am gesellschaftlich Üblichen, ohne viel zu fragen, ob das auch gut und angemessen für unseren Auftrag ist.

In Bibelübersetzungen für Kinder wird anstelle von Jüngern, weil die Kinder so einen Begriff aus ihrem Lebensumfeld nicht kennen, von Freunden und Freundinnen Jesu gesprochen. Allerdings lernen sie dann nicht diesen besonderen Begriff gar nicht erst kennen und lieben, der unsere Gemeinschaft und die Bedeutung der Taufe von anderem unterscheidet. Pavel Florenskij hat in seinem Elften Brief von „Der Pfeiler und die Grundfeste der Wahrheit" den Gedanken der Freundschaft im Licht des Glaubens entfaltet. Für diese tiefe Freundschaft, in die uns gemeinsamer Glaube führt, braucht es nicht Gruppencoach, Teamschulung oder Verlinkungstechniken des Internets. Kirche ist kein Verein Gleichgesinnter, keine Religionspartei, sie bedarf keiner „Gemeindeprojekte". Freundschaft findet für sich selbst die nötigen Regeln, wie es in Ehe und Familie auch der Fall sein sollte, wenn sie auf Liebe gegründet ist. Freundschaft und Liebe entziehen sich der Machbarkeit. Oftmals ist darum Pfadfinderschaft in Kirchengemeinden die beste Jugendarbeit von allen, auch wenn sie strukturell per Verband und organisatorisch gar nicht Teil der Kirchengemeinde ist. Der aktivste und fruchtbarste „Arbeitsbereich", der auf Selbstorganisation beruht, gehört nicht zur „Kirche", wie witzig! Eine kreative Handwerksgruppe in einer Gemeinde ist für die Kirchenkreisverwaltung ein Haushaltstitel, mehr nicht. In der Statistik sind es „Ehrenamtlichte", weil sie kein Geld damit verdienen.

Kirchengemeinden sind nicht Freundschaftsgruppen, aber in ihnen und durch sie sollte man Freundschaft erleben und erfahren können, die auch geistlichen Grund hat. Man weiß sich im Kreis um die Kirche mit dem Gottesdienst herum. Von der geistlichen Dimension der Freundschaft lese man mehr im Elften Brief des erwähnten Werks von Pavel Florenskij. Das ist in unseren Zeiten wichtiger denn je, da auch Privatleben weithin organisiert wird und Ehen und Familien in großem Ausmaß scheitern, Depression eine Volkskrankheit ist und Menschen in Wohlstand und äußerer Sicherheit vereinsamen.

Ein Pastor sollte dabei wie alle „kirchlichen Mitarbeiter", ob bezahlt oder nicht, sich auf diese Freundschaftsbörse anderer Art einlassen. Freundschaft in diesem Sinn ist eine Gnade erster Güte. Sicher misslingt dieses Unterfangen auch, kann jedoch auch immer wieder neu geboren werden, denn unser Glaube ist Quelle von Freundschaft. Da versammeln sich immerhin Menschen unter Gottes Namen. Sie hoffen, glauben, lieben gemeinsam und über diese Freundschaften hinaus selbst noch ihre Feinde. Und wenn sie darin auch scheitern sollten, den Anspruch lassen sie gelten.

Die Apostel bildeten Gemeinschaften quer zur damaligen Sippengesellschaft, verbanden dann in der Zeit von Paulus gar Griechen und Juden, wie es mit dem Pfingstereignis begann. Fremde bildeten miteinander Gütergemeinschaften. Das alles kam einer allmählich wachsenden weltweiten Revolution gleich, ähnlich, wie das schon so lange überfällige Miteinander der Geschlechter auf Augenhöhe unserer Tage. Man hat all die Bemerkungen der Epistel über Auseinandersetzungen der jungen Gemeinden in der Exegese des neuen Testaments vor allem als historische Informationen wahrgenommen. Eine Idealgemeinschaft war die „Urkirche" nicht, aber sie wies Wunsch und Willen nach Freundschaft und Gemeinschaft über alle Grenzen hinweg auf. Darin liegt das in erster Linie Beachtenswerte.

Diakonie ist eine wunderbare Sache, doch sie ist nun ein durchorganisierter Wohlfahrtsverband, institutionelle Verantwortung unter dem Zeichen des Kreuzes, ebenso wie die Kirche sich als Körperschaft Öffentlichen Rechts definiert. Kirche und Diakonie verlören den Grund unter ihren Füßen, wenn in ihnen nicht Liebe regierte. Die Distanz von Diakonie und Kirchengemeinden und Gottesdienstpraxis ist beklagenswert. Das war einmal anders. Wenn sich nun auch ein Graben zwischen organisierter Kirche und Gottesdienst auftut? Aus Sicht der Institution wäre das kein Problem, im Gegenteil. Gottesdienste in alten, viel zu großen Kirchen sind eh zu teuer. Dieses Veranstaltungsformat kann man doch auch modifizieren und modernisieren. Tut es nicht auch eine kurze Andacht mit Sakropop im Gemeinderaum?

Eine nach Perfektion strebende Institution mit Organigramm und Kirchengesetz kann das Wesentliche auch mal leicht vergessen oder für unwichtig halten, für eine Art Privatsache der Gemeinden. Ich bin nicht der Einzige, der zunehmend geschwisterliches

Miteinander in der Kirche vermisst, wenn Pastoren sich als Arbeitskollegen ansehen und sich Kirchenbeamte wie ihre Kollegen in öffentlichen Ämtern des Staates verhalten, freundlich distanzierte Dienstleister, möglichst noch als digital abgeglichenes anonymes „Team".

Hauptsache, das Evangelium wird verkündet? Die Geschichte bliebe nur halb ohne gemeinsames Hören und Austausch darüber, bei ausbleibender Gemeinde. Was wird aus dem Verkündigungsauftrag, der für unsere Kirche nach ihrer Verfassung grundlegend ist, wenn man nicht mehr gemeinsam zuhört? Zudem will das Evangelium auch noch gelebt werden, und das nicht nur in den kühnen Aktionen Einzelner in der großen Welt, sondern im Leben auch derer, die wenig in der Gesellschaft zu sagen haben. Nicht nur der Glaube an sich trägt mich, sondern dass andere mit mir glauben. Ich kann schlecht gegen die ganze Welt an glauben. Die Gemeinde trägt den Glauben des Einzelnen mit, und das gilt auch für den Pastor. Er vereinsamt in seinem Glauben, und dann fängt er an, den Unterhalter zu spielen, mimt mit vielleicht sogar vor dem Spiegel eintrainierten Gesten den Entertainer. Ich meine damit, er tut lieber so, als würde er sich unter die Leute mischen, hat aber gerade das nicht im Sinn.

Gott zählt nicht ab wie wir. Ihm sind Statistiken völlig egal. Es ist unsere erste Kirchenpflicht, in für den Einzelnen überschaubaren Gemeinden das Evangelium zu Gehör zu bringen und es gemeinschaftlich wahrzunehmen. Ein Einzelner vermag bis zu zwei- oder dreihundert Menschen um sich herum als Versammlung wahrzunehmen, doch je mehr es sind, umso oberflächlicher werden diese Beziehungen. Kirchenordnungen sehen als ideale Verwaltungsgröße in Deutschland Gemeinden mit ca. 2000 Mitgliedern oder noch mehr vor. Das nennt sich dann Seelsorgebezirk mit diversen Angeboten und Internetpräsenz. Muss das eigentlich noch kommentiert werden? Von einem katholischen Amtsbruder hörte ich schon vor Jahren, ihm seien mehr als 10.000 Gemeindeglieder anvertraut. Wir sind in der evangelischen Kirche inzwischen auch auf dem Weg zu diesen unsinnigen Verhältnissen. Der Gemeindesoftware ist das völlig egal, sie kann spielend auch noch viel mehr Mitglieder „verwalten". So scheinen den Zahlen nach Gemeinden zu wachsen, obwohl die Mitgliederzahl schrumpft. Eine Gemeinschaft aber wächst nur im Kleinen, Massenveranstaltungen dauern immer nur kurze Zeit und man muss sich um gefühlsmäßige „Identifikation" kümmern.

Kirchliche, liturgische Gemeinschaften definieren wir gemeinhin an dem Vorhandensein eines ordinierten Theologen. Ordnet man drei bis vier Pastoren gemeinsam z.B. 5000 oder noch mehr Gemeindegliedern zu, schwindet der persönliche Kontakt noch deutlich schneller, aber es erleichtert die Arbeitsplanung. Wanderprediger mit lockerer Anbindung an die Gemeinden machen es sich per Einsatzplanung wunderbar einfach. Ganz nebenbei zerfallen dann auch die anstrengenden ehrenamtlichen Strukturen, denen ein Pastor als direkter Ansprechpartner (früher: Gemeindeglied vor Ort mit Residenzpflicht) zugeordnet war. Kirchen sind in dieser Sicht Immobilien, nicht ein Ort, in dem Engel anzutreffen sind.

Jesus standen unter den „siebzig" Nachfolgenden zwölf, und unter ihnen drei besonders nahe. Und dann waren da noch einige Frauen wie Magdalena und Maria, die ihm als Mutter in anderer Weise nahe war. Die Kirche sprach später von einer Heiligen Familie. Warum wollen wir unbedingt Gottesdienst als Massenveranstaltungen sehen? Weil unsere Kirchen so groß sind oder wir Erfolge brauchen?

Es ist kein Zufall, dass im „Sozialismus" das Wort Freundschaft ganz hoch gehalten wurde, denn genau dies vermochte das System nicht. Das Wort wurde zur öffentlichen Phrase, wie alle Ersatzhandlungen zur Parodie verkommen.

Eine durchorganisierte Kirche kann es nicht besser. Da steht dann das Evangelium auf dem Papier, oder nun im Netz als professionell aufbereitetes „Angebot", ein Begriff der Marktwirtschaft. Wer das Evangelium Gute Nachricht, den Glauben Angebot, Seligkeit Glück nennt, wird nicht besser verstanden, sondern missverstanden. Jüngerschaft bedeutet nicht irgendeinen Freundeskreis. Freundschaft, die im Glauben und der Liebe Gottes wurzelt, lässt sich auf ein heilsames Niveau heben. Davon wissen allgemeine Verbrüderung nach Interessenlage, Parteien, Arbeitsteams und Mitglieder einer Organisation zumeist nicht allzu viel. Kirche kann nicht nur in kleinen Gemeinden bestehen, das ist zwar sehr schade, aber leider nicht völlig zu ändern. Viele brauchen auch eine gewisse soziale Unverbindlichkeit. Kirche muss öffentlich sein, offen für viele. Aber die „aktive" Kirchengemeinde vor allem als ehrenamtliche Einsatztruppe vor Ort anzusehen, die zentral verwaltet wird und mit Wanderpredigern versorgt wird, das ist nicht mal mehr eine Parodie, das ist eine Karikatur von Kirche, eine bittere Verzerrung, über die man lachen würde, ginge es nicht um Gottes Wort. Kleine Gemeinden werden zur Zeit an die Wand gedrückt, in größere „integriert". Die Strukturen der Kirche werden schrittweise den Gesetzen der Kybernetik angepasst. Was soll man da machen und dagegen sagen? Alle Welt macht das so. Aber geht das gut? Und für wen ist das gut?

Im Labyrinth der Paradigmen

Es gibt einen leicht nachzuvollziehenden Grund für die vielen Widersprüche, die sich bei näherer Betrachtung dessen, wie sich heute Kirche verhält, ergeben. Alle Wissenschaften haben ihr Paradigma, ihre festen Muster. Kommunizieren die Wissenschaften untereinander, spricht man von Interdisziplinarität. Innerhalb eines Paradigmas, wie z.B. Mathematik, Biologie oder Theaterwissenschaft, sind bestimmte Fragestellungen ausgeschlossen. Auch gleiche Phänomene oder Fakten stellen sich unterschiedlich dar. Man kann diese Sichtweisen jedoch nicht immer einfach miteinander ergänzen, wie ein Puzzle zusammensetzen. Das betrifft nicht nur die Wissenschaften untereinander. Jeder Mensch lebt, denkt und verhält sich in unterschiedlichen Kontexten verschieden.

Wir springen in unserer Kultur beständig von einer Position in eine andere. Das beginnt völlig harmlos damit, dass wir uns zum

Beispiel in einem Film mit unserer Phantasie einfühlen, eine Art vorübergehende Identität entwickeln. In einem weiteren Film dann wieder ergeht es uns anders. Dass man sich darum auch grundsätzlich in eine distanziertere Zuschauerhaltung flüchtet, liegt nahe. Das geht uns auch mit Glauben, Gottesdienst und Alltag so. Wir verstehen vieles für den Moment. Bei weitem nicht alles ordnet sich einer harmonischen Identität ein. Selbstverständlich habe ich orthodoxe, jüdische oder dezidiert Römisch-Katholische Schriften gelesen und mich darin gedanklich eingefunden, ohne dass ich darum meine Konfession gewechselt hätte. Ich habe mich auch nicht zu allem sofort positioniert. Das Meiste lasse ich zunächst einfach stehen. Niemand vermag in der ungeheuren Vielfalt der Kultur sich allem gegenüber zu positionieren. Flexibilität und Offenheit gelten zudem als moderne Tugenden. Unsere Identität ist vielschichtig und veränderlich. Wir probieren nicht nur viel aus, wir denken auch in verschiedenen Mustern, je nachdem, was wir gerade gehört und ansatzweise begriffen haben oder in welchem Kontext wir uns gerade bewegen. Ich bin kein Mediziner, Biologe oder Journalist, und doch denke ich, wenn auch laienhaft und zeitweise in diesen Mustern.

So verschwimmt vieles in einer pluralistischen, „offenen" Gesellschaft. Kaum jemand hat Zeit, Ruhe und innere Kraft, alles schön einzuordnen, wenn das denn überhaupt möglich wäre. Bei diesem Spiel der Kräfte kommen wir uns eher vor wie in einer Nussschale auf bewegtem Meer. Und dann staunen wir bisweilen, wohin es uns getrieben hat. Oder wir bleiben gleich am Ufer und sehen nur zu.

Mein Buch möchte darauf aufmerksam machen, in welche Richtung aktuelle Winde unsere Kirche unter Umständen treiben, ohne dass wir das recht merken. Die altkirchliche und späterhin gründlich missverstandene Auslegungsmethode der Allegorie setzte nicht nur das Alte Testament, sondern auch das gegenwärtige Geschehen in Bezug auf Gottes lebendiges Wort in Christus und suchte so den Christen einen festen Halt zu geben.

Glaube ist nicht das Superparadigma, aber er hält Ausschau nach dem Punkt, von dem aus die Welt in Bewegung gekommen ist und auf den hin alles hinauslaufen wird, von dem wir uns Erlösung versprechen. Verliert die Kirche dies nicht aus den Augen, vermag sie sich in den Wirren auch unserer Zeiten zu orientieren. Unsere alten Kirchen hat man darum geostet, sie schauen der in Christus schon aufgegangenen Sonne der Gerechtigkeit entgegen. An dieser Seite der Kirche befinden sich gewöhnlich keine Tür, sondern nur Fenster. Den Himmel können wir auf Erden nicht betreten.

Im Glauben schreiten wir nicht Seit an Seit einer geplanten Zukunft entgegen. Hier halten wir vielmehr inne und besinnen uns auf Gott, bevor wir uns wieder neu ins Getümmel der Welt begeben. Die Ordnungen der Welt sind nicht gut oder verhängnisvoll, sondern immer beides. Wir müssen achtgeben, dass wir uns nicht zu sehr in ihnen verfangen.

Die Welt des Internets, digitale Möglichkeiten, die mediale Welt, wir nutzen dies tagtäglich auf vielfache Weise. Doch sollte auch „Kirche" ihr Anwendungsbereich sein? Wir wissen es vom eigenen Auto: Die Digitalisierung des Gefährts ändert auch seinen Charakter. Es ist nicht mehr dasselbe wie ein PKW von vor sechzig Jahren. Wird der Staat digitalisiert, ändert sich auch die Demokratie. Die Logistik ändert die Weltwirtschaft, nicht nur zum Positiven. Manche Bereiche sollte man vor Digitalisierung und permanenten Umbrüchen besser verschonen, sie weitgehend davon fern halten, nicht zuletzt Glaube, Hoffnung, Liebe. Nachdem alles alte Handwerk nahezu durch Maschinentechnik ersetzt wurde, erkennt man den Eigenwert von „echter" Handarbeit. Glaube muss immer in diesem Sinn echte Herzarbeit sein.

Nicht jedes Mittel eignet sich für alles. Für die Kirche war es Erfahrung von Jahrhunderten, dass allzu viel Staatlichkeit ihr bis ins Mark schadet. Verwaltung sollte bei ihr auf kleinster Flamme gehalten werden, damit die geregelte Institution „Kirche" nicht mit der Versammlung der Gläubigen verwechselt werde. Ihr Souverän ist allein Gott, und der bedient keine Computer.

Es geht mir nicht um den Erhalt der Kirche. Es geht mir darum, dass ich „nicht verschweigen kann und will, was ich gesehen und gehört habe". Das war mein Konfirmationsspruch, und in diesen

Jahren lese ich ihn auf neue Weise. Damals in der DDR habe ich
diesen Satz gegenüber der Schule gebraucht, die mich unbedingt
und mit dem Druck der Überzeugung zum Atheisten machen
wollte. Heute sehe ich, wie sich meine Kirche zunehmend digitalen
Ordnungen unterwirft, Gottesdienste nach Medienweisheit
gestaltet, um zu gefallen, Erfolg zu haben und glaubt, sich mit
Menschen- und Maschinenwitz noch ein paar Jahre Zukunft
erkaufen zu können. Sie meint, gewonnen zu haben, wenn sie doch
noch etwas Zustimmung erhält. Das ist nicht der keine Same an
Glauben, den wir nötig haben, das ist Kleinglaube, der zu gar
nichts führt.

Neuevangelisierung und die ungehorsame Gesellschaft

Mit „Neuevangelisierung" wird versucht, innerhalb der Römisch-
Katholischen Kirche Land zurück zu gewinnen. Es ist ein
unsäglicher Begriff, der seit 1975 aus dem Vatikan verlautet, denn
die Menschen werden so zu Objekten, die passiv aufs Neue
„evangelisiert" werden sollen. Worin so eine Neuevangelisierung
eigentlich bestehen sollte, dafür herrscht in der Katholischen
Kirche breite Meinungsvielfalt, um nicht zu sagen: weitgehende
Unsicherheit. Doch die Ausrichtung ist klar, und damit stimmt sie
mit   evangelischen   Tendenzen   überein: Ziel   ist   die
Zurückgewinnung der Kirchlichkeit in der Gesellschaft, die
weitgehend säkularisiert ist und sich wenig um die Stimme der
Kirche schert.

Aber die Gesellschaft muss nicht belehrt werden. Die Kirche muss
ihr nicht erklären, dass man Frauen gleichberechtigt mit Männern
oder Menschen mit „diversem Geschlecht" gleich achten sollte.
Man muss nicht die Gesellschaft dafür ermahnen, dass Frieden zu
halten ist oder die Natur geschützt werden muss. Das macht die
Gesellschaft mit sich selbst ab, denn sie ist über Jahrhunderte in die
Schule der Kirche gegangen und bedarf in dieser Zeit dafür nicht
die Autorität des Gotteswortes. Die Kirche könnte höchstens daran
erinnern, dass diese Gebote nicht aus reiner Naturvernunft
erwachsen sind und tiefere Begründung brauchen. Vor allem

außerhalb der Kirche sind Aktivisten zu finden, die prophetische Wächteraufgaben frei nach Ez 33 übernommen haben. Das muss die Kirche nicht traurig stimmen.

Zur gleichen Zeit jedoch gehört es zur Gesellschaft, dass in ihr Konkurrenzdruck, Ungerechtigkeiten und Verderben Alltag sind. Egoismus ist ein Motor der Wirtschaft, wenn auch möglichst im Zaum von Gesetzen gehalten.

Um auf den Taufbefehl Bezug zu nehmen: Die Völker sind gelehrt worden. Sie müssen auch weiterhin gelehrt werden, auch zu neuen Themen. Aber das sind nicht wir als Kirche, das geschieht im gemeinsamen Lauschen auf das, was nicht alles im Gotteswort verborgen ist und wir nur noch nicht begriffen haben, was uns vielleicht erst in unseren Tagen deutlich werden kann. Wir wollen nicht die dem Glauben allmählich entfremdeten Völker der Kirche wieder zuführen. Gemeinsam mit allen (anderen) Heiden gilt es, die Aktualität des Gotteswortes wahrzunehmen. Es ist albern, Gottes Wort aktualisieren zu wollen. Überheblich ist es, die Gesellschaft als Kirche belehren zu wollen und sie dabei als Objekt einer Behandlung anzusehen. Wir sollten eher darauf achtgeben, die Quelle rein zu halten, um mit den Worten der Reformation zu sprechen: Das Evangelium „rein und lauter" zu predigen, und zwar zuerst uns selbst.

Liturgisches Denken

Eugen Rosenstock-Huessy hat 1930 in seinem kurzen Aufsatz „Die Kirche am Ende der Welt" mit prophetischer Kraft unsere heutige Situation als Kirchen beschrieben: Die Welt der Gesellschaft hat das Ruder übernommen. Soziologie ist darum eine Königsdisziplin. Die Kirche sieht nur vom Rande aus zu.

Der Missionsbefehl schließt nicht mit dem Satz von der Lehre. Es heißt dann: „Siehe, ich bin bei euch alle Tage, bis an der Welt Ende." Auftrag der Kirche ist es, dieser Gegenwart einen Ort zu geben. Die Gesellschaft braucht es, mit der Kreatur vernehmlich und aus vollem Herzen vor Gott seufzen zu können. Sie sucht globale Einigkeit und spürt umso mehr auch ihre tiefe Zerrissenheit und leidet unter Aussichtslosigkeit. Sie bedarf des Trostes und braucht Gottes spürbare Gegenwart. Gegenüber einer Belehrung vor allem in Dingen, die sie nun selbst schon weiß, reagiert sie unwillig und allergisch. Sie braucht die Kirche schon gar nicht als besser wissenden Oberlehrer, zumal die Gesellschaft sich in ihren gutwilligen Teilen „professionell" bemüht.

Diese Einschätzung von Rosenstock-Huessy entspricht nicht dem, was die Kirche heute als Strategie für heilsam hält. Sie sucht nach Zustimmung, kümmert sich um Mitgliederpflege und will neu evangelisieren. Gern sieht sie sich als Expertin in Wertefragen und möchte Vorzeigeschülerin in politischer Korrektheit sein. Sie will zu den Guten gehören.

Sicher müssen Christen auch weiterhin das Wächteramt im Verbund mit den verschiedensten gesellschaftlichen Gruppen wahrnehmen. Keine Generation ist von Geburt an christlich, Lehre wird darum auch weiterhin ihren Platz beanspruchen. Doch wichtig ist zur Zeit der letzte Satz des Missionsbefehls. Die Gutwilligen unter uns brauchen Ermutigung, Bestätigung. Es muss in der Kirche nicht nur den Raum der Stille, sondern auch den Raum der Klage geben. Nicht nur die Leute sollen die Kirche und ihre Lehre verstehen, sondern wir sollen einander verstehen und das Seufzen der Kreatur teilen und dennoch in Hoffnung leben. Es gibt viele Menschen in der Gesellschaft, die alle Verheißungen der Seligpreisungen verdienen, ohne das Glaubensbekenntnis zu sprechen. Und wir dürfen sicher sein, dass Gott dass ihnen nicht übel nimmt. Deswegen verdienen sie keine Verdammung. Schlechter ist es, wenn die Leute Herr, Herr rufen und ihren Nächsten behandeln wie ein Objekt in der Tabelle, das sie im Grunde wenig oder nichts angeht.

Rosenstock-Huessy verwies darauf, dass wir aus allem Geschrei der Schöpfung Gottes Stimme heraushören sollten. Nächstenliebe wurzelt in Gottesliebe.

Fallen die Masken der vielen Teufeleien in der Welt, verliert der Teufel seine Macht. Aber so war es stets: Er muss sich selbst bloßstellen. Die Kirche soll sich nicht zur Richterin der Welt aufspielen. Sie darf sich getrost beschimpfen lassen und muss nicht klagen, dass man sie verlässt, solange die Gründe dazu nicht die sind, dass die Kirche ihren Auftrag vernachlässigt oder verfälscht. Ist sie auf dem rechten Weg, ist das kein Unglück.

Schenken wir den Klagen der Welt und Gesellschaft in unserem Beten Gehör. Zeigen wir, die wir nicht außerhalb von ihr stehen und selbst mit Haut und Haar säkular sind, Verständnis für Leid oder Ängste. Dann wird man auch wieder nach unseren Quellen fragen. Wer heute „Neuevangelisierung" als vorrangige Aufgabe der Kirche ansieht, verkehrt die nötige Reihenfolge.

Das ist uns von der Seelsorge her vertraut: Erst gilt es zu hören, Flüche und Klagen auszuhalten. Dann erst kann die Bereitschaft erwachsen, Trost anzunehmen und das Wort Gottes gelten zu lassen. Das Evangelium ist Segensbotschaft, die nicht Glück, sondern Seligkeit verheißt. Wer diese zu erben hat, sagte Christus in Mt 5. Von belehrenden Professoren, die genau über Gott Bescheid wissen und dann die Welt von ihren Erkenntnissen überzeugen, ist dort nicht die Rede. Auch nach dem Taufbefehl sind es nicht die Jünger, die die Völker belehren, sondern sie tragen nur vor, was ihnen selbst gesagt worden ist. Wir sollen nicht Menschen zu unserem Glauben überreden, sondern Gottes Wort zu Gehör bringen. Nicht unser Theologengeist soll wehen, sondern der Heilige Geist. Man kann keinen Menschen „evangelisieren". Dieser Begriff sollte der Kirche als Unwort gelten.

Eugen Rosenstock-Huessy liebte provozierende Sprechweisen. So formulierte er 1930:

„Es gibt keine naiveren Egoisten als die Kirche. Schon an ihrer Eingangstür muss man die Visitenkarte seines Bekenntnisses abgeben. Wer nicht im ersten Atemzug bekennt und feige zu Kreuze kriecht vor Dingen, die er als Laie nicht verstehen noch übersehen kann, der ist für sie anrüchig. Katechumenen (lernende Taufbewerber) kennt sie nicht mehr, keinen unendlichen Raum der Erwartung und Hoffnung für die Kinder der Welt. Mit dem naiven Egoismus der Gehaltsklassenakademiker bildet sie sich ein, die

Leute müssten Jakobs Segen bei ihren Pfarrern als Spezialisten ein für allemal beziehen. Mag sein, dass die sogenannte gute Gesellschaft noch eine Weile Lohndiener bei Kindtaufen, Hochzeiten und Begräbnissen engagieren wird. Aber im übrigen ist die Kirche durchschaut und geht niemanden mehr ernstlich an."

Er lässt die Kirche zu sich selbst sprechen mit den Worten: „Du, Kirche, hast dein Ansehen gefristet von der Angst der Seele, die in dunkler Nacht einsam unterm Sternenzelt ihren Schöpfer sucht. Wir lassen solche radikalen Einsamkeiten nicht erst aufkommen. Wir rechnen nur noch mit Verbänden, Gruppen, Kollektiven. Das befreit uns von vornherein von sehr viel seelischem Ballast."

Die Welt beginnt, selbst zu sprechen, ohne kirchliche Bevormundung. Die Kirche sollte da genau hinhören und nicht das Gespräch mit schnellen Antworten beenden wollen. Wir Christen gehören doch selbst zu den Fragenden. Nicht wir sind es, die Antwort geben. Wir suchen sie gemeinsam bei Gott, in seiner Gegenwart. Und wir werden immer nur Ansätze davon verstehen und doch ganze Gewissheit haben dürfen.

Eine Maschine hat bei allen ihren wunderbaren Möglichkeiten ihre fest definierten Grenzen. Innerhalb ihres Spielraumes jedoch kennt und akzeptiert sie keine Grenzen. Einen Zug kann man bremsen, ihm kann die Energie entzogen werden, das ist bei der neuen Generation intelligenter Technik kaum mehr möglich. Einen Computer kann ich ausschalten, tausend andere laufen weiter. Programme mag man ersetzen durch andere, aber irgendjemand wird die Dinge weiter treiben. Das Schienennetz verzweigt sich ins Unermessliche wie ein immer komplexeres Wurzelgeflecht.

Mächtige können sich technischer Instrumente bedienen, aber sie werden dabei auch zu einem Teil dieser geregelten Vorgänge. Es ist, als spränge man auf einen Zug und würde für eine Zeit ihn auch dirigieren, kann aber nicht von den Schienen springen. Wir nutzen digitale Möglichkeiten, müssen uns dafür jedoch auf ihre Spielregeln einlassen. Man kann über die Reichweite Künstlicher Intelligenz spekulieren, sicher ist jedoch, dass wir unsere Intelligenz mit der Nutzung des Digitalen auf die Denk- bzw.

Funktionsweise der Computer einstellen. Wir denken, wie empfohlen, wenn nicht gar wie befohlen. Mit mehr oder weniger Macht reißt die intelligente Maschinerie mit, was ihr in den Weg kommt.

Recht wird durch Willen bestimmt. Man könnte mit Nietzsches Worten daraus folgern, dass Macht es ist, die Recht gebiert, und wir sind geneigt, dies als Willkür zu deuten. Angesichts der ungeheuren Bestimmungskräfte der Technik, erscheint schon solche Willkür als Freiheit. Das Recht hat schon immer auch den Gesetzgeber in seinen Fängen gehabt. Der scheinbare Ausweg, über den Ausnahmezustand zu gebieten, über dem Gesetz zu stehen, vergrößert das Problem nur. Wir brauchen dringend eine Instanz im Abstand, die von innen her Ordnungen und Recht tragen und auch modifizieren kann. Dafür reicht ein Wertesystem nicht aus, weil es selbst Ordnungsgefüge ist. Der Archimedische Punkt, von dem aus Heilung immer neu möglich wird, ist nicht eine Abstraktion, sondern es sind Gott und jeder Mensch.

Wille zur Macht, selbst wenn er von Idealen und „Werten" wie Gemeinnutz oder Staatsräson bestimmt ist, will sich oder etwas durchsetzen. Software ist wie ein Paradigma, in dem alles gesagt zu sein scheint, obwohl es sich in Wahrheit um Abstraktion handelt, um einen bloßen Querschnitt. Und sie lässt ihrem System gegenüber keinen Widerspruch zu.

Das alles ist nicht Gottes Art. Gott können wir alles klagen. Gottes Wort steht unserem Recht, unseren Ordnungen und Mustern wie gegenüber. Wille zur Macht gebraucht Instrumentarien, zu denen die sich ausweitenden digitalen Möglichkeiten gut passen. Gott aber gebraucht keine Werkzeuge. Er spricht uns an. Kirche ist kein Medium, kein Instrumentarium des Heiligen Geistes. In der Liturgie hören wir auf Gott als Person mit Namen und üben uns im zwiefachen Antworten. Diese bestehen zum einen im Gottesdienst selbst in Gesang und Gebet gegenüber Gott, im Alltag und der Welt in Barmherzigkeit, Güte, Hunger nach Gerechtigkeit und gelebter Sanftmut gegenüber unserem Nächsten wie uns selbst.

Zur Maschine gehört eine bestimmte Art zu denken. Liturgisches Denken ist jedoch anders bestimmt.

Es passt zur Digitalen Kultur, wenn wir uns Menschen als eine Organisation von Nerven oder Abspulen genetischer Anlagen unter bestimmten Umständen ansehen. Die Uhr eines Computers läuft in einem fort, alle Zeiten sind einander darin gleich. Individualität bedeutet dort nur eine konkrete Mischung, die wir Ich, Du und Er/Sie/Es nennen, Wir, Ihr und Sie. Psychologie spricht vom Überich, da ist ein Ich subsummiert, man kann es in den Plural setzen, weniger in ein Wir als in ein objektivierendes Sie. Hört ein Mensch auf zu atmen, atmen andere weiter. Eine Gruppe ist nur eine Sonderform der Gesellschaft, die gemeinsame Nenner aufweist. Sie lässt sich wie Einzelne oder ganze Gesellschaften lenken, manipulieren und leiten, strukturieren, schaffen oder zerstören.

Sehen wir so Kirche an, ist sie gottverlassen. Und sehen wir Menschen so an, wird der Begriff der Seele zur Dichtung, der Einzelne zu einem erklärbaren Phänomen, das es halt gibt oder auch nicht.

Ganz anders steht es um liturgisches Denken. Diese Formulierung stammt von Eugen Rosenstock-Huessy in den letzten Kapiteln des nicht einfach zu lesenden Buches „Der Atem des Geistes" von 1951. Folgen wir seinen Gedanken und versuchen, etwas davon zu fassen, was in der Liturgie anders ist, als die Konzeption von Denken und Handeln, geht es um Maschinen und Künstliches, Organisation und Medien.

Der Sonntag gibt unserem Laufen einen Rhythmus. Gott spricht uns an als die, die wir werden sollten. Die erste Person dieser anderen (liturgischen) Grammatik ist das „Du". Gott spricht mich mit Namen an, so wie es meine Eltern mit mir taten. Dann erst lernt das Kind Ich zu sagen. Nur in dritter Hinsicht bin ich Er oder Sie. Die höfliche Anrede „Sie" ist dem Gottesdienst darum fremd, sie ist eine Variante der alten Anweisungen: „Er tue dies oder das!", dazu in noch allgemeinerem Plural. Siezen wir uns in der Liturgie, sprechen wir uns zwar respektvoll und höflich, aber zugleich wie

Objekte an. Wir ordnen die Gottesdienstgemeinde der Gesellschaft unter. Wir verlassen in Worten das Wir des (Nizänischen) Glaubensbekenntnisses. Man könnte solche Beobachtung als unerheblich oder kleinliche Bemerkung abtun, aber es ist ja so, wir halten gemeinhin die Kirchengemeinde für eine Unterart der Gesellschaft, darum wird Gottesdienst verkannt und erniedrigt zu einem Veranstaltungsformat.

Ich bin von Gott angesprochen. Ich lerne, mich als seine Schöpfung anzusehen. Ich bin immer erst dabei, ans Ziel zu gelangen. Ich sehe mich Gefahren ausgesetzt, ich bin nach den Worten von Rosenstock-Huessy Gottes „Experiment" (ex periculum). Er meint dies jedoch in einem ganz anderen Sinn als unsere üblichen Laborexperimente. Dort prüft man eine These. Da wird alles zum Gegenstand, zum Objekt. Liebe verfährt anders. Periculum bedeutet nicht nur Probe, Versuch, sondern auch Risiko, Gefahr. Gott wagt etwas mit uns, so wie wir mutig sind, wenn wir lieben.

Religion ist nicht nur etwas „Gutes", Luxus oder Betäubungsmittel, sondern es kommt im Glauben darauf an, ob mein Herz antwortet. Es ist immer höchste Zeit für mich, aber immer für etwas anderes. Dem immer gleichen Wort Gottes entsprechen unterschiedliche Zeiten in meinem, unseren Leben. Die im Grunde immer gleiche Liturgie zielt in verschiedene Kontexte.

Ich bin nicht darum „Individuum", weil es jede Mischung von Eigenschaften in einer bestimmten Konstellation nur einmal gibt. Wir werden im Miteinander Bild Gottes, das unteilbar ist, nicht im dinglichen Sinn, sondern ich darf nicht geteilt werden. Im liturgischen Denken werden wir in einem anderen Sinn zur Persönlichkeit, als es unser digitaler „Personalausweis", die „Identity Card" mit all ihren Implikationen denken lässt. Gottesdienst lehrt mich Unteilbarkeit, „Individualität", Verantwortung, zu der mich Gott mit seinem Gebot beruft. Ganz und gar in diesem Sinn bin ich Gott und meinem Nächsten gegenüber, anders als vor einem MRT-Gerät. Aus diesem Kontext heraus sollten wir auch über das Thema der leiblichen Auferstehung nachdenken, und nicht aus biologischem Kontext heraus.

Bei der Liturgie handelt es sich nicht einfach um einen geistigen Prozess von intellektuellem Verstehen oder abrechenbarer Bildung. Es geht um meine Seele, das Miteinander von Leib und Seele, meine Existenz. Sie ist als „Du" von ihrem Schöpfer angesprochen. An mich sind die Gebote Gottes gerichtet, und so an uns. Ich bin dazu bestimmt, Gott am Ende von Angesicht zu Angesicht zu schauen.

Als solche „Persönlichkeiten", Individuen kommen wir im Gottesdienst zueinander. Hier reden wir von Herz zu Herz im Angesicht Gottes. Hier nehmen wir uns wahr als Kreatur und nicht nur als Naturwesen. Unser Wesen erkennen wir nicht in den Elementen, aus denen wir zusammengesetzt sind, sondern in dem, wozu wir werden, von Gott bestimmt sind. Zum Bild Gottes sind Mann und Frau bestimmt, und Christus ist als Auferstandener sein Ebenbild, in dem Gott und Mensch zueinander kommen. In Christus sind Mensch und Gott ungetrennt und unvermischt. Der erlöste, zu seinem Ziel gekommene Mensch ist mit Gott vereint, ohne seine Natur anzunehmen, wie umgekehrt Gott für uns menschliche Natur in seinem Sohn annahm. Das ist der Sinn der Rede von der Vergottung des Menschen in der Ostkirche. Das ist kein Verschmelzen in etwas Höheres oder Allgemeines. Darum das Bild vom Himmlischen Jerusalem, wo die Menschen zusammenkommen und Gott mitten unter ihnen ist. Da ist auch der Gottesdienst zum Ziel gelangt.

Dorthin sich zu entwickeln, sich hinführen zu lassen, bedarf es einer anderen Zeit als der Geradlinigkeit des Maschinellen, des Machbaren. Wir erleben Zeit rhythmisch, in kleinen und großen Abschnitten, Epochen, Unterbrechungen, von Woche zu Woche, von Feiertag zu Feiertag. Das Bild von Gottes Ewigkeit ist nicht der unhaltbare Moment, die immer weiterlaufende Zeit, sondern eine Spanne. Paulus sagt: Unser (ganzes) Leben ist das Samenkorn für die Auferstehung.

Kirche ist so etwas wie ein Zusammensprudeln verschiedener Lebensbäche im Geist Gottes, unter dem Namen Gottes. Grundkategorie des Gottesdienstes ist Gegenseitigkeit: „Wir lieben einander, wir glauben einander, wir hoffen aufeinander. Wir sprechen zueinander und leben füreinander."

Die liturgische Versammlung denkt nicht dasselbe, sie tun auch nicht dasselbe. Die Teilnehmenden haben keinen gemeinsamen Nenner, mit dem man rechnen könnte. Sie glauben miteinander, indem sie voneinander verschieden sind, jeweils ihr Leben leben unter eigenem Namen.

Die Pluralität der Menschen ist somit hier nicht einfach nur Feststellung von kategorisierbarer Verschiedenheit, sondern der Gottesdienst gibt ihren Dialogen oder Trialogen einen besonderen Grund. Es gibt so etwas wie eine vorliturgische Pluralität und eine nachliturgische. Im Gottesdienst selbst findet nicht das fortlaufende Gespräch statt, sondern auf Grund des liturgischen Geschehens, der Besinnung, dem Hören auf Gottes Wort, des Schöpfers aller Welt und aller Menschen gestaltet sich das Gespräch unter ihnen jeweils neu. Kirche als Gemeinde ist Anfangen, Beginn. Die im liturgischen Denken wurzelnden Gespräche setzen sich in der weiten Welt, dem All-Tag fort, gehören dorthin. Liturgie ist der Welt auf diese Weise heilsam. Sie bereitet uns vor.

Kirche im Sinne einer Institution ist Ausgang und Eingang der Versammlung der Glaubenden, Übergang von und zur Welt des Alltags. Die Taufsteine standen im Mittelalter nahe den Portalen im Westen der Kirche. Kirche als Gebäude ist Teil der Liturgie, mitten im Leben. Gottesdienst muss nicht heraus aus der Kirche in die Welt. Er geschieht in der Kirche mitten in der Welt. In ihr üben wir uns im liturgischen Denken. Und dieses vermag uns und die Welt zu heilen. Wir sollten nicht allzu bescheiden von unserer Kirche denken. Aber bescheiden müssen wir auftreten. Rosenstock-Huessy sprach von Scham. Das ist Warten auf die rechte Zeit. Beschämung ist Verpassen oder Verfehlen dieser Zeit, Folge des Handelns zur unrechten Zeit.

Dem liturgischen Denken entspricht nicht die Masse, sondern das Miteinander von jeweils Wenigen, einer überschaubaren soziologischen Einheit. In der Masse verliert sich Kirche. Ist in ihr nicht Liebe maßgebend? Sexualität braucht auch Beschränkung und sehr viel Nähe und eigene, besondere Zeiten, ebenso Familie oder Freundschaft. So auch der Glaube. Er ist eben keine Weltanschauung, die man beliebig „teilen" kann. Gottes Heilsgeschichte zielt auf den Einzelnen. Der Gute Hirte läuft dem 100. Schaf nach. Und das tut er unendlich oft.

Kirche als Gemeinschaft sieht einer Plattform, einer Schicht (layer) des Organisierten, Digitalen ähnlich. Aber Gott ist grundsätzlich anders als ein Administrator, der in der Regel anonym bleibt, bzw. dessen Name und Person unerheblich sind für das Geschehen. Gott ist Schöpfer, Redender, Erlöser, das Gegenteil eines technischen Administrators, der beliebig ersetzbar wäre. Der Eine Gott ist ganz und gar Name, Liebender, sich Offenbarender. Darum sind auch seine Gebote etwas anderes als Regeln. Der Unterschied liegt liegt nicht in der Sache, sondern darin, wer zu wem spricht, wer auf wen hört. Gebote verlieren ihr Wesen ohne Liturgie und Gebet. Das Buch Exodus erzählt davon, dass Gott die Tafeln mit seinem Finger beschrieb. Und als das Volk nicht hören wollte, was Gott ihnen sagte und lieber ums goldene Kälbchen tanzte, zerschmiss Mose die Tafeln. Da war mit den Geboten nichts anzufangen.

Digitale Kultur eignet sich nur sehr bedingt für Liturgie, höchstens als ein wenig begleitende Technik am Rande, wenn überhaupt. Ihr Einsatz hat unter Umständen einen hohen Preis, weil ihr ordnende und bestimmende Macht eigen ist. Sie ordnet alles in ihre Strukturen ein, ist scheinbar neutral, kann sich aber unversehens als gefräßiges, blindes Ungeheuer erweisen. In ihr funktioniert nur, was sich in ihre Formen gießen lässt.

War bei der Bilderverehrung im 8. Jahrhundert schon die Verwechslungsgefahr von Schöpfer und Geschöpf groß, sind die Gefahren bei den Medien mit ihrem Maschinenherz ungleich größer. Im Bilderstreit erkannte man die Gefahr, dass nicht die Heiligen im Bild angerufen, sondern ihre Bilder als wundertätig angebetet werden könnten. Eine andere Art der Verwechslung entsteht dadurch, dass einem das Bild, Medium ausreicht und man glaubt, das dahinter Liegende nicht zu brauchen, weil das Goldene

Kalb ausreichend dafür uns ist, uns tanzen zu lassen. Habe ich Religion, was schert mich dann noch Gott.

Kein Maler hätte die Verwechslung von Heiligen und ihren Bildern gewollt, aber Kunst hat ein Eigenleben. Der Autor kann lange tot sein, sein Roman spricht weiter. Kein Künstler hat es völlig in der Hand, wie sein Werk rezipiert wird. Um wie viel mehr entzieht sich Künstliche Intelligenz auch den Absichten ihrer Schöpfer, vor allem, wenn sie nicht nur die Raumtemperatur reguliert, sondern menschliches Miteinander organisiert.

Die vorgebliche Neutralität der wunderbaren digitalen Möglichkeiten täuscht. Unter der digitalen Sonne wird alles, einschließlich unserer Gedanken und Herzen zu Dingen. Ein Name in der „virtuellen" Welt ist nur eine Bezeichnung. Ein Name im lebendigen Dialog dagegen hat mit Liebe und Abneigung, mit Herausforderung zu tun. Maschinen können uns nur wie Maschinen ansehen und behandeln.

In den Fängen der phantastischen Labyrinthe der Programme fragt man nicht nach Gott, höchstens nach einer Idee, der man diese Bezeichnung gibt. Das Maschinenherz, künstliche Intelligenz, kennt weder Seele noch Herz. In der Liturgie jedoch sind sie, die es nach unserem naturwissenschaftlichen Weltbild gar nicht gibt, die nur als täuschendes Phänomen gelten, Ein und Alles.

Gendergerechte Sprache

Ich habe in diesem Buch wie in alten Zeiten nur das generische Maskulin gebraucht. Das hat einen einfachen Grund: Ich nutze hier das Genre einer Streitschrift. Ich hätte bei den zahlreich von mir hier geübten Kritiken stets auch die femininen Formen verwendet müssen, was mir aber widerstrebt.

Dank

Ich habe zu danken Karl-Heinz, sowie den Kirchenältesten Anne, Conny, Luise und Marga, die mich zu diesem Buch angestiftet haben und die Veröffentlichung befördert haben. Ein besonderer Dank gilt meiner Frau, die sich geduldig alles mit angehört und mit ihren Nachfragen für Verständlichkeit gesorgt hat.

Verwendete, zitierte und weiterführende Literatur:

BACHIMOT, Bruno: Formale Zeichen und digitale Computation, in: Schramm, Helmar, Schwarte, Ludger,Lazardzig, Jan, Instrumente in Kunst und Wissenschaft, Berlin, New York 2006, S. 392-416.

BERMAN, Harold J.: Recht und Revolution, Frankfurt a.M. 1991 (engl. 1983)

FISCHER-LICHTE, Erika: Ästhetik des Performativen, Frankfurt a.M. 2004.

FLORENSKIJ, Pavel: The Pillar and Ground of the Truth, Princeton 1997 (russ. 1914).

FLORENSKIJ, Pavel: Die Ikonostase, Stuttgart 1988 (russ. 1922).

KING, Vera / ROSA, Hartmut (Hrsg.), Lost in perfection. Zur Optimierung von Gesellschaft und Psyche, Frankfurt a.M. 2021.

LOHFINK, GERHARD: WIE HAT JESUS GEMEINDE GEWOLLT?, FREIBURG, BASEL, WIEN 1982.

MANASSE, Robert: Permanente Revolution, Frankfurt a.M. 2009.

ROSENSTOCK-HUESSY, Eugen: Soziologie I-II, Stuttgart 1956-1958.

ROSENSTOCK-HUESSY, Eugen: Des Christen Zukunft, München 1955.

ROSENSTOCK-HUESSY, Eugen: Der unbezahlbare Mensch, Berlin 1955.

ROSENSTOCK-HUESSY, Eugen: Der Atem des Geistes, Moers 1990 (1951).

ROSENSTOCK-HUESSY, Eugen: Die Kirche am Ende der Welt, in: Credo Ecclesiam, Hg. Hans Ehrenberg, Gütersloh 1930 S. 161-177.

SCHLEIERMACHER, Friedrich: Kurze Darstellung des theologischen Studiums, Berlin 1811.

SCHMITT, Carl: Politische Theologie, Berlin 1933 (2. Auflage).

SHEGIN, L.F.: Die Sprache des Bildes, Dresden 1982.

SOBOLEVA, Maja: Die Philosophie Michail Bachtins, Hildesheim, Zürich, New York 2010.

STALDER, Felix: Kultur der Digitalität, Berlin 2016.

TAUBES, Jacob: Ad Carl Schmitt. Gegenstrebige Fügung, Berlin 1987.

TÜRCKE, Christoph: Digitale Gefolgschaft, München 2019.

TÜRCKE, Christoph: Erregte Gesellschaft, München 2002.

ZEH, Julie: Über Menschen, München 2021.

Schriften des Verfassers - siehe www.martingrahl.com .

Zeitfracht Medien GmbH
Ferdinand-Jühlke-Straße 7
99095 Erfurt, Deutschland
produktsicherheit@kolibri360.de